UNE ÉCOLE FREINET

Savoir et Formation
*Collection dirigée par Jacky Beillerot (1939-2004)
et Michel Gault, Dominique Fablet*

A la croisée de l'économique, du social et du culturel, des acquis du passé et des investissements qui engagent l'avenir, la formation s'impose désormais comme passage obligé, tant pour la survie et le développement des sociétés, que pour l'accomplissement des individus.

La formation articule savoir et savoir-faire, elle conjugue l'appropriation des connaissances et des pratiques à des fins professionnelles, sociales, personnelles et l'exploration des thèses et des valeurs qui les sous-tendent, du sens à leur assigner.

La collection *Savoir et Formation* veut contribuer à l'information et à la réflexion sur ces aspects majeurs.

Dernières parutions

Martine FIALIP BARATTE, *La construction du rapport à l'écrit. L'écriture avant l'écriture*, 2007.
Hervé CELLIER, *Précocité à l'école : le défi de la singularité*, 2007.
Pierre BILLOUET (dir.), *Débattre*, 2007.
André PACHOD, *« Que dois-je faire ? ». La morale en 3D de l'enseignant*, 2007.
Bertrand GIMONNET, *Les notes à l'école, ou le rapport à la notation des enseignants de l'école élémentaire*, 2007.
Solveig FERNAGU OUDET, *Organisation du travail et développement des compétences,* 2006
Yves GUERRE, *Jouer le conflit. Pratiques de théâtre-forum*, 2006.
Guy HERVE, *Enfants en souffrance d'apprendre*, 2006.
Viviana MANCOVSKY, *L'évaluation informelle dans l'interaction de la classe*, 2006.
Paul DURNING, *Education familiale*, 2006.
Catherine SELLENET, *Le parrainage de proximité pour enfants*, 2006.
H. DESMET et J.-P. POURTOIS (dir.), *La bientraitance en situation difficile*, 2006.
Christiane MONTANDON, Claudine PEYROTTE, *Des Travaux Personnels Encadrés,* 2006.
Alain JAILLET, *Manuels scolaires et films pédagogiques*, 2006.
Catherine YELNIK, *Face au groupe-classe*, 2006.
Jacques FIARD, Emmanuèle AURIAC, *L'erreur à l'école, petite didactique de l'erreur scolaire*, 2006.

Sous la direction de
Yves REUTER

UNE ÉCOLE FREINET

Fonctionnements et effets
d'une pédagogie alternative en milieu populaire

Textes de
G. Bécousse, C. Carra, C. Cohen-Azria, B. Daunay,
I. Delcambre, M. Fialip-Baratte, R. Hassan-Pilartz,
A.-M. Jovenet, D. Lahanier-Reuter, M. Pagoni, Y. Reuter

L'Harmattan

© L'Harmattan, 2007
5-7, rue de l'Ecole polytechnique ; 75005 Paris

http://www.librairieharmattan.com
diffusion.harmattan@wanadoo.fr
harmattan1@wanadoo.fr

ISBN : 978-2-296-03315-3
EAN : 9782296033153

REMERCIEMENTS

Nos remerciements vont aux institutions qui ont subventionné les recherches qui fondent cet ouvrage : la direction de la Recherche du Ministère de l'Éducation Nationale, dans le cadre de l'ERTe 1021, *Démarches pédagogiques et lutte contre l'échec scolaire (2002-2005)* et l'IUFM du Nord – Pas-de-Calais, dans le cadre de la recherche *Effets d'un mode de travail pédagogique « Freinet » en REP (2004-2006)*.

Ils s'adressent, bien sûr, aux enseignants du groupe scolaire Concorde de Mons-en-Barœul : Fabienne Bureau, Pascale Calcoen, Thierry Focquenoey, Sylvain Hannebique, Sylvie Legris-Hospitel, Agnès Nicolas, Sophie Pecqueur, Danielle Thorel, Marcel Thorel, Marie-Anne Wangermée. Qu'ils soient assurés de notre respect et de notre gratitude : nous avons beaucoup appris, en tant que chercheurs, grâce à eux.

Nous ne saurions, non plus, oublier tous les enseignants qui ont tenu le rôle ingrat de « terrains de comparaison ». À eux aussi, nous devons beaucoup.

Notre gratitude va encore aux élèves qui nous ont toujours bien accueillis, en se pliant de bonne grâce à nos demandes. Que cette expérience pédagogique, rare, puisse leur ouvrir les portes de l'avenir auquel ils ont droit.

Nos remerciements s'adressent enfin à l'IEN de la circonscription, Jean-Robert Ghier, sans qui rien de tout cela n'aurait été possible. Nous lui sommes infiniment redevables.

Nous n'oublions pas notre collègue et ami, Francis Ruellan, que la mort a empêché de nous accompagner au terme de cette recherche à laquelle il aurait tant apporté.

LES CONTRIBUTEURS

Gérard Bécousse (THÉODILE) est maître de conférences à l'IUFM du Nord – Pas-de-Calais et spécialiste de pédagogie et de didactique de l'histoire-géographie.

Cécile Carra (CESDIP) est maître de conférences à l'IUFM du Nord – Pas-de-Calais et spécialiste de sociologie.

Cora Cohen-Azria (THÉODILE) est maître de conférences à l'université Charles-de-Gaulle – Lille 3 et spécialiste de didactique des sciences.

Bertrand Daunay (THÉODILE) est maître de conférences à l'université Charles-de-Gaulle – Lille 3 et spécialiste de didactique du français.

Isabelle Delcambre (THÉODILE) est professeur à l'université Charles-de-Gaulle – Lille 3 et spécialiste de didactique du français.

Martine Fialip-Baratte (THÉODILE) est maître de conférences à l'IUFM du Nord – Pas-de-Calais et spécialiste de didactique du français.

Rouba Hassan-Pilartz (THÉODILE) est maître de conférences à l'université Charles-de-Gaulle – Lille 3 et spécialiste de didactique du français.

Anne-Marie Jovenet (THÉODILE) est maître de conférences à l'université Charles-de-Gaulle – Lille 3 et spécialiste de psychologie de l'éducation.

Dominique Lahanier-Reuter (THÉODILE) est maître de conférences à l'université Charles-de-Gaulle – Lille 3 et spécialiste de didactique des mathématiques.

Maria Pagoni (THÉODILE) est maître de conférences à l'université Charles-de-Gaulle – Lille 3 et spécialiste de psychologie de l'éducation.

Yves Reuter (THÉODILE) est professeur à l'université Charles-de-Gaulle – Lille 3 et spécialiste de didactique du français.

SOMMAIRE

Yves Reuter, Lutter contre l'échec scolaire en REP. Présentation d'une recherche 9

Yves Reuter, Comprendre les principes de fonctionnement de l'école Freinet 15

Cécile Carra et Maria Pagoni, Construction des normes et violences scolaires 31

Anne-Marie Jovenet, Pédagogie et prise en charge des enfants en souffrance 63

Gérard Bécousse, Anne-Marie Jovenet, Changement et continuité, l'entrée en classe de sixième 89

Martine Fialip-Baratte, L'entrée dans l'écrit et la naissance du rapport à l'écrit 115

Yves Reuter, Enseignement et apprentissages de l'écrit 129

Isabelle Delcambre, Enseignement et apprentissages de l'oral 159

Dominique Lahanier-Reuter, Enseignement et apprentissages mathématiques 185

Cora Cohen-Azria, Enseignement et apprentissages en sciences 217

Yves Reuter, Gérard Bécousse, Cécile Carra, Cora Cohen-Azria, Bertrand Daunay, Isabelle Delcambre, Martine Fialip-Baratte, Rouba Hassan-Pilartz, Anne-Marie Jovenet, Dominique Lahanier-Reuter, Maria Pagoni, Cinq ans de recherche : éléments pour un bilan provisoire. 245

LUTTER CONTRE L'ÉCHEC SCOLAIRE EN REP : PRÉSENTATION D'UNE RECHERCHE

Yves REUTER

Cet ouvrage est l'aboutissement de plus de cinq ans de recherches, menées de juin 2001 à septembre 2006, portant sur une expérience atypique dans le paysage scolaire français : la mise en œuvre de la pédagogie Freinet dans l'intégralité d'une école primaire située dans un Réseau d'Éducation Prioritaire de la banlieue lilloise, accueillant des enfants de milieux populaires, souvent en grande précarité.

Ces recherches, qui ont pris en compte une multiplicité de dimensions (relations école-familles, déviances, rapports à l'école et aux savoirs, apprentissages disciplinaires, devenir des élèves au collège...) envisagées sur une durée conséquente, nous ont semblé d'autant plus utiles, voire d'autant plus urgentes, que les enquêtes disponibles sur l'école manifestent, de manière récurrente, la persistance d'un échec scolaire précoce et socialement différencié sans que les tentatives alternatives de pédagogies dites innovantes fassent l'objet d'analyses précises. Elles demeurent en effet, bien trop souvent encore, prise dans des jugements globalisants – que ce soit ceux, laudatifs, de leurs thuriféraires ou ceux, dépréciatifs, de leurs contempteurs, la plupart du temps non étayés par des investigations empiriques un tant soit peu conséquentes.

Il convient encore de préciser, avant de présenter plus précisément la genèse de cette expérience, que ce travail a pu être réalisé grâce à deux recherches subventionnées, la première (ERTe 1021, *Démarches pédagogiques et lutte contre l'échec scolaire,* 2002-2005) par la Direction de la Recherche du Ministère de l'Éducation Nationale et la seconde (*Effets d'un mode de travail pédagogique « Freinet » en REP*), par la Direction de la Recherche de l'IUFM du Nord – Pas-de-Calais (2004-2006). Elles ont donné lieu à deux rapports de recherche, près d'une vingtaine de communications et d'articles et plusieurs mémoires de Master qui sont répertoriés dans la bibliographie de cette présentation. Le lecteur pourra donc s'y reporter, en complément de cet ouvrage qui en constitue tout à la fois la synthèse et le prolongement.

1. LA GENÈSE DE L'EXPÉRIENCE

Le groupe scolaire Concorde, composé de l'école maternelle Anne Frank et de l'école élémentaire Hélène Boucher, situé dans le Réseau d'Éducation

Prioritaire de Mons-en-Barœul, a vu son équipe enseignante entièrement renouvelée à la rentrée de septembre 2001. Après de multiples négociations avec l'ancienne équipe, les syndicats enseignants, l'inspecteur d'académie et les commissions paritaires, les maîtres alors en place ont pu bénéficier des mutations qu'ils souhaitaient et ont été remplacés par des enseignants de l'ICEM (Institut Coopératif de l'École Moderne), cooptés autour d'un projet pédagogique visant à mettre en œuvre les principes issus de l'œuvre de Célestin Freinet et actualisés de manière spécifique par ce collectif (cf. chapitre 1) dans la perspective d'une lutte contre l'échec scolaire dans un milieu très « défavorisé ».

Le projet mis en place a donc résulté de la convergence de deux logiques principales : celle de certains membres de la Régionale de l'ICEM qui souhaitaient pouvoir travailler ensemble de la petite section de Maternelle au CM2 et mettre à l'épreuve la validité de leurs principes et de leurs dispositifs pédagogiques dans un milieu urbain en grande difficulté ; celle de l'inspecteur de la circonscription qui cherchait des moyens, tout en stimulant les écoles environnantes et en luttant contre l'échec scolaire, pour « remonter » ce groupe scolaire dont la réputation s'était alors cristallisée autour de résultats scolaires problématiques et d'un climat d'incivilités engendrant une baisse tendancielle des effectifs susceptible d'entraîner la fermeture de classes.

De fait, la concrétisation de ce projet est attribuable, en majeure partie, à la ténacité de cet IEN et à l'intelligence institutionnelle qu'il a su déployer : montage du dossier, communication et négociation avec la hiérarchie, l'équipe pédagogique alors en place, les syndicats, la municipalité... Il a de surcroît souhaité que ces changements s'accompagnent de la mise en œuvre de deux principes : maintenir les fonctionnements « ordinaires » d'une école de quartier afin d'éviter l'instauration d'une expérimentation « vitrine » et de se donner les moyens d'appréhender ce qui relevait spécifiquement des dispositifs installés ; soumettre cette expérience à une recherche évaluative afin de mieux en appréhender les intérêts et les limites.

C'est dans ce cadre que des contacts ont été noués avec le laboratoire THÉODILE et que le projet de recherche a été progressivement élaboré au travers de réunions, formelles ou informelles, pendant plusieurs mois.

2. LES PRINCIPES DE LA RECHERCHE

La recherche a été construite à partir de quatre questions principales, négociées entre chercheurs, inspecteur, équipe pédagogique et experts du ministère : la description des modalités pédagogiques mises en place ; les effets engendrés ; la spécification des relations entre pratiques pédagogiques et effets ; la transférabilité éventuelle des dispositifs mis en œuvre.

Elle s'est appuyée sur cinq principes méthodologiques fondamentaux (Reuter et Carra, 2005) :
– des investigations « non collaboratives », afin de ne pas influer sur les pratiques des maîtres (ce qui s'est, entre autres, concrétisé par des renvois très

rares des résultats obtenus pendant les deux premières années et n'a pas été sans entraîner de réelles tensions) ;
– une temporalité conséquente (au moins cinq années) afin de se donner les moyens de suivre le devenir d'élèves ayant effectué toute leur scolarité élémentaire au sein de ce mode de travail et d'appréhender la différenciation temporelle des effets éventuels ;
– une multiplicité de comparaisons, aussi bien diachroniques (avant/après le début de l'expérience, selon les années...) que synchroniques (avec des élèves de milieux équivalent ou plus favorisé, travaillant selon d'autres modes de travail pédagogique, avec des enseignants ou des parents d'autres écoles...) afin d'analyser le plus précisément possibles les évolutions et leurs modalités ainsi que les effets spécifiques potentiellement attribuables à cette pédagogie ;
– l'étude de dimensions diversifiées (relations école-familles, déviances, construction des normes et des valeurs, rapports à l'école et aux savoirs, réflexivité, apprentissages disciplinaires...) afin d'être en mesure de préciser les domaines plus ou moins concernés par des effets éventuels ;
– la confrontation de cadres théoriques et de méthodes de recherche (observations, productions sollicitées ou non, questionnaires, entretiens...) différenciés afin de pouvoir interroger nos résultats et leurs interprétations.

Ces deux derniers principes, notamment, justifient la composition pluridisciplinaire de l'équipe réunie : sociologue, pédagogue, psychologues, didacticiens du français, des mathématiques et des sciences. L'ensemble de ces principes visait, outre à garantir certaines normes de scientificité, à nous prémunir contre les approches des pédagogies « alternatives » évoquées précédemment, trop souvent monolithiques et généralisantes, tout en demeurant très lacunaires dans l'étayage empirique et très limitées quant aux cadres interprétatifs sollicités.

Il convient encore de préciser que ces principes ont été mis en œuvre tout au long des deux recherches successives, la seconde ayant principalement pour objectif – outre le recueil et le traitement de données complémentaires – l'affinement des analyses quant aux apprentissages disciplinaires ; la précision de la différenciation temporelle des effets observés (rythme, effets de seuil ou de plafond...) en relation avec la durée d'immersion dans cette pédagogie ; la discussion d'éventuelles possibilités de transfert des composantes du système mis en place.

Il convient enfin de signaler que l'expérience menée au sein de ce groupe scolaire se poursuit (avec des changements notables puisque deux enseignants « cadres » sont partis à la retraite à la rentrée 2006)... ainsi que nos recherches. Celles-ci se concentrent désormais autour de deux axes : les spécificités du sujet apprenant tel qu'il se construit dans ce cadre pédagogique avec, notamment, une articulation forte et singulière entre autonomie du sujet et insertion dans une communauté de vie et de travail qui semble favoriser l'intégration d'élèves en grande difficulté et/ou en souffrance, personnelle et familiale ; la manière dont les disciplines sont reconfigurées de manière singulière au travers des conceptions des maîtres et des dispositifs et pratiques instaurés ainsi que les effets que cela engendre tant sur les représentations disciplinaires des élèves que sur leurs apprentissages. Il me reste maintenant à préciser l'organisation de cet ouvrage.

3. LA COMPOSITION DE L'OUVRAGE

Celle-ci se comprend à partir de quatre temps qui, je l'espère, faciliteront la compréhension de l'expérience menée et de ses effets. Le premier consiste en l'exposition des principes de fonctionnement qui actualisent de manière singulière la pédagogie « Freinet » et sont susceptibles d'éclairer, au moins en partie, les analyses menées, quels que soient le domaine ou la dimension étudiés ; le second regroupe des contributions (Bécousse et Jovenet, Carra et Pagoni, Jovenet), qui portent sur des dimensions non strictement disciplinaires : devenir des élèves en sixième, relations école – familles, déviances et construction des normes, pédagogie et prise en charge des enfants en souffrance) ; le troisième temps réunit des contributions (Cohen-Azria, Delcambre, Fialip-Baratte, Lahanier-Reuter, Reuter) centrées sur des apprentissages disciplinaires ou, du moins, sur des contenus d'enseignement (l'entrée dans l'écrit, l'oral, l'enseignement et les apprentissages en français, en mathématiques et en sciences) ; le dernier temps, collectif, est celui de la synthèse et de la discussion de cette recherche, autour des questions principales.

ÉLÉMENTS BIBLIOGRAPHIQUES

BERTOT F. (2003), *Pédagogie(s) et construction citoyenne. Étude comparative dans deux CM1 contrastés*, Mémoire de Master 1, Sciences de l'Éducation, Université Charles-de-Gaulle – Lille 3.

BERTOT F. (2004), « Éducation à la citoyenneté et débat : analyse comparative de deux pratiques pédagogiques », *Spirale*, n° 34, *Citoyenneté et rapport à la loi*, 55-74.

BRIDOUX L. (2005), *La Pédagogie Freinet : une autre manière de considérer l'élève ?*, Mémoire de Master 1, Sciences de l'Éducation, Université Charles-de-Gaulle – Lille 3.

CARRA C. (2004a), « Participation citoyenne et construction de normes : quels effets sur les violences scolaires ? », *Spirale*, n° 34, *Citoyenneté et rapport à la loi*, 41-53.

CARRA C. (2004b), « La pédagogie Freinet peut-elle contribuer à la lutte contre les inégalités face à l'école ? », Communication au 12e congrès mondial d'éducation comparée, La Havane, 25-29 octobre.

CARRA C., FAGGIANELLI D. (2004), « Quand une école bouscule les normes... Étude d'une école expérimentale Freinet en réseau d'éducation prioritaire », *VEI, Diversité*, n° 140, *Du neuf dans l'innovation*, mars, 85-92.

COHEN-AZRIA C. (2004), « Sciences à l'école : diversité des pratiques, diversité des écrits », Communication au 9e colloque international de l'AIRDF, *Le Français : discipline singulière, plurielle ou transversale ?*, Québec, 26-28 août 2004, CD rom.

COHEN-AZRIA C., DELCAMBRE I., JOVENET A.-M., REUTER Y. (2006), « La question de l'invariance dans des recherches menées sur des temps longs », Communication au deuxième séminaire international « Méthodes de recherche en didactiques », *Questions de temporalité*, IUFM du Nord – Pas-de-Calais, 17 novembre.

DELCAMBRE I. (2005a), « Construction de rôles discursifs en petite/moyenne section de maternelle », dans HALTÉ J.-F. et RISPAIL M. dir., *L'Oral dans la classe. Compétences, enseignement, activités*, Paris, l'Harmattan, 119-136.

DELCAMBRE I. (2005b), « Apprendre à prendre la parole en petite section de maternelle ?, *Spirale*, n° 36, *Les Apprentissages à l'école maternelle*, 77-86.

DELCAMBRE I., COHEN-AZRIA C. (2005), « Toucher, observer, dire : conduites langagières et scientifiques en maternelle », Communication aux XVIIe journées internationales sur la communication, l'éducation et la culture scientifiques, techniques et industrielles, Chamonix, 22-26 novembre.

DELCAMBRE I., DAUNAY B. (2005), « Les rituels de maternelle : comment décrire les pratiques des enseignants ?, Communication au colloque international, *Former des enseignants professionnels, savoirs et compétences*, Nantes, 14-16 février, CD rom.

DESCHILDT S. (2004), *L'Écriture de récits sollicitant l'imaginaire au CM2*, Mémoire de Master 2, Sciences de l'Éducation, Université Charles-de-Gaulle – Lille 3.

ESCHER C. (2003), *L'Oral, reflet des pratiques pédagogiques ?*, Mémoire de Master 1, Sciences de l'Éducation, Université Charles-de-Gaulle – Lille 3.

GIGUÈRE J., REUTER Y. (2003a), « Les cahiers et classeurs dans la construction de l'image de la discipline à l'école primaire », Communication au colloque international *Construction des connaissances et langage dans les disciplines d'enseignement*, Bordeaux, 3-5 avril, CD Rom.

GIGUÈRE J., REUTER Y. (2003b), « Présentation d'une grille d'analyse de l'univers de l'écrit à l'école primaire », *Les Cahiers THÉODILE*, n° 4, Université Charles-de-Gaulle – Lille 3, novembre, 103-121.

JOVENET A.-M. (2005), « Le "Je" de l'élève est-il contraint par le rapport pédagogique ? », Communication au Colloque international, *L'Élève et la pluralité des appartenances. Être enfant, être élève à travers les activités langagières*, Paris, Sorbonne, 17-18 novembre.

JOVENET A.-M. (2006), « Une "didactique appropriée aux difficultés des élèves" est-elle tributaire des modes d'appréhension de ces difficultés ? », *La nouvelle revue de l'AIS*, n° 33, *Adaptation et intégration scolaire*, 115-128.

LAHANIER-REUTER D. (2005a), « Comparaison de groupes d'élèves et analyse implicative », Communication au colloque international *Analyse Statistique Implicative*, Palerme, 6-7-8 octobre.

LAHANIER-REUTER D. (2005b), « Enseignement et apprentissages mathématiques dans une école "Freinet" », *Revue Française de Pédagogie*, n° 153, *Décrire, analyser, évaluer les pédagogies nouvelles*, octobre-novembre-décembre, 55-65.

LAHANIER-REUTER D. (à paraître), « Didactic of mathematics and implicative statistic analysis », Contribution à l'ouvrage collectif, *Statistical Implicative Analysis : theory and applications*.

LESNE M. (1979), *Travail pédagogique et formation d'adultes*, Paris, Presses Universitaires de France.

NONNON E. (2005), « Entre description et prescription, l'institution de l'objet : qu'évalue-t'on quand on évalue l'oral ? », *Repères*, n° 31, *L'évaluation en didactique du français : résurgence d'une problématique*, 161-188.

PAGONI M., HAEBERLI P. (2006), « Conseils d'élèves et savoirs en éducation civique et morale : une étude comparative de deux établissements scolaires et France et en Suisse », Communication au colloque international de l'AFEC : *L'École, lieu de tensions et de médiations : quels effets sur les pratiques scolaires ? Analyses et comparaisons internationales*, Université Charles-de-Gaulle – Lille 3, 22-24 juin 2006.

REUTER Y. (2006), « Les récits sollicitant le vécu au CM2. Éléments d'analyse et de comparaison », *Repères*, n° 34, *Écriture de soi et enseignement du récit*, décembre.

REUTER Y. dir. (2005), *Démarches pédagogiques et lutte contre l'échec scolaire*, Rapport de recherche de l'ERTe 1021, 2002-2005, remis à la direction de la recherche du Ministère de l'Éducation Nationale, Université Charles-de-Gaulle – Lille 3.

REUTER Y. dir. (2006), *Effets d'un mode de travail pédagogique « Freinet » en REP*, Rapport de recherche (2004-2006), remis à l'IUFM du Nord – Pas-de-Calais, Université Charles-de-Gaulle – Lille 3.

REUTER Y., CARRA C. (2005), « Analyser un mode de travail pédagogique "alternatif" : l'exemple d'un groupe scolaire travaillant en pédagogie "Freinet" », *Revue Française de Pédagogie*, n° 153, *Décrire, analyser, évaluer les pédagogies nouvelles*, octobre-novembre-décembre, 39-53.

RIVAULT A.-S. (2006), *Ce que disent les élèves de maternelle au sujet des apprentissages effectués lors des entretiens du matin*, Mémoire de Master 2, Sciences de l'Éducation, Université Charles-de-Gaulle – Lille 3.

SERRANO-BASCOUR V. (2004), *Les Spécificités de l'enseignement des mathématiques en petite section de maternelle dans une classe relevant de la pédagogie Freinet*, Mémoire de Master 2, Sciences de l'Éducation, Université Charles-de-Gaulle – Lille 3.

VAN MEENEN E. (2006), *La Conscience disciplinaire des élèves de CM2. Étude auprès de deux classes aux modes de fonctionnement pédagogique différents*, Mémoire de Master 2, Sciences de l'Éducation, Université Charles-de-Gaulle – Lille 3.

COMPRENDRE LES PRINCIPES DE FONCTIONNEMENT DE L'ÉCOLE « FREINET »

Yves REUTER

L'enjeu de ce chapitre est d'objectiver les principes qui régissent les fonctionnements de l'école « Freinet » de Mons-en-Barœul[1], d'une part pour mieux saisir le mode de travail pédagogique[2] mis en place, d'autre part afin de servir de référent – parmi d'autres – pour la compréhension des effets observés[3], enfin pour donner certains moyens afin de réfléchir à la question de la transférabilité[4].

Pour construire ces principes, j'ai pris le parti de m'appuyer sur différents matériaux que l'équipe a constitués : observations, analyses des discours des maîtres (entretiens, conversations informelles, paroles recueillies lors de leurs réunions internes ou lors de réunions avec les membres de l'équipe...), échanges des membres de notre équipe sur les matériaux recueillis, et leur interprétation[5]... Cela signifie donc que j'ai choisi de ne pas me fonder *a priori* sur les écrits de Célestin Freinet ou sur ceux du mouvement Freinet, ni sur les discours de principe des maîtres de cette école, afin de ne pas confondre principes affichés et principes réalisés, effectivement mis en œuvre.

J'ai enfin privilégié un mode d'exposition en quatre parties (L'école comme institution ; Les élèves et les apprentissages ; La part du maître ; Quelques questions en suspens) qui, je l'espère, est susceptible de faciliter la lecture même s'il n'évite pas deux écueils, celui des redites et celui de la décomposition d'un mode de travail qui se caractérise par une interaction forte entre ses différentes composantes.

---

1. Ce chapitre a été soumis à discussion, aussi bien avec les membres de l'équipe de recherche qu'avec ceux de l'équipe pédagogique du groupe scolaire. Qu'ils soient ici remerciés pour leurs apports.
2. Cette désignation est reprise de Lesne (1979) qui différencie les modes de travail pédagogique selon la manière dont ils articulent dispositifs, situations, relations au savoir, relations au pouvoir...
3. Sans ignorer les problèmes soulevés par la mise en relation d'un mode de travail donné avec les performances des élèves (voir, quant aux principes généraux, Bru, Altet, Blanchard-Laville, 2004 et, quant à cette recherche, Reuter et Carra, 2005).
4. Voir le dernier chapitre de cet ouvrage.
5. Cela explique les renvois, explicites ou implicites, aux autres contributions.

1. L'ÉCOLE COMME INSTITUTION

Cet intertitre a été retenu afin d'insister sur le fait que rien n'est posé comme naturel, tout est à penser, à constituer, à instituer, dans l'esprit des maîtres et dans leurs pratiques. C'est donc ce que je vais tenter de préciser au travers de six principes qui me paraissent essentiels et de quelques remarques conclusives.

1.1. L'école est centrée sur les apprentissages

Ce principe est sans nul doute fondamental et sans cesse réaffirmé. Il justifie les autres, les dispositifs mis en place et les règles, voire les sanctions : une bonne part de ce qui est prohibé l'est parce que cela nuit aux apprentissages ou, du moins, au travail.

Les apprentissages – et non l'enfant – sont donc au cœur du système mis en place. L'école est faite pour apprendre et cela ne se réalise qu'au travers d'un *travail sérieux*. Nombre de termes reviennent d'ailleurs très fréquemment dans le discours des maîtres, voire des élèves, tels *travail* ou *métier(s)*[6] et, de fait, le ludisme mis en avant dans d'autres cadres pédagogiques est ici dominé.

Ces apprentissages concernent et relient indissociablement des savoirs, des savoir-faire et des savoir-être. De ce point de vue, instruction et éducation sont au service l'une de l'autre – toute la suite de ce chapitre l'exemplifiera – et constituent ainsi des objectifs fondamentaux.

1.2. L'école fait l'objet d'un travail d'institutionnalisation

L'école, en tant que communauté, a été instituée – et est constamment réinstituée – au travers de divers mécanismes, parmi lesquels figurent en premier lieu :
– un projet institutionnel – se constituer au sein d'une école, *dans son ensemble,* comme modèle de la pédagogie « Freinet » – qui s'est articulé à un contrat de travail et d'expérimentation avec l'Inspection Académique et à un contrat de recherche avec une équipe universitaire[7] ;
– un projet pédagogique, véritable[8], évalué et réélaboré collectivement, charte et garant du travail mis en œuvre ;

---

6. Il est clair que la récurrence de ces termes n'est pas sans rapport avec des principes idéologico-politiques en relation avec une solidarité affichée avec le monde ouvrier. Il est tout aussi intéressant de noter, en congruence avec cela, que l'élève est posé non seulement comme *bénéficiaire* des fruits de ce travail mais aussi comme *propriétaire* de son activité : il en est l'auteur affiché (voir la fréquence des signatures) et il garde la dernière main sur les modifications à lui apporter.
7. Ces contrats ont été élaborés au sein de réunions préparatoires, en grande partie informelles. Il est certain qu'ils sont entrés, en partie au moins, en tension avec le projet institutionnel initial. Ils ont donc été, en pratique, en constante (re)négociation.
8. Projet « véritable » car élaboré collectivement, détaillé, approprié et appliqué…

– la cooptation, au sein du mouvement Freinet, des membres fondateurs et de ceux qui prennent la relève de ceux qui s'en vont[9] ;
– les conseils (de classe, d'école, de maîtres...) multiples, fréquents et véritablement fonctionnalisés.

1.3. L'école est constituée comme une société

L'école est constituée comme une micro-société, relativement autonome. Cela se marque notamment par l'élaboration de ses propres lois et règlements, par la mise en place d'instances de décision spécifiques, par son activité laborieuse et ses métiers, par l'élaboration d'une culture commune (cf. 1.5) et par une véritable structuration de ses loisirs (récréations, fêtes, ateliers du soir animés, en partie, par les maîtres ou les parents) qui sont, dès lors, intégrés au projet éducatif et non posés comme de simples zones de détente, à l'écart du travail et des règles collectives[10].

Conséquemment, ses membres – maîtres et élèves – sont institués, solidairement, comme des *citoyens* scolaires. Complémentairement encore, sociabilité et citoyenneté sont des principes centraux en ce qu'ils sont posés, constamment, comme objectifs, objets et conditions d'apprentissage. Ce sont ainsi des *principes à vivre et de vie* et non des objets discursifs ponctuels, essentiellement convoqués lors de rappels à l'ordre ou de moments d'éducation civique.

1.4. Cette société s'appuie sur un idéal démocratique

Cette micro-société s'articule à un idéal démocratique, certes référent du discours des maîtres, mais surtout mis à l'épreuve au quotidien, quelles qu'en soient les difficultés. Il ne s'agit donc pas de le poser / de l'imposer, seulement discursivement et pour un avenir plus ou moins éloigné, mais de tenter de le faire vivre au sein de l'école comme un bien commun. Dans cette perspective, de multiples principes et dispositifs visent à étayer ce projet[11] :
– les citoyens-élèves sont posés comme égaux quant aux droits et aux devoirs (avec des mécanismes de contrôle tels la rotation institutionnelle des tâches et des métiers, les différents conseils...) ;
– aucun destin d'élève n'est figé : les droits peuvent se perdre mais aussi se récupérer ;
– les règles sont élaborées collectivement – au sein des conseils de classe et d'école – elles sont votées, mises à l'épreuve avant d'être retenues, socialisées (*via* les multiples affichages au sein de l'école et dans les classes) afin que nul ne les ignore, et elles demeurent modifiables ;

---

9. Cela ne s'est produit qu'à deux reprises : la seconde année, pour rapprochement de conjoints, et à la fin de la cinquième année, avec le départ à la retraite de deux membres « fondateurs ».
10. On pourrait ainsi parler d'une « pédagogisation » généralisée de la vie scolaire et périscolaire.
11. Ces dispositifs sont plus particulièrement détaillés dans le chapitre rédigé par Cécile Carra et Maria Pagoni, ainsi que dans leurs contributions aux rapports.

– chacun y est soumis, *maîtres et élèves*[12], ce qui est sans nul doute fondamental pour le respect mutuel et la croyance des élèves en la valeur des règles et des lois ;

– la coopération et l'entraide – et non la compétition – constituent des principes de fonctionnement privilégiés au travers, par exemple, du travail collectif, de la présence d'un matériel de prêt (avec un métier qui lui est lié), des incitations du maître, de l'affichage au tableau des demandes d'aide, de l'absence de stigmatisation des difficultés et des erreurs (cf. 2)... ;

– les problèmes qui surviennent peuvent être débattus collectivement et rapidement au travers de moments et de dispositifs prévus à cet effet, ce qui – sans régler miraculeusement toutes les difficultés – évite plusieurs écueils : leur occultation, leur gestion par le maître seul ou par les élèves entre eux de manière expéditive, leur traitement à chaud et sans recours aux règles, leur retour incessant sous les mêmes formes...

1.5. Cette société se construit une culture commune

Il existe une volonté de construire un patrimoine commun de cette société, conscientisée en tant que telle, au travers de l'inscription et de la *conservation* des expériences vécues, des discours, des écrits, des dessins, des sculptures..., au travers aussi de multiples instruments (cahiers de classe, affichages, archivages[13]...). Cette culture, susceptible de forger des identités (d'école, de classe...), assume de multiples fonctions : base de travail permettant la mise en relation des diverses activités, trace d'une histoire collective et individuelle, patrimoine assumé, source pour repérer des évolutions dans les apprentissages... Elle constitue sans doute une *réponse* spécifique à la tension entre culture scolaire et cultures extrascolaires (filtrées et reconstruites à des fins d'apprentissage), une *médiation* vers des formes estimées plus légitimes, un *outil* alternatif face aux prérequis souvent invoqués.

1.6. Cette société ne vit pas en autarcie

Cependant, même autonomisée et dotée de fonctionnements spécifiques, cette microsociété n'est nullement refermée sur elle-même. Elle est, au contraire, largement ouverte sur le monde extérieur. Ainsi, les savoirs et les savoir-faire enseignés sont constamment référés à leur fonctionnalité dans le monde extrascolaire et la curiosité des élèves est incessamment stimulée. Chaque classe a des correspondants, avec une activité épistolaire intense. Le collectif des enseignants va au devant des familles et cherche à les constituer en soutiens scolaires (en *parents d'élèves* et non seulement d'enfants) : ils sont

---

12. Les maîtres veillent scrupuleusement à ce principe, y compris lors de la venue d'autres adultes dans leurs classes...

13. La volonté d'archivage est parfois extraordinaire chez les maîtres et nécessiterait à ce titre des études complémentaires. Volonté de garder trace de leur travail, émerveillement devant le parcours de certains élèves, illusions quant à la compréhension des apprentissages au travers d'un archivage à prétention exhaustive... ?

accueillis lors des fêtes ou des présentations des travaux d'élèves, le samedi matin ; régulièrement informés, *via* les cahiers de liaison ou des affichages réguliers et explicites à l'entrée de l'école ; sollicités pour des entretiens avec le maître, même en l'absence de problèmes ; invités pour des conférences ou incités à animer des ateliers du soir[14]... De surcroît, des dispositifs comme les textes libres ou les entretiens et les « quoi de neuf » du matin permettent de faire circuler des expériences, des objets, des savoirs, du vécu... entre l'école et la famille mais toujours de manière très codifiée[15] et à des fins d'apprentissage[16]...

1.7. Cinq remarques en guise de conclusion provisoire

Les fonctionnements décrits appellent au moins trois remarques. La première renvoie à l'autorité et au pouvoir, assumés, des maîtres, nécessaires pour garantir les principes et leur mise en œuvre, en tenant compte néanmoins du fait que cette autorité et ce pouvoir sont eux-mêmes soumis à des règles et des contrôles *internes* (les lois de l'école et les conseils) et *externes* (le collectif des maîtres, les principes du mouvement Freinet...). Cela instaure, en tout cas, une tension et des équilibres délicats à trouver entre construction de la démocratie et pouvoir du maître (puisque, par exemple, à certains moments, le maître s'abstrait du fonctionnement des règles auquel il est lui-même normalement astreint, pour garantir leur exercice...). La seconde remarque tient en un constat, interrogeant pour les modalités scolaires dominantes. Dans ce système, pour un élève, la perte des droits équivaut à se retrouver, *via* la perte de l'autonomie, dans des fonctionnements scolaires traditionnels. La troisième remarque vise à souligner le mode de résolution original de la tension entre culture scolaire et cultures extrascolaires au travers de la construction d'une culture propre à la classe, culture de compromis, en perpétuelle réélaboration et à fonction de transition. La quatrième remarque porte sur les modes de structuration du groupe. Il me semble en effet qu'entre le sujet seul (ou parfois en binôme) et le groupe-classe, il n'existe pas véritablement de mode de structuration intermédiaire, de groupes plus ou moins restreints, sans

---

14. J'ajouterais volontiers deux remarques qui me paraissent importantes. En premier lieu, les pratiques des élèves ou des parents ne font jamais l'objet de jugements publics négatifs de la part des maîtres, ce qui favorise sans doute leur socialisation. Elles font, en revanche, parfois, l'objet de discussions, après avoir été reconstruites en tant qu'objet commun. En second lieu, cette implication sollicitée des parents d'élèves pour les constituer en tant qu'adjuvants éducatifs s'accompagne d'un contrôle strict quant à leur place, leurs fonctions ou certains fonctionnements (agressivité, pratiques estimées non éducatives dans les fêtes, tentatives de déstabilisation pédagogique, maltraitance...).
15. Par exemple, le « quoi de neuf » est très fortement codifié par les formes de parole (inscription, gestion par un animateur, position debout face au groupe...) et par le temps limité (trois minutes, questions des autres comprises).
16. J'y reviendrai en 2. Cela signifie en tout cas que ces relations sont pensées fondamentalement par rapport aux apprentissages et qu'il ne s'agit donc pas simplement de libération ou de socialisation des affects.

qu'aucune explication n'éclaire véritablement ce phénomène[17]. La cinquième et dernière remarque que j'effectuerai ici concerne les cultures visées. Il est intéressant de constater que la culture dite scolaire ou la culture dite légitime ne paraissent pas véritablement (frontalement, explicitement) interrogées[18].

2. LES ÉLÈVES ET LES APPRENTISSAGES

Comme je l'ai déjà signalé précédemment, les apprentissages sont absolument centraux. Par voie de conséquence, tout est mis en œuvre pour y parvenir à partir de quelques principes fondamentaux.

2.1. Tout enfant peut apprendre, pourvu que le milieu soit favorable

Fondamentalement, *tout* enfant est posé comme étant désireux et capable d'apprendre pourvu que le milieu – pédagogique, en l'occurrence – lui permette et lui facilite ses apprentissages. Il s'agit là en quelque sorte d'un axiome qui, certes, construit en quelque sorte une nature de l'enfant mais qui impose conséquemment une responsabilité incontournable pour les maîtres.

Dès lors – et cela peut même paraître parfois excessif aux yeux d'un observateur extérieur – tout échec d'un élève (ou même toute difficulté avec un parent) est vécu comme un échec du milieu pédagogique lui-même ou, au moins, comme un questionnement fort du travail des maîtres. Dès lors encore, on comprend mieux la remise en cause *permanente* des modes de fonctionnement ainsi que la soif d'auto-formation et de co-formation des maîtres. La dynamique, le mouvement incessant caractérisent ainsi leur fonctionnement.

J'ajouterai enfin que ce principe – l'enfant peut et doit apprendre pourvu que le milieu l'y aide – explique des dérogations autrement difficiles à comprendre, aux règles établies afin d'accompagner des cas singuliers, particulièrement complexes à gérer. Cela d'autant plus que l'équipe pédagogique rechigne à orienter vers des filières spécifiques des enfants dits à problèmes et a accueilli des élèves face auxquels d'autres écoles s'étaient déclarées impuissantes.

2.2 L'enfant est à construire comme sujet apprenant

Le principe évoqué est toutefois accompagné – ce qui pondère son idéalisme possible – d'un second, selon lequel l'enfant est à constituer comme sujet apprenant (sujet scolaire et pédagogique), membre d'une communauté, astreint à des règles et à des modes de fonctionnement spécifiques. Nombre de dispositifs peuvent ainsi être compris, au moins pour partie, dans cette perspective, comme étant chargés de construire et de maintenir l'adhésion et

---

17. Si ce n'est la constitution d'entités menaçant le collectif ?
18. Si ce n'est sur le plan de sa dimension scolastique pour la première, et de sa difficulté d'accès pour la seconde.

l'enrôlement : conseils, élaboration des règles, métiers, mise au travail à partir du matériel et des questions apportés par les élèves...

Il convient en tout cas de noter que cela s'effectue avec un extrême souci, de la part des maîtres, de ne pas donner l'impression à l'élève qu'il rompt avec son milieu (voir les passerelles constituées par les « quoi de neuf » qui font entrer le monde extrascolaire au sein de l'école et les dispositifs pour faire connaître le monde scolaire aux familles et à l'extérieur...). Tout est ainsi fait pour éviter que le trajet scolaire ne soit vécu comme un reniement...

Il convient encore de souligner que cela passe aussi, dans de nombreux cas, par une reconnaissance des rôles tenus à l'extérieur de l'école par les enfants (et leurs responsabilités ou fonctions sont souvent importantes en milieu populaire[19]), voire – et cela me semble très peu évoqué dans la littérature théorique sur le sujet – par une réinstauration du statut d'enfant, que l'on aide à se décharger de fardeaux extérieurs de « grands » ou d'adultes, souvent très lourds à porter. Ainsi, de manière paradoxale, la constitution du sujet extrascolaire en élève passe parfois par la reconstitution, au moins provisoire, de son identité d'enfant...

2.3. C'est l'élève qui apprend

Que ce soit l'élève qui apprenne, et nul autre à sa place, est sans doute devenu un lieu commun de certains discours sur l'école. Ce qui est en revanche frappant ici, c'est l'intégration véritable de ce principe dans les pratiques mises en œuvre. Cela induit – entre autres – deux principes conséquents :
– en fonction de la diversité des élèves, il existe des rythmes et des chemins différents pour s'emparer des savoirs et des savoir-faire et les maîtres sont donc particulièrement attentifs à faire fond sur les modes de construction de chacun[20] et leur temporalité spécifique (voir l'apprentissage de la lecture, les recherches, les créations, les brevets, les plans de travail...). Ainsi, un corps unifié de principes structurant ce mode de travail pédagogique, parfois présenté comme dogmatique, autorise et facilite en réalité, dans sa mise en œuvre pratique, une réelle souplesse quant aux cheminements des élèves ;
– en second lieu, le rôle central du maître – l'enseignement – n'est pas conçu selon la modalité dominante de la transmission mais essentiellement comme la conception, la mise en place et l'accompagnement de dispositifs et de situations permettant aux élèves de faciliter leurs apprentissages.

2.4. L'élève apprend à partir de ses questionnements

Si c'est l'élève qui apprend, il n'apprend cependant qu'à partir de ses questionnements qui motivent et fonctionnalisent les savoirs et savoirs-faire. Il

---

19. Voir les responsabilités des grands frères ou grandes sœurs par rapport aux plus jeunes, ou encore la prise en charge des documents administratifs dans des familles d'origine étrangère.
20. Cela implique notamment de créer les conditions (cf. 2.9) pour que ces modes de construction *s'expriment* et de grandes qualités d'attention pour pouvoir s'en emparer.

s'agit alors, pour l'enseignant, de ne pas fournir de réponses toutes faites à des questions non posées mais de susciter les questions, en s'appuyant sur le désir de savoir et de comprendre supposé partagé par tout enfant (cf. 2.1) ainsi que sur les dispositifs construits (cf. 2.3) qui ont à éveiller, à stimuler, à entretenir et à approfondir ce désir. Ainsi, à partir des « quoi de neuf » ou des entretiens, les élèves peuvent s'engager dans des recherches ou des préparations de conférences qui seront relancées vers des compléments au travers des phases de socialisation *via* des renvois et des interrogations des maîtres et / ou des pairs.

Reste cependant que ce principe est relativisé par deux types de pratiques. Le premier consiste en la gestion des questions des élèves qui ne sont pas toutes traitées immédiatement. Cela renvoie sans nul doute à la part du maître (cf. 3) dans sa gestion de la chronogenèse des savoirs et des rapports entre individus et collectif-classe. Cela est spécifié dans les chapitres suivants. Le second type de pratiques consiste dans le travail « imposé », sans relation immédiate avec les questions de chacun (cf. les fiches de travail), qui peut être vu comme nécessité d'entretenir un socle commun référé aux programmes, comme mise en place d'autres modalités de structuration et / ou comme forme d'acculturation à la forme scolaire, excédant le mode de travail pédagogique.

2.5. L'élève apprend en faisant

Ce principe est celui qui est le plus souvent mis en avant dans la littérature théorique sur les pédagogies alternatives. Il nécessite cependant plusieurs précisions, notamment en ce qui concerne son articulation avec des principes complémentaires (cf. 2.6 ; 2.7…).

Il signifie, en tout cas, que les élèves apprennent en faisant et parce qu'ils font l'expérience du travail, des projets, des recherches… En ce sens, et contrairement à d'autres démarches pédagogiques ou aux assertions de certains discours théoriques, le *faire scolaire* est un *faire authentique* qui est privilégié par rapport au faire semblant ou au faire simulacral. *Apprendre est le métier principal des élèves et cela est constamment réaffirmé par les maîtres*. Il ne s'agit donc pas de faire comme si on apprenait par ou au travers de « situations de vie » mais de construire de véritables projets, recherches, correspondances… pour apprendre et parce que cela participe de l'apprendre[21].

2.6. L'élève apprend aussi en se distanciant du faire

Mais ce faire expérientiel n'est pas, au moins ici – contrairement à ce qui est fréquemment affirmé à propos des pédagogies alternatives – le seul pilier des apprentissages. Il s'articule très étroitement avec la construction d'une posture distanciée, réflexive, au travers de moyens nombreux, diversifiés et fréquents :

---

21. Ou, pour le dire encore autrement, la vie scolaire est reconnue ici comme une « vraie » vie, investie en tant que telle, et les situations scolaires sont aussi authentiques, dotées du même poids de réel, que les situations extrascolaires.

– les situations de préparation à l'action (incluant, par exemple, des plans ou des esquisses) ;
– les discussions collectives, en binômes ou avec le maître, autour des problèmes, des stratégies et des solutions possibles ;
– la coopération (cf. les multiples dispositifs d'aide ou de demandes d'aide ainsi que les formes de dictée coopérative, où l'on peut signaler ses problèmes, les autres proposant des guidages : « c'est comme tel mot » ; « c'est la troisième personne du singulier »... mais pas la réponse précise) ;
– la relation réfléchie à l'action constamment sollicitée par le maître pendant le travail ;
– l'absence de stigmatisation des erreurs (cf. 2.9) ;
– le temps accordé, rarement contraint, et qui peut être prolongé jusqu'à une évaluation satisfaisante partagée ;
– la multiplicité des situations de socialisation et d'évaluation...

Ainsi, et il convient de le souligner tant cela a rarement été évoqué à propos de la pédagogie Freinet, les deux piliers des apprentissages sont le faire *et* la distance réflexive au faire.

2.7. L'élève apprend au travers d'une multiplicité de rôles

L'élève apprend encore au travers d'une multiplicité de *rôles* et de *positions* par rapport aux savoirs et aux savoir-faire : élève, usager, créateur, chercheur, professeur, conférencier, auditeur, discutant, critique, aide... De ce point de vue, il s'agit d'un *agent protéiforme*, aux rôles et aux activités bien plus diversifiés, *constamment et sur la durée*, que ceux des élèves soumis à des modes de travail pédagogique plus classiques. Ces rôles et ces positions, instaurés très tôt (dès la maternelle et le CP), peuvent être appréhendés comme l'actualisation, au travers de situations concrètes, de multiples modalités du faire et de la distance au faire. Complémentairement, ils mettent en place une conception selon laquelle c'est dans la variété des relations établies avec les savoirs et dans la diversité de leurs modes de saisie que les apprentissages se trouvent facilités.

Dans une autre perspective encore, on pourrait considérer que ce principe n'est pas sans référer au moins implicitement, à des approches « institutionnelles » des communautés scientifiques et de leurs modes de construction des savoirs[22] et à des conceptions pédagogico-didactiques au sein desquelles la constitution d'une « communauté scientifique scolaire »[23] et l'instauration d'une multiplicité de rôles sont fondamentaux[24].

---

22. Voir, par exemple, les travaux de Bourdieu, Douglas, Latour...
23. Voir, par exemple, Jaubert, Rebière et Bernié, 2004.
24. Voir Ruellan, 2000 ou Reuter, dir, 2005a.

2.8. L'élève apprend en expérimentant différentes formes de pensée

Cela signifie – en congruence avec les principes précédents – que différentes formes de pensée, notamment convergente et divergente, sont constamment sollicitées et cela dans de nombreuses matières, remettant ainsi en cause certains fonctionnements scolaires classiques tels la domination des exercices appelant la convergence et le cloisonnement disciplinaire.

Dans ce cadre s'inscrit par exemple la grande importance accordée à la créativité (y compris en mathématiques) et la valorisation des arts. On peut aussi noter que certains clivages opposant les disciplines se voient remis en question, *via* les recherches ou les créations en mathématiques[25] ou encore les discussions critiques, la planification et la réflexivité dans le domaine des arts.

Dans ce cadre s'inscrit encore la place fondamentale accordée à la production d'hypothèses et à l'expérimentation ainsi que la gestion permanente de la tension entre rigueur et liberté et, de manière saisissante, en comparaison avec les modes de fonctionnement scolaires dominants ailleurs, l'accent systématiquement porté sur le fait qu'il existe, en général, de multiples solutions à un problème, différents chemins pour atteindre un objectif... Dans ce cadre s'inscrit enfin le fait que, hors temps didactique *stricto sensu*, c'est-à-dire pendant les récréations (et les ateliers du soir), on peut lire, écrire, dessiner... (par exemple, dans la cour, à l'aide du matériel mis à la disposition des élèves).

2.9. L'élève apprend parce qu'il est sécurisé

Ce principe est d'une extrême importance, d'autant plus dans un milieu où les conditions de vie et le rapport à l'école sont souvent difficiles. Il s'opérationnalise, ici encore, au travers de multiples procédures qui renvoient, pour partie, à des mécanismes évoqués précédemment.

Il s'agit, par exemple, d'éviter les clivages avec la vie extrascolaire tout en permettant aux élèves de se décharger, au moins en partie, de leurs préoccupations extérieures et, véritablement, de s'exprimer. À cette fin, divers dispositifs existent (« quoi de neuf », textes libres, conseils, créations...) qui structurent ce matériau dans des formes scolairement gérables et articulables aux apprentissages. Il s'agit encore de construire et de garantir un univers scolaire sécurisé, qui évite, autant que faire se peut, toute violence ou toute crainte susceptible de perturber le travail[26] tout en autorisant la parole des élèves ainsi que l'expression de leurs besoins d'enfants (boire en classe, bouger, se déplacer...).

Il s'agit, enfin et surtout, de sécuriser les apprentissages eux-mêmes, *via* :

---

25. En s'interrogeant néanmoins sur le fait que certains domaines, l'orthographe ou la grammaire par exemple, échappent à cette quête d'inventivité.
26. De manière significative, nombre de « sanctions » sont justifiées non par des jugements plus ou moins moraux mais par le fait que le comportement visé perturbe le travail collectif.

– le droit à l'erreur (non stigmatisée, et au contraire constituée comme objet de travail et de réflexion, légitime et intéressante...) ;
– un fonctionnement plus formateur de l'évaluation : absence de notes et de classements mais brevets, exposition des progressions, allégement du stress (ainsi pour la dictée, l'important est de faire de son mieux...) ;
– des aides systématiques, des pairs et des maîtres, qu'elles soient matérielles (réserve d'instruments pour les oublis, marquages accessibles de tous les objets disponibles dans les classes, plans-guides pour se servir soi-même des ordinateurs...) ou cognitives : en fonction du principe de coopération, l'aide est ainsi légitime, officielle et, en aucun cas, stigmatisée ;
– des cadres appropriables par tous : affichage public de l'organisation du travail dans la journée, plans individuels, routines de fonctionnement...
– des phases répétées de mise en relation de ce qui se fait ou de ce qui vient de se faire avec ce qui s'était travaillé auparavant[27] ;
– le *temps*, ajusté aux nécessités de chacun, des discussions, de la recherche des solutions possibles[28]...

C'est d'ailleurs sans doute parce que le cadre pédagogique est à un tel point sécurisé que l'imprévu peut être intégré sans déstructurer l'ensemble et que les élèves peuvent apprendre en étant encouragés à prendre des risques, sans craindre un retour de bâton, et s'engager, très tôt, dans des recherches, des exposés ou des créations...

2.10. L'enfant apprend parce qu'il peut se situer dans une histoire

Le dernier principe, sur lequel je m'arrêterai ici, me paraît très rarement revêtir une telle importance au sein de l'école. Il postule que l'élève apprend parce qu'il peut se situer dans une histoire de ses apprentissages qui lui est rendu accessible au travers de procédures ou de dispositifs tels ses plans de travail et ses brevets, les étapes de ses projets, la conservation d'un maximum de documents le concernant, le livre de la classe, les situations de mise en relation avec les élèves des classes antérieures ou ultérieures... On peut, peut-être, envisager l'importance conférée à cette dimension diachronique comme une référence aux classes uniques[29] ou s'interroger sur les usages effectifs que font les élèves de ces possibilités de relire leur trajet... Il n'en demeure pas moins vrai qu'il existe là une spécificité qu'on peut aussi comprendre comme un des multiples moyens utilisés pour construire le sujet scolaire, tisser des

---

27. Ces cadres et ces phases de mise en relation nous paraissent susceptibles de participer à la clarté quant aux situations d'apprentissage, facteur important, à suivre les travaux de Michel Brossard, dans la réussite ou dans l'échec scolaire.
28. Le temps individuel est certes soumis aux règles du temps collectif mais les formes de structuration de l'emploi du temps permettent à chacun de retrouver du temps dans la journée ou dans la semaine pour faire aboutir ses projets.
29. Classes uniques qui demeurent un référent pour plusieurs maîtres de cette école et dont diverses études ont montré les intérêts.

liens entre situations et savoirs, encourager en rendant compte du chemin accompli...

3. LA PART DU MAÎTRE

Dans le cadre qui vient d'être tracé, on comprend que la part du maître soit fondamentale, notamment parce qu'il pose tout enfant comme étant capable d'apprendre et parce qu'il revendique, quasi totalement, la responsabilité des apprentissages. En assumant certaines redites, je rappellerai donc certaines dimensions essentielles de ses tâches dans ce mode de travail où, *a priori*, rien n'est considéré comme naturel, tout doit être *construit* sous la gouverne des enseignants.

3.1. Chacun à sa place mais avec un maximum de coopération

« Chacun à sa place » pourrait être la devise du système mis en place, avec des places et des rôles constamment réaffirmés et reconstruits : adultes / enfants ; maîtres / élèves / parents d'élèves. Il s'agit donc d'une *double structure*, sans flottement, mais garantissant à chacun, un respect total et un maximum d'échanges et de coopération.

Cela impose – conformément à ce que j'avais déjà noté dans les points précédents – un travail important en direction des parents d'élèves et un comportement *modèle* d'adulte de la part des maîtres, revendiqué en tant que tel.

3.2. Des dispositifs essentiels

La part du maître se réalise au travers des dispositifs mis en place et de leur gestion. C'est un point essentiel souligné par tous ceux qui se sont penchés sur la pédagogie Freinet. Mais cela appelle quelques remarques complémentaires.

S'il existe bien un héritage important des dispositifs et une confiance en ceux-ci, ils demeurent néanmoins en (re) création – modification constante, stables mais ouverts à l'imprévu, imposés mais soumis à la réappropriation. On est donc assez loin de l'image de techniques « Freinet », figées et dogmatiques, transmises dans une vulgate référée quasi-uniquement aux écrits de Célestin Freinet.

De surcroît ces dispositifs assument sans doute une fonction non négligeable de *tiers*, matériel et symbolique, entre enfants et élèves, entre élèves et maîtres, entre adultes et maîtres, entre univers scolaire et extrascolaire.

3.3. Le maître comme garant

Une part déterminante du travail du maître se réalise complémentairement dans son rôle de *garant*, garant des apprentissages, de la sécurité, du fonctionnement des dispositifs, des règles élaborées collectivement...

Ce rôle de garant, qui explique en partie son attention à être un modèle dans ses comportements, n'exclut d'ailleurs pas, de manière paradoxale, des décrochages de sa place ou de son rôle dans certains dispositifs (quand il faut mieux faire respecter le temps lors du « quoi de neuf », lorsque des rappels à l'ordre s'imposent, pour réorienter certaines recherches dans l'intérêt collectif...).

De surcroît, ce rôle de garant est lui-même contrôlé de diverses manières : par les conseils (de classe et d'école) qu'il se doit de garantir et qui peuvent le remettre en question, par les discussions avec ses pairs et le conseil des maîtres, par les principes auxquels il souscrit (et qu'il rediscute au sein du mouvement), par le respect explicite des lois scolaires, par sa constante autoformation, par la coformation...

3.4. Le maître comme adjuvant

Fondamentalement encore, le maître se conçoit ici comme un *aide*, puisque c'est l'enfant, et lui seul, qui apprend au travers de sa mise en activité. Cette fonction d'adjuvant se décline donc de multiples manières : par la construction et la gestion des dispositifs mais aussi par ses stations fréquentes au bureau – dans un coin de la classe et non au centre – où il accueille les demandes ; par ses renvois individualisés (recherche de documents ou d'écrits qui peuvent faire *écho* aux textes libres ou aider tel élève dans sa recherche) ; par son attention aux cheminements collectifs et aux parcours de chacun auxquels il renvoie très fréquemment ; par sa stimulation et son étayage des prises de parole individuelles et des échanges collectifs (loin du schéma classique de la communication scolaire : question, réponse brève, évaluation). D'une certaine manière, dans ce cadre pédagogique, le maître se caractérise par une quête quasi obsessionnelle de ce qui pourrait aider chacun sans se substituer à son cheminement. Je dirais volontiers, qu'au travers des dispositifs et des formes d'intervention du maître, il existe une recherche constante d'articulation entre étayage et désétayage.

3.5. Le maître comme équilibriste

En fin de compte, l'image de l'équilibriste parait la mieux à même de rendre compte de cette perpétuelle gestion des tensions qui caractérise le maître dans ce mode de travail, par exemple entre :
– constitution d'une microsociété autonome et relations fortes à l'extrascolaire ;
– mise en place d'un fonctionnement démocratique et respect des règles d'un côté et pouvoir du maître, voire contournement de certaines d'entre elles (pour les rétablir ou les garantir) de l'autre ;
– établissement de cadres forts et stables et mobilité, ouverture à l'imprévu ;
– nécessité de respecter le besoin de mouvement des élèves et nécessité de construire les conditions de l'étude et de la civilité (pouvoir parler mais dans un « silence » collectif ; pouvoir jeter les papier par terre ou les lancer à la corbeille en cours d'activité mais tous les ramasser à la fin...) ;

– engagement dans le faire et construction d'une distance réflexive ;
– respect des cheminements et des spécificités singulières et construction d'une communauté de travail et d'apprentissage ;
– respect des questionnements individuels et attachement à des apprentissages collectifs indispensables à l'avancée dans le cursus scolaire ;
– guidage et construction de l'autonomie...

4. QUELQUES QUESTIONS EN SUSPENS

Pour clore cette présentation des principes de fonctionnement mis en œuvre, qui sera donc largement reprise et exemplifiée dans les chapitres suivants, j'aimerais poser une précaution de lecture et soulever quelques questions en débat au sein de l'équipe de recherche, à prendre comme autant de pistes de recherche ouvertes pour l'avenir.

4.1. Précaution de lecture

La description que je viens de tracer correspond à ce que nous avons pu observer ou analyser. Elle est certes discutable comme tout travail de recherche et sans doute tributaire d'une perspective et d'outils de recueil et de traitement de données mais elle n'est nullement fictive ou enjolivée. De surcroît, même si des différences ont été soulignées avec les modes de travail pédagogique les plus répandus, ces différences ne signifient pas valorisation ou adhésion de la part de notre équipe[30]. Enfin, cette description ne dit rien, en elle-même et *a priori*, des effets sur les élèves. Cette question sera traitée dans les chapitres suivants.

4.2. Questions en suspens

La première question renvoie au choix même de présenter *le* mode de travail pédagogique de manière unifiée. Il permet sans doute de souligner – ce qui n'est pas si fréquent – le socle commun très important de principes et de fonctionnements que partagent les maîtres de cette école, ce que nous avons pu vérifier à de multiples reprises. Il tend en revanche à réduire certaines différences entre les maîtres dans l'adhésion à ces principes et des variations dans les fonctionnements et la mise en œuvre des dispositifs (par exemple, quant à la fonction de garant, à l'investissement dans les recherches mathématiques, aux formes de retravail des textes...). Nous tentons donc d'approfondir cette question en décrivant précisément ces différences, en

---

30. À titre de rappel, nous avons mené des recherches sur d'autres modes de travail pédagogique, classiques ou « innovants » (cf. Reuter dir., 2005a ou Ruellan, 2000) et, nombre d'entre nous étant plutôt didacticiens, ont pu *a priori* être dans une distance critique par rapport à ce qui s'effectuait ici (cf. 4.2.)...

essayant d'analyser leurs effets possibles sur les élèves et en étudiant de manière plus fine les statuts et les rôles au sein même de l'équipe des maîtres[31].

La seconde question renvoie aux contours ou aux limites de ce mode de travail qui peuvent porter sur diverses dimensions : limites du *dicible* dans les entretiens ou les « quoi de neuf » qui modifient ce qui entre de la vie extrascolaire et qui encadrent ce qui est considéré comme gérable au sein de la classe ; limites des exceptions ou des *entorses possibles* aux règles en fonction d'élèves plus ou moins particuliers ; limites quant à la *responsabilité des apprentissages* face à des élèves en grande difficulté suivis dans des dispositifs médicaux, paramédicaux ou sociaux et orientés, par exemple en SEGPA… Sur ce point, bien des éléments demeurent à préciser à la fois quant aux principes et quant aux fonctionnements effectifs. Même si, comme je le signalais antérieurement, deux éléments au moins sont à conserver en mémoire : une volonté rare de la part des maîtres d'assumer la responsabilité des apprentissages y compris face à des élèves envoyés par d'autres écoles et en extrême difficulté familiale, sociale ou de santé ; une grande fermeté sur des principes stricts qui, paradoxalement, permettent une véritable souplesse et une diversité de stratégies, de dispositifs et de réactions…

La troisième question concerne le *sérieux* de ces classes et de cette école. L'expression « atmosphère studieuse » semble parfaitement convenir ici. On est là pour travailler et on y travaille sans aucun doute, ce qui frappe tout visiteur. Et les élèves n'ont l'air ni stressés, ni angoissés, rentrant, au moins pour certains d'entre eux, d'eux-mêmes dans la classe avant le début des cours et ne se précipitant pas pour quitter l'école. Mais, en même temps, certains observateurs ou visiteurs ont pu se demander si la part du jeu ou, du moins, du ludisme, n'était pas trop restreinte. De fait, la place du jeu, du rire ou des moments de détente est peut-être à interroger…

La quatrième et dernière question que j'évoquerai ici porte sur le *socle de référence* des principes et des modes de fonctionnement présentés. Il me semble qu'il est essentiellement *pédagogique*, le pédagogique étant pensé en relation avec le politico-idéologique (aide aux enfants défavorisés, conceptions de la démocratie et du citoyen critique, volonté d'ouvrir l'univers culturel à tous…). Dans cette perspective, les entrées didactiques, en tant que telles, sont secondarisées, même si une réflexion digne de respect est menée sur l'enseignement des différentes disciplines. Il est évident que cette entrée, à dominante pédagogique, est tout à fait intéressante dans le cadre de l'enseignement primaire au sein duquel les disciplines se constituent progressivement, dans la mesure aussi où elle permet de rendre congruents les différents enseignements, dans la mesure encore où elle est essentiellement et sans ambiguïté au service de l'apprentissage des savoirs et des savoir-faire… Il reste cependant à analyser comment et jusqu'où elle peut s'articuler avec des

---

31. En fonction, notamment, de l'expérience, du capital symbolique au sein du mouvement Freinet, etc. En tout état de cause, il est cependant intéressant de constater qu'une véritable disparité n'empêche pas des discussions où chacun est entendu et admis, y compris dans des mises en cause parfois très critiques des principes et des « anciens ».

entrées didactiques, attentives en priorité à la spécificité des contenus en œuvre et à la manière dont ils peuvent/ils doivent structurer les modes d'enseignement et d'apprentissage...

RÉFÉRENCES BIBLIOGRAPHIQUES

BRU M., ALTET M., BLANCHARD-LAVILLE C. (2004), « À la recherche des processus caractéristiques des pratiques enseignantes dans leurs rapports aux apprentissages », *Revue Française de Pédagogie*, n° 148, *Évaluer et comprendre les effets des pratiques pédagogiques,* juillet-aout-septembre, 75-87.

JAUBERT M., REBIÈRE M., BERNIÉ J.-P. (2004), « L'hypothèse "communauté discursive" : d'où vient-elle ? Où va-t'elle ? », *Les Cahiers THEODILE,* n° 4, 51-80.

LESNE M. (1979), *Travail pédagogique et formation d'adultes,* Paris, Presses Universitaires de France.

REUTER Y. dir. (2005a), *Pédagogie du projet et didactique du français,* Villeneuve d'Ascq, Presses Universitaires du Septentrion.

REUTER Y. dir. (2005b), *Démarches pédagogiques et lutte contre l'échec scolaire,* Rapport de Recherche de l'ERTe 1021 (2002-2005), remis à la Direction de la Recherche du Ministère de l'Éducation.

REUTER Y. dir. (2006), *Effets d'un mode de travail pédagogique « Freinet » en REP,* Rapport de la Recherche IUFM du Nord – Pas-de-Calais (2004-2005), Université Charles-de-Gaulle – Lille 3.

REUTER Y., CARRA C. (2005), « Analyser un mode de travail pédagogique "alternatif" : l'exemple d'un groupe scolaire travaillant en pédagogie "Freinet" », *Revue Française de Pédagogie*, n° 153, *Décrire, analyser, évaluer les pédagogies nouvelles,* octobre-novembre-décembre, 39-53.

RUELLAN F. (2000), *Un mode de travail didactique pour l'enseignement-apprentissage de l'écriture au cycle 3 de l'école primaire,* Thèse de Doctorat en Sciences de l'Éducation, Université Charles-de-Gaulle – Lille 3.

CONSTRUCTION DES NORMES ET VIOLENCES SCOLAIRES

Cécile CARRA et Maria PAGONI

C'est dans l'articulation d'une approche sociologique et psycho-pédagogique que nous étudierons les processus de déconstruction-reconstruction des normes chez les élèves de l'école élémentaire Hélène Boucher (HB) située à Mons-en-Barœul dans l'agglomération lilloise depuis l'arrivée d'une nouvelle équipe pédagogique se réclamant de la pédagogie Freinet[1]. Les normes seront étudiées à partir de leur processus de production mais aussi des écarts à ces normes et des réactions que suscitent leur transgression. Pour circonscrire notre champ d'investigation, nous nous intéresserons à un type particulier de déviances, celles qui sont qualifiées par les élèves de violences.

Les normes constituent « des manières de faire, d'être ou de penser socialement définies et sanctionnées qui orientent d'une manière diffuse l'activité des individus en leur fournissant un ensemble de références idéales, et du même coup une variété de symboles d'identification, qui les aident à se situer eux-mêmes et les autres par rapport à cet idéal » (Boudon, Bourricaud, 1982, 417). La socialisation désigne les processus par lesquels les individus s'approprient les normes ainsi que les valeurs et les rôles qui régissent le fonctionnement de la vie en société. Elle résulte de différents types d'apprentissages auxquels est exposé l'individu : apprentissages linguistiques, cognitifs, symboliques, normatifs... Nous concevons la socialisation comme un processus adaptatif et l'individu comme un acteur à part entière dans la socialisation. Nous nous intéresserons plus particulièrement à la socialisation scolaire avec l'idée selon laquelle l'enfant joue un rôle actif dans le processus de sa socialisation et construit son identité sociale à travers les transactions qu'il noue avec son entourage (parents, professeurs, camarades).

Cette contribution traitera plus précisément des points suivants :
– l'évolution des représentations du phénomène de violence chez les élèves (partie 1) ;
– les liens avec le processus de socialisation scolaire et la spécificité des montages normatifs et cognitifs au sein de l'école étudiée (partie 2) ;

---

1. Pour une présentation des conditions d'arrivée de cette nouvelle équipe pédagogique, des difficultés rencontrées et des enjeux en présence, cf. Carra, Faggianelli, 2005.

– le climat d'école qui en résulte et son rôle dans l'adhésion aux normes et l'évolution des attitudes normatives des élèves (partie 3) ;
– la question de la transférabilité à partir d'une réflexion sur les effets obtenus, les limites et les conditions de possibilité (partie 4).

Pour ce faire nous nous appuierons sur une série de données diachroniques et synchroniques concernant les élèves et les enseignants. Ces données ont été recueillies selon une double entrée, qualitative et quantitative ; qualitative sur la base d'observations dans l'école durant et hors temps de classe et d'entretiens menés avec des élèves et les maîtres « Freinet », quantitative par l'administration, chaque année, d'un questionnaire d'une part à l'ensemble des parents et d'autre part à l'ensemble des élèves. L'année 3 voit le dispositif s'articuler avec celui d'une autre recherche sur la violence en milieu scolaire (Carra, dir. 2006), les questionnaires passés aux élèves de l'école HB sont aussi administrés à plus de 2000 autres élèves d'un échantillon représentatif des écoles élémentaires du département du Nord (du CE1 au CM2) et à leurs enseignants. La comparaison s'est aussi effectuée à partir d'une école témoin, appartenant au même réseau d'éducation prioritaire que l'école HB et ayant donc un public scolaire aux mêmes caractéristiques sociologiques mais significativement plus touchée par le phénomène de violence. Cette comparaison est faite à partir des questionnaires cités ci-dessus et à partir de 24 entretiens de groupe (chaque groupe étant constitué par trois élèves) avec des élèves du CE1 au CM2 dans les deux écoles pendant les deux premières années du projet (Pagoni, 2005). Elle a aussi porté sur une école du canton de Genève fonctionnant avec des conseils d'élèves, apparaissant dans l'école ici étudiée comme une pièce importante dans le processus de socialisation scolaire. Ces données nous permettront de mettre en perspective les changements depuis l'arrivée de la nouvelle équipe pédagogique alors que la comparaison avec d'autres écoles favorisera la mise en évidence de spécificités significatives.

Pour faire apparaître les relations entre fonctionnement scolaire et apprentissages, en l'occurrence, ici, apprentissages sociaux, nous avons emprunté des cheminements pluriels : notamment l'analyse des effets observés au regard des effets attendus, le repérage d'une différenciation temporelle des effets et l'identification d'effets différenciés selon les élèves. Ces analyses, qui ont fait l'objet d'un long développement dans un article de la *Revue Française de Pédagogie* (Reuter, Carra, 2005), nous semblent susceptibles de relativiser toute appréhension trop unifiante d'un mode de travail pédagogique tout en fournissant des indicateurs pour comprendre ce qui serait susceptible de les expliquer. Elles permettent de surcroît, avec la mise en évidence d'effets similaires dans d'autres lieux – lorsque ces lieux existent – de faire émerger des zones en partie isolables et *a priori* transférables.

1. NORMES ET DÉVIANCES : ÉVOLUTION DES REPRÉSENTATIONS SUR LA VIOLENCE

Peut-on repérer une évolution du phénomène de violence depuis l'arrivée de la nouvelle équipe pédagogique dans l'école étudiée ? La comparaison, lors de la troisième année, avec 30 autres écoles du département du Nord permet-elle de faire apparaître des spécificités ? Pour apporter des éléments de réponse à cette double question, nous nous appuierons essentiellement ici sur la violence telle qu'elle est perçue et vécue par les élèves[2], ce qui nous permettra d'appréhender, le cas échéant, une évolution de leurs représentations.

1.1. Année 1 : la perception partagée d'une baisse du phénomène de violence

À la rentrée 2001, l'école élémentaire accueille 89 élèves. Ils sont issus très majoritairement de familles nombreuses, massivement exclues du marché du travail (près de 45 % des chefs de famille sont sans activité professionnelle, 31,5 % sont ouvriers, 10 % employés), avec une sur-représentation de familles étrangères (11,2 % d'élèves étrangers, en particulier de nationalité marocaine, portugaise ou turque). Cette faible hétérogénéité sociale résulte à la fois d'un recrutement local et d'une fuite des populations disposant de ressources pour échapper à la carte scolaire.

Cette fuite est à lier à un double phénomène : violences à l'école et mauvais résultats scolaires, construisant l'image d'une école à éviter. Les difficultés d'apprentissage sont effectivement importantes ; les évaluations nationales CE2 de 2001 classent l'école loin derrière les autres, en français et en mathématiques, comparativement aux résultats de la commune, moins bons eux-mêmes que les résultats de la circonscription, lesquels sont moins que la moyenne nationale ; il y a par ailleurs 27 % d'élèves doublants et 15 % des enfants suivis par le RASED (Réseau d'Aide Spécialisée aux Élèves en Difficulté). Problèmes de violence aussi, se focalisant en particulier sur les « grands » (les garçons du CM2) ; pour parler d'eux, les adultes de l'école parlent de « caïds », les enfants de « terreurs ». Le problème se décline aussi au niveau des interactions quotidiennes marquées par une agressivité omniprésente, verbale comme physique, tout particulièrement entre élèves.

En ce début d'année scolaire, la cour de récréation apparaît comme l'espace privilégié pour la distribution de coups et d'injures alors que les escaliers et les couloirs de l'école constituent des lieux où l'on chahute, se bouscule, s'énerve. Dans les classes, la tension est palpable :

> Les enfants, en début d'année là, ils étaient très... à parler haut à travers la classe, à répondre. Ils attendent le moindre petit truc pour bondir en fait. C'est l'impression que j'ai eue. Le moindre crayon qui tombe, la moindre phrase mal dite, le moindre événement en fait que moi, je relèverais pas et que les élèves à C. [école où l'enseignante

---

2. Pour un développement de la problématique, cf. Carra, 2005b.

exerçait auparavant] ne relevaient pas, par exemple, est un sujet pour faire tout exploser, c'est très sensible, ça s'atténue mais c'était très, très fort en début d'année. On sent ce... [silence] et la non écoute aussi, ils n'écoutent pas ! [...]. C'est tout le temps : « T'as pris mon crayon ! »... « T'as touché à mes affaires ! », « Arrête de me marcher sur les pieds ! ». C'est toujours, c'est assez tenace comme ça, c'est assez psychologique entre eux. Enfin psychologique... c'est des petites choses comme ça, des harcèlements sans arrêt en fait. Et qui montent... (enseignante de CE2).

Le changement est manifeste trois semaines après la rentrée, les coups moins fréquents, la tension moins pesante. Au terme d'une année de fonctionnement avec la nouvelle équipe, l'ambiance a changé du tout au tout alors que simultanément croît la perception d'une baisse de la violence, perception partagée par l'ensemble des acteurs concernés : enseignants, élèves et parents[3], ainsi que personnels de service. Cette perception d'une baisse de la violence est corrélée à une amélioration des résultats aux évaluations nationales CE2, l'écart par rapport à la moyenne nationale se réduisant significativement. Les élèves, alors qu'ils étaient souvent agités, agressifs, montrant peu d'intérêt pour les activités scolaires, affichent une posture d'élève studieux et motivés. On peut aussi constater un arrêt de la fuite de population : 111 élèves sont inscrits à la rentrée suivante[4].

1.2. Des tendances qui s'inversent ensuite pour les élèves mais une école qui se situe dans la moyenne

Si le sentiment d'une baisse de la violence persiste chez les adultes, aussi bien chez les enseignants que les parents, on peut noter une tendance qui s'inverse pour les élèves, les deux années qui suivent. C'est ce que montre de manière significative l'évolution des taux de victimation[5] calculés à partir de la réponse à la question suivante : « Cette année, dans ton école, quelqu'un a-t-il été violent avec toi (élève ou grande personne) ? »

---

3. Pour un développement sur le phénomène de violence appréhendé par les enseignants, cf. Carra, 2006. La perception du phénomène par les élèves et leurs parents a été développée dans Carra, 2005a.
4. L'équipe décidera les années suivantes de stabiliser les effectifs à ce niveau.
5. Les pourcentages sont calculés à partir des répondants des CE1, CE2, CM1 et CM2, dont le nombre s'élève lors de la passation du questionnaire à 67, année 1, 74, année 2, et 82, année 3. Tous les questionnaires ont été passés au troisième trimestre.

Victimation	année 1	année 2	année 3
souvent	6,1	13,7	23,1
parfois	10,8	21,9	18,3
jamais	58,5	38,4	41,5
NR/NSP	24,6	26,0	17,1
Total	100	100	100

Déclaration des élèves de l'école HB sur leur victimation (en %)

Le pourcentage des élèves répondant « Je ne sais pas » additionné au pourcentage des non répondants (NSP/NR dans le tableau ci-dessus) montre une diminution de 7,5 points de l'année 1 à l'année 3. Soulignons une augmentation forte des élèves qui répondent avoir été souvent victimes ; ils passent en effet de 6,1 % à 23,1 %. Ceux qui se déclarent « parfois » victimes sont aussi en augmentation alors que le pourcentage d'élèves déclarant ne « jamais » avoir été victime baisse de 54,5 % à 41,5 %, toujours sur la même période. Le sentiment de victimation s'est donc significativement développé chez les élèves.

Pour autant, les élèves continuent à apprécier fortement leur école. À la question « Comment trouves-tu ton école ? », 86,3 % des élèves de l'école HB répondent qu'elle est « bien » ou « géniale » contre une moyenne de 78,6 % ; 7,5 % des élèves en ont une représentation négative alors qu'en éducation prioritaire (EP), ils sont sur-représentés : 20,5 % (cf. tableau ci-dessous) :

représentation école Catégories+HB	négative	moyenne	positive	TOTAL
ordinaire	9,6% (138)	10,1% (146)	80,3% (1157)	100% (1441)
EP-HB	20,5% (59)	8,7% (25)	70,8% (204)	100% (288)
ZV	12,4% (34)	12,0% (33)	75,6% (208)	100% (275)
HB	7,5% (6)	6,3% (5)	86,3% (69)	100% (80)
TOTAL	11,4% (237)	10,0% (209)	78,6% (1638)	100% (2084)

Représentation qu'ont les élèves de leur école selon son classement[6]

Par ailleurs, et comparativement aux autres écoles élémentaires du département du Nord (cf. score violence[7] dans le tableau ci-dessous), l'école HB (codée 2.2.) ne se distingue pas de la moyenne des scores alors que l'école située dans le même REP (codée en 2.1.) obtient un score significativement

---

6. Les écoles en « zone ordinaire » ne font en fait l'objet d'aucun classement ; EP correspond aux écoles en éducation prioritaire et ZV, en zone violence. Les non-répondants, du fait du faible effectif, n'apparaissent pas dans ce tableau. Ils sont au nombre de deux pour l'école HB. Les cases encadrées dans ce tableau, comme dans les autres tableaux de cet article, sont celles pour lesquelles l'effectif est significativement différent de l'effectif théorique.
7. Le score « violence » constitue un indice synthétique calculé a partir de trois variables : victimation, violence auto-reportée et perception du niveau de violence dans l'école. Les écoles sont ordonnées en fonction de leur score « violence » (ordre décroissant). Les autres scores sont aussi des indices synthétiques permettant de rendre compte des différentes composantes du climat scolaire. Plus ils sont élevés, plus ils sont négatifs. Nous reviendrons sur certaines de ces composantes dans le point 3. Pour une conceptualisation du climat d'école, cf. Carra, 2005b.

plus élevé que la moyenne[8]. Soulignons enfin que ce REP est passé à la rentrée 2006 en éducation prioritaire de niveau 1 (« ambition réussite ») du fait de l'importance des difficultés rencontrées.

nom école codé_T	SCORE relations	SCORE justice	SCORE règlement	SCORE travail	SCORE parents	SCORE éducatif	Score violence propre
1.8.	**6,05**	4,43	**14,72**	9,62	**11,18**	8,83	**6,68**
1.12.	**6,06**	4,60	13,07	9,54	10,26	8,60	**6,54**
2.4.	5,49	**5,51**	11,94	9,63	**8,68**	**8,99**	**6,51**
1.4.	**4,81**	**4,96**	11,76	**9,82**	10,59	**9,71**	**6,46**
2.1.	5,64	**4,74**	12,56	9,67	**11,71**	8,41	**6,43**
1.17.	4,90	**4,82**	11,31	9,69	10,41	**9,24**	6,41
1.14.	5,57	4,34	**10,22**	**10,62**	11,00	**9,78**	**6,41**
3.1.	**4,82**	4,24	11,96	9,02	10,05	8,51	**6,39**
1.9.	5,44	4,03	11,60	8,55	10,18	8,34	6,37
1.11.	5,69	4,31	12,49	9,69	10,77	8,57	6,32
3.3.	4,74	4,39	13,23	9,32	11,23	**9,32**	6,26
1.15.	5,63	**4,98**	11,12	9,57	**8,82**	7,98	6,13
1.13	5,37	**3,35**	**10,78**	9,36	11,19	**7,25**	6,12
2.2.	**6,31**	**3,14**	10,90	8,83	11,22	**7,19**	6,10
3.2.	5,45	4,66	11,92	9,39	9,95	7,64	6,07
1.6.	5,07	4,67	11,47	**8,39**	10,34	8,30	5,85
1.20.	4,89	3,98	**13,00**	9,18	10,18	8,50	5,78
2.3.	4,93	4,22	**10,38**	9,62	9,47	8,17	5,72
1.5.	**4,84**	4,46	12,27	9,18	9,73	7,86	5,57
1.22.	4,96	**2,81**	11,96	**7,74**	8,96	7,30	5,52
1.19.	**4,40**	3,82	12,18	8,84	10,78	7,56	5,47
3.4.	4,87	4,48	**10,51**	9,26	10,40	7,75	5,33
1.10.	**4,66**	**3,38**	12,09	**8,32**	9,88	**6,79**	5,31
1.1.	5,17	3,87	11,51	**8,37**	9,70	8,15	**4,98**
1.2.	5,13	**3,49**	**10,22**	**8,14**	9,65	**7,35**	**4,76**
1.21.	5,14	4,27	12,61	8,38	11,21	8,29	**4,59**
1.18.	5,67	4,15	11,98	9,40	9,29	7,44	**4,57**
2.5.	**4,78**	**2,96**	11,16	**7,44**	9,19	7,38	**4,50**
1.3.	5,19	**3,52**	**10,61**	9,01	10,20	8,32	**4,49**
1.16.	**4,47**	**3,35**	11,30	**8,15**	10,09	**6,89**	**4,29**
1.23.	5,22	**2,95**	12,39	8,48	9,13	7,00	**4,00**
TOTAL	5,23	4,18	11,70	9,09	10,22	8,16	5,75

Les nombres encadrés correspondent à des scores (par école) significativement différents du score moyen (/t/ s. à.05).

Classement des écoles selon les différentes composantes de leur climat

1.3. Une évolution des représentations influant le vécu des élèves

Une série de questions devant permettre d'appréhender le vécu et la perception qu'ont les élèves de la violence fait apparaître comparativement, à la fois diachroniquement et synchroniquement, des éléments contribuant à appréhender une évolution des représentations des enfants scolarisés à l'école HB.

---

8. Les écoles dont le code commence par 1 sont des écoles dites « ordinaires » ; un code débutant par un 2 correspond aux écoles en « éducation prioritaire » ; par un 3, à celles qui sont en « zone violence ».

La comparaison des contenus des règlements de récréation – élaborés par les élèves – montre une évolution à la fois de la place de la violence et du contenu qu'elle recouvre. La première année, la violence apparaît en première place du règlement dans la rubrique « respect des autres » et constitue la partie la plus développée. La sanction encourue est indiquée en gras juste sous l'intitulé de la rubrique : « *Un élève violent ne pourra plus être avec les autres en récréation quelques jours et restera à côté d'un adulte* ». La troisième année, la rubrique « respect des autres » a disparu et la place donnée à la violence se réduit, alors qu'apparaît le terme de bêtise ; la sanction encourue n'apparaît plus qu'en toute fin du règlement. Le règlement de récréation commence ainsi par :

> La récréation sert à se détendre, à jouer, à courir, à voir ses frères et sœurs. Le mieux serait que les enfants se comportent bien et ne fassent pas de bêtise. Si un enfant est insulté, frappé, il doit tout de suite aller voir un adulte. Il ne règle pas le problème seul.

Le même type d'évolution est repérable au sein des « réunions de coopérative » (cf. *infra*) : si l'année 1, les élèves se plaignent de la violence qu'ils ont pu subir de la part de certains de leurs pairs, les critiques porteront de plus en plus sur les comportements qui perturbent leur travail – le bavardage notamment – et sur les « métiers » qui, de leur point de vue, n'ont pas été assumés correctement. Ces éléments contribuent à montrer qu'il y a moins de violences sous les formes rencontrées la première année, le regard se déplaçant vers des faits devenant progressivement des déviances en regard des gênes qu'ils occasionnent pour le travail.

Pour autant le climat relationnel apparaît significativement moins bon par rapport à la moyenne. Plus précisément, les élèves de l'école HB qui répondent que leurs relations avec leurs pairs sont moyennes sont sur-représentés par rapport à la moyenne (32,5 % contre 17,9 % en moyenne) alors que ceux qui ont coché l'item « très bien » sont sous-représentés (32,5 % contre 54,5 %). Ils sont cependant 61,2 % à répondre que les relations entre pairs sont bonnes et très bonnes. Par ailleurs, si l'on compare cette école avec les autres écoles de même classement (éducation prioritaire), elle ne se distingue pas sur l'item « mauvaises » relations, contrairement à ces autres écoles (cf. tableau 1 en annexe).

On peut aussi noter une sur-représentation des élèves de l'école HB qui répondent avoir de mauvaises relations avec leur enseignant : 8,8 % (ce qui correspond à 7 élèves qui feront l'objet d'un développement dans le point 4) contre 4 % en moyenne. Mais là encore, ils sont 76,3 % à répondre avoir de bonnes relations (cf. tableau 2 en annexe). À la question, « Comment est-ce que tu t'entends avec les autres grandes personnes de ton école ? », les élèves de l'école HB qui répondent « mal » sont sur-représentés : 15,2 % contre 6,8 % à la moyenne alors qu'ils sont sous-représentées pour l'item « bien » même si cet item regroupe 60,8 % des répondants (cf. tableau 3 en annexe).

Ce climat relationnel est-il en lien avec le climat de violence – le sentiment de violence augmentant à partir l'année 2 même s'il reste dans la moyenne. À la question « Dans ton école, évites-tu certaines personnes ? », 51,2 % des élèves de l'école HB répondent par la négative contre une moyenne de 45,4 % sur l'ensemble de la population enquêtée. La méfiance ou la crainte des autres ne peut donc être retenue pour définir la relation aux pairs. Par ailleurs, on peut noter que parmi les trois premières écoles dont les élèves sont les moins nombreux à déclarer s'entendre « très bien » avec leurs pairs se trouve l'école HB et deux autres écoles recrutant une population « favorisée » et « très favorisée » (respectivement 32,5 %, 34,3 % et 39,1 % contre une moyenne de 54,5 %). Il semble finalement que les exigences des élèves les uns envers les autres s'accroissent, au fur et à mesure que les dispositifs d'institutionnalisation des règles s'installent (voir parties 2 et 4).

La comparaison, la troisième année, entre l'école HB et l'ensemble des 31 écoles de l'échantillon montre, par ailleurs, qu'elle présente un profil particulier. On peut le déceler tout d'abord grâce au traitement de la question suivante : « La dernière fois que quelqu'un a été violent avec toi dans ton école, que s'est-il passé ? »[9]. La question était ouverte et les répondants avait toute liberté pour signifier les faits subis qu'ils considéraient comme des violences. Nous avons construit les catégories *a posteriori*, ce qui évitait de plaquer nos propres catégories de pensée et de sous-estimer des faits comme les coups ou la bagarre, considérés souvent par les adultes, et surtout en milieu populaire, comme une forme normale de sociabilité enfantine.

Les élèves de l'école HB déclarent moins de coups et d'insultes et plus de deux fois plus de bousculades et de disputes comparativement au reste de l'échantillon. Soulignons que, dans les milieux populaires, dont sont massivement issus les élèves de l'école étudiée ici, ces deux dernières catégories sont plus rarement qualifiées de violences. De ce point de vue, les déclarations de ces élèves tendent vers celles énoncées en milieux plus favorisés. Les différences apparaissent encore plus significatives si l'on s'arrête à la perception qu'ont les élèves des faits de violence dans leur école. Nous leur demandions : « Y a-t-il de la violence dans ton école ? » et « Si oui quelles sortes de violences ? »[10].

---

9. Les pourcentages sont calculés à partir de l'ensemble des élèves qui se sont déclarés victimes de violences, soit 537.
10. Les pourcentages sont calculés sur l'ensemble des élèves estimant qu'il y a de la violence dans leur école, soit 1782.

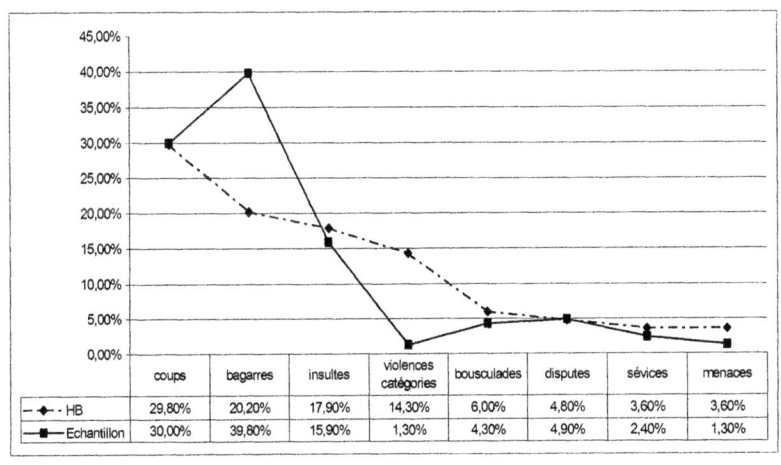

Les pourcentages sont calculés à partir des citations (réponses multiples possibles).

Types de violences perçues par les élèves dans leur école

Comme précédemment, sont distingués « coups » et « bagarres », les termes apparaissant employés dans des situations différentes par les enfants. Dire que l'on a reçu des coups ou que l'on s'est fait frapper rend compte d'un rapport de victime à victimiseur. S'il n'y a pas de différence relativement à la catégorie « coups », on peut noter près de 20 points de différence pour ce qui est des bagarres : 20,2 % des élèves de l'école HB contre 39,8 % de l'ensemble de la population enquêtée. Les bagarres semblent être de plus en plus lues comme des coups et dans un rapport de victime à victimiseur.

Un autre élément extrêmement significatif est l'emploi par les élèves de l'école HB du terme même de « violences » (13 points d'écart avec l'ensemble de l'échantillon) ; ils déclarent « des violences physiques et des violences verbales » ou encore « la violence sur le ballon et aussi les disputes comme la violence de karaté » (déclarations regroupées dans « violences catégories »). La moitié des élèves utilisant les termes de violences (verbales, physiques, de mots...) pour parler de la violence dans leur école, sont à l'école HB. Par ailleurs, les élèves se déclarant auteurs de violences fréquentes sont sur-représentés dans cette école. Le traitement des questions ouvertes sur les trois années montre une évolution des faits qualifiés de violents et une appropriation des catégories adultes qui apparaît manifeste. Parallèlement, le pourcentage de non-réponses et des « je ne sais pas » diminue, montrant ainsi un sens donné à la notion de violence pour un nombre croissant d'élèves (cf. graphique supra : « Déclaration des élèves sur leur victimation »). On peut donc dire qu'il y a évolution des représentations de la violence repérable à travers la lecture de la réalité/situation par l'élève tant au niveau de la perception que de la qualification des faits subis (point de vue de la victime) ou commis (point de vue de l'auteur).

La hausse des taux de victimation à l'école HB peut ainsi se comprendre par l'extension du champ des faits que les élèves vont lire comme des violences, lecture qui montre, à travers les catégories utilisées, une appropriation des grilles de lecture de l'équipe pédagogique, ainsi que le changement des formes que prend la violence pour les élèves. Il ne semble pas y avoir plus de brutalités mais un seuil de tolérance qui diminue et ce qu'il reste de violences paraît d'autant plus inacceptable (comme l'avait montré Durkheim pour le crime). L'accroissement de l'exigence des élèves les uns envers les autres contribue de surcroît à une amplification de la réaction sociale, légitimée, on le verra, par le fonctionnement du « conseil d'enfants » (partie suivante). Si la hausse des taux de victimation semble d'abord résulter de la conjugaison de cette double tendance, s'ajoute, certes de manière marginale, des élèves qui échappent à ce processus de déconstruction-reconstruction des représentations de la violence et qui s'inscrivent dans la logique populaire de valorisation de la force physique. S'agit-il des corner boys dont parle Whyte (1996) (cf. partie 4) ?

2. CONSTITUTION D'UN ESPACE DE DROIT ET CONSTRUCTION DE COMPÉTENCES POLITIQUES CHEZ LES ÉLÈVES

Comment peut-on expliquer l'évolution des représentations des élèves présentée ci-dessus ? Notre matériau empirique nous conduit à poser l'hypothèse selon laquelle cette évolution peut résulter d'un double processus :
– la constitution d'un nouvel espace de normes grâce notamment à des dispositifs mis en place par la nouvelle équipe pédagogique et prévus pour « instituer » la vie scolaire ;
– la construction de nouvelles compétences sociales chez les élèves leur permettant d'habiter cet espace dans une perspective participative.
Deux outils apparaissent essentiels dans la mise en place de ce processus :
– le règlement intérieur et ses spécificités ;
– les conseils d'élèves.

2.1. Le règlement intérieur institutionnalisant lois et règles

Le règlement intérieur définit les droits et obligations des différents acteurs de la communauté éducative (élèves, parents et enseignants). Il a été produit au début du projet scolaire et légèrement modifié chaque année selon les besoins. Il est complété par le règlement de la cour qui change tous les ans et le règlement de chaque classe qui est fait au début de l'année scolaire et évolue lui aussi, en fonction des problèmes rencontrés.

Si nous comparons le règlement intérieur de l'école HB avec celui de l'école témoin du même REP, nous remarquons une différence de longueur (à l'école HB, il est six fois plus long), mais aussi de contenu. Ainsi, seul le règlement de l'école HB est précédé par une introduction qui explique son origine (produit de concertation entre les parents, les enseignants et les enfants) et son rôle pour la communauté scolaire. Il est ainsi précisé que les obligations de chaque membre de la communauté n'ont pas le même statut : règles « en construction » qui peuvent évoluer pour les élèves, conseils qui aideront à la réussite des enfants pour les parents et, pour les enseignants, « missions » données par des textes appréciés par l'Inspecteur de l'Éducation Nationale. Chaque article du règlement de l'école HB fait aussi la distinction entre des droits fondamentaux (« l'école est obligatoire » ; « l'école est un lieu de travail » ; « l'école est laïque ») et des obligations qui les suivent sous forme de règles d'action (« respecter les horaires de l'école » ; « ne pas cracher ») divisées en trois colonnes correspondant aux élèves, aux parents et aux enseignants. Les modalités de sanctions sont fixées par un article spécifique. Dans le règlement intérieur de l'école témoin ne figure pas de distinction de ce type entre principes et règles. Chaque article est composé par une ou deux obligations des élèves sans explication préalable (« Toute absence doit être signalée au plus vite » ; « Il est interdit aux élèves d'apporter à l'école des objets dangereux »). Une seule référence est faite aux obligations des parents (« Veiller à ce que l'enfant soit à l'heure ») et une seule référence aux fonctions des enseignants (« Les maîtres se tiennent à la disposition des parents pour discuter »). Le système de sanctions n'apparaît pas.

Ces différences concernant la construction du règlement des deux écoles, font écho dans le discours des élèves. Les entretiens effectués avec eux révèlent que les élèves de l'école HB décrivent la procédure de la mise en place du règlement avec précision en faisant chaque fois référence aux délégués envoyés par chaque classe ainsi qu'au vote :

> On fait aussi des conseils en classe et par exemple s'il y a un truc qui nous gêne on le dit par exemple si on doit être plus tolérant ou pas après on vote et si on le vote c'est dans le règlement (élève de CM2).

Quant aux fonctions du règlement, ils sont nombreux à déclarer que celui-ci est un outil positif de régulation de la vie collective :

> C'est pour mieux vivre (élève de CM1) ; Ça sert à mieux se connaître à être plus calme / à oublier les violences à l'école / à apprendre et… ça sert aussi à pouvoir travailler seul ou en groupe à faire des jeux (élève de CE2).

À l'école témoin, en revanche, la majorité des élèves restent méfiants par rapport à l'efficacité de ce texte pour deux grandes raisons. La première est que la participation des élèves dans les procédures de prise de décision ne semble pas être acquise. Les résultats obtenus aux questionnaires passés aux classes de CE1, CE2, CM1 et CM2 des deux écoles interrogent même sur l'effectivité de la participation des élèves de l'école témoin. En effet, à la question « As-tu participé quand on a fait le règlement de ta classe ? », les élèves qui répondent ne pas avoir participé sont significativement sur-représentés à l'école témoin et sous-représentés à HB (respectivement 33,7 % et 17,7 %) (cf. tableau ci-dessous) :

Élaboration règle	oui	non	ne sait plus	pas de règlement	total
École témoin	51,8 % (43)	33,7 % (28)	8,4 % (7)	6,0 % (5)	100 % (83)
HB	69,6 % (55)	17,7 % (14)	11,4 % (9)	1,3 % (1)	100 % (79)
Total	60,5 % (98)	25,9 % (42)	9,9 % (16)	3,7% (6)	100 % (162)

La dépendance est significative (chi2 = 8,96, s. à .05).

Répartition des réponses selon les écoles à la question : « As-tu participé quand on a fait le règlement de ta classe ? »

Les élèves de l'école témoin disent souvent que le règlement a été fait par le directeur à qui ils reprochent par ailleurs d'avoir des « préférences » dans ses prises de décision :

> Franchement moi je dis le directeur il a ses préférences parce que nous on a demandé pour que ça se passe mieux pour arrêter les bagarres on va occuper les enfants au début de l'année et il nous a refusé notre proposition pourtant c'était tournoi de foot pour les garçons et tournoi de corde à sauter pour les filles et là comme par hasard il y a les élèves... ils vont proposer un tournoi de billes alors que personne ne joue aux billes (élève de CM1).

La persistance des phénomènes d'agressivité et de violence constitue l'autre raison qui conduit à une attitude négative des élèves vis-à-vis du règlement. Dans le tableau des scores (partie 1), on note effectivement un score violence significativement plus élevé que la moyenne (l'école est codée en 2.1.). Les réponses à la question « à quoi sert le règlement ? » amènent à observer deux tendances. La première consiste en une justification tautologique du type : *il existe pour être respecté*. La deuxième se résume par la position selon laquelle le règlement ne sert à rien puisque personne ne le respecte :

> Ça sert à rien puisqu'ils continuent (élève de CM2).

Le règlement intérieur de l'école HB, sa procédure de construction et sa mise en place contribuent à la construction d'un espace *de droit* définissant les responsabilités de chacun des membres de la communauté éducative devant des principes communs à tous. Cet espace, sa constitution, son fonctionnement, le rôle et la place de chacun, tendent à réduire l'arbitraire des obligations fixées par les règles, pose les limites entre celles qui sont négociables et celles qui ne le sont pas et montre leur utilité pour la vie scolaire. Le règlement intérieur de l'école témoin vise, en revanche, à construire un espace *de discipline* face à des obligations fixées par l'autorité (la direction de l'établissement) à laquelle il faut se soumettre.

2.2. La construction de compétences politiques au sein du conseil d'élèves

Le conseil d'élèves appelé aussi « réunion de coopérative » ou encore « bilan » constitue, avec le conseil d'école et le conseil des maîtres, un des principaux outils de mise en place et de discussion des règles scolaires figurant dans le règlement intérieur, le règlement de la classe ou le règlement de la cour. Ces réunions se tiennent une à deux fois par quinzaine selon les classes et les points à traiter. Si une proposition qui concerne toute l'école se fait dans le conseil d'une classe, cette proposition va être votée dans le conseil de l'école et inversement.

Pour faire émerger les éléments susceptibles de comprendre la spécificité des attitudes normatives des élèves à l'école HB, nous allons nous appuyer sur une comparaison effectuée entre, d'une part, deux conseils d'élèves s'étant déroulés en cycle 3 (CM1 et CM2) dans cette école et, d'autre part, deux conseils de niveau équivalent dans une école située dans le canton de Genève où cette pratique est très répandue depuis une dizaine d'années (Laplace, 2002). Les résultats de cette analyse étant publiés ailleurs (Pagoni, Haeberli, 2006), nous allons ici nous contenter de rappeler les spécificités des conseils de classe à l'école HB[11].

2.2.1. Le rôle d'encadrement de l'enseignant

La parole de l'enseignant occupe une place importante dans les conseils observés à l'école HB tandis qu'elle est presque absente au sein des conseils genevois (28 % contre 6 % des interventions totales)[12]. Au sein de ces derniers, ces interventions ont tendance à prendre la forme de jugements de valeurs ou de prescriptions données individuellement à certains élèves :

> Alors essaie de régler d'abord les choses par toi-même. Est-ce que tu lui as dit à R « R arrête de jouer avec ma trousse » ? « Raphael j'aimerais que tu t'arrêtes » et puis tu lui dis fermement ? Non tu le laisses faire et puis après vite tu vas mettre un mot dans la boîte, comme cela on en parle tous ensemble / Et puis comme cela on le pointe bien du doigt (enseignant de 5e)

À l'école HB, elles ont plutôt un rôle d'éclaircissement qui se manifeste de différentes manières :

---

11. Nous avons été amenées à faire une comparaison avec les conseils de classe à Genève d'une part parce que cette pratique est très répandue et, d'autre part, parce qu'à l'école témoin de la région lilloise, les conseils de classe ne se faisaient pas de façon régulière et l'accord des parents d'élèves n'avait pas été donné pour filmer les séances.
12. Ces séances sont retranscrites entièrement. Les interventions de l'enseignant et des élèves sont analysées en termes d'actes de langage et regroupées en trois grandes fonctions (fonction d'évaluation, d'orientation de l'action et de conceptualisation), selon une approche interactionniste du langage inspirée par les travaux de Frédéric François et de ses collaborateurs (Pagoni, Haeberli, 2006).

– des reformulations du discours des élèves, pour s'assurer à la fois auprès de lui et de la classe de la compréhension des propos tenus. C'est en particulier le cas avant, pendant ou après un vote ;
– des formalisations concernant le sens de certaines notions utilisées comme celle de « proposition » :
> Pour voter il faut donner une phrase sur laquelle on peut voter si tu proposes qu'on range tout ça le responsable du matériel il va le faire suivant la proposition qu'on va voter (élève de CM1).

ou de loi :
> Toutes les classes de l'école ont des lois différentes parce que ça dépend des enfants qui sont dans la classe aussi (élève de CM1).

Les enseignants font aussi souvent la distinction entre règles et lois considérée importante, comme nous l'avons déjà remarqué à propos du règlement intérieur :
> Au départ, enfin en tout cas dans ma classe, il y avait, il y a pas de règles de classe. Il y a des lois, on pourrait dire c'est la constitution et les règles, c'est les règles qu'on vote. Si on voulait faire un parallèle avec le vocabulaire institutionnel. Donc les règles peuvent, doivent être votées dans la classe. On peut revenir sur une règle si elle dysfonctionne, si elle ne permet pas une amélioration du fonctionnement de la classe. Par contre les lois on ne peut y revenir dessus, on peut simplement les retraduire ou les expliciter. Qu'est-ce que ça veut dire, par exemple, de respecter les autres ? [...] C'est quelque chose qui se débat pour retraduire le plus précisément possible petit à petit ce que veut dire le respect des autres [...] (enseignant de CM1).

– des rappels des règles de la classe qui manifestent l'effort pour rendre celles-ci *utiles et opérationnelles* afin de résoudre les problèmes rencontrés. L'enseignant de CM2 intervient ainsi très souvent au moment des prises de décision pour rappeler une règle ou une responsabilité :
> Mais on ne parle pas des gens qui ne sont pas là [...] Attention aujourd'hui la majorité change on est dix huit ça fait neuf plus un ça fait dix.

2.2.2. *Les tendances argumentatives des élèves*

Dans les deux écoles, la majorité des interventions des élèves visent à la « gestion des procédures ». À l'école de Genève, elles renvoient surtout à la catégorie « donner la parole » tandis que les catégories sont plus variées à l'école HB : « demander à participer », « annoncer une action », « rappeler une règle ou une procédure », ce qui révèle la mise en place d'un système plus organisé de fonctionnement du conseil. Signalons aussi que la catégorie « guider l'action » renvoie pour l'école de Genève à des ordres personnalisés (arrêter, s'excuser...) qui apparaissent souvent comme une suggestion de résolution du conflit soumis au conseil :
> Toi tu arrêtes de te marrer parce que peut-être que ce n'est pas marrant (élève de 5e).

À l'école HB, en revanche, la catégorie « guider l'action » renvoie à des prescriptions de règles qui concernent l'ensemble de la classe. Ces résultats conduisent à s'interroger sur la finalité de ces conseils et la notion de pouvoir des conseils d'élèves à l'école de Genève. Sont-ils un moyen de participation politique des élèves dans les prises de décision concernant les règles de la vie scolaire ou sont-ils envisagés comme un espace de pacification des relations interpersonnelles qui reste très contextualisé (Haeberli, 2004) ?

La deuxième fonction dominante des interventions des élèves à l'école genevoise est l'évaluation (32,6 % des interventions totales) et une place relativement faible de l'argumentation (10,5 %), tendances qui sont plutôt inversées à l'école HB (respectivement 25,4 % et 17,8 %). Il semblerait donc que les conseils de classe de l'école de Genève présentent un caractère plus axiologique qui n'est pas forcément suivi par une attitude d'analyse des critères de jugement utilisés, tendance qui apparaît plus nettement à l'école HB. L'analyse des normes évoquées par les élèves peut nous aider à éclaircir ces premières constatations concernant la forme de leur discours.

2.2.3. Les normes mobilisées

Les normes mobilisées pendant les conseils d'élèves de ces écoles apparaissent à travers les objets soumis à la discussion et les arguments utilisés. Cette analyse révèle que le travail, la justice et la responsabilité sont les trois normes qui sont le plus utilisées pour soutenir les positionnements des locuteurs. La notion de justice n'apparaît cependant pas mentionnée en tant que telle tandis que celles de responsabilité et de travail sont souvent utilisées de façon explicite. Deux questions apparaissent à l'analyse :
– la première question concerne ce qui peut traverser les murs du conseil pour être discuté, question qui renvoie aux liens entre public et privé dans l'application de la loi. À Genève, les litiges personnels qui surviennent entre élèves sont régulièrement soumis à discussion et occupent un temps important du conseil. À l'école HB, peu de temps est consacré à des événements personnels qui ne s'intègrent pas dans le fonctionnement collectif de la classe et qui ne sont pas en lien avec le travail scolaire. Apprendre à faire cette distinction – entre ce qui peut être soumis au conseil et ce qui peut être résolu par chacun en privé – apparaît un apprentissage fondamental pour les enseignants de l'école HB qui interviennent souvent à ce propos ;
– la deuxième question concerne la responsabilité, valeur commune qui apparaît dans les deux écoles, mais avec des variations de sens. Au sein des conseils du canton de Genève, elle prend plutôt la forme d'une responsabilité interpersonnelle basée sur l'empathie et l'intérêt pour le bien-être d'autrui, valeurs de base d'une approche morale de la sollicitude (Pagoni, 1999 ; Gendron, 2003). Au sein de l'école HB, elle prend plutôt la forme d'une discipline envers son devoir, devoir fixé par la loi commune à tous. Un tel objectif peut se traduire par deux attitudes possibles. Soit il donne lieu à un fonctionnement procédural visant à l'application stricte des règles, avec le risque d'un conseil se transformant en un tribunal de « preuves » cherchant à

établir les « faits » ; cette tendance apparaît très présente au sein des conseils que nous avons observés. Soit il contribue à la production d'une réflexion sur les principes des lois et laisse la place à la discussion sur des cas particuliers et la négociation de leur sens conformément à une approche herméneutique du droit (Dworkin, 1995). Cette dernière tendance apparaît à l'école HB, même si ce n'est pas systématique.

Citons à ce propos un extrait sur la prise de décision concernant N., une élève de l'école HB, accusée d'avoir parlé à haute voix, c'est-à-dire d'avoir transgressé une règle de la classe, ce qui lui coûte deux croix. La discussion démarre par la recherche de preuves de cette accusation : est-il *vrai* que N. ait parlé à haute voix ? Très rapidement, un élève intervient pour poser le problème à un niveau éthique sur la responsabilité personnelle de l'accusée : la question n'est pas de restituer les faits puisque chacun peut avoir sa propre interprétation de la situation, mais d'accepter la décision de ceux qui font leur métier :

> Moi je trouve que ceux qui mettent les croix ils font leur métier et il faut faire comme A, il faut pas dire non je n'ai pas parlé à la grosse voix (élève de CM1).

Il est intéressant de souligner l'intervention de l'enseignant effectuée par la suite pour préciser les fonctions des lois dans la classe :

> Les lois sont faites pour qu'on vive tranquillement dans la classe

et rappeler les devoirs des responsables des métiers :

> Il faut savoir accepter que les responsables fassent leur métier sur l'affaire de N.

pour finir par proposer qu'une exception soit faite dans l'application des règles dans le cas de N., compte tenu de sa situation particulière. En effet, la semaine d'après, toute la classe va en classe transplantée sauf N. et, par conséquent, il serait inutile mais aussi malheureux de la laisser perdre son autonomie.

Ces remarques nous incitent à considérer ces moments de discussion à l'école HB comme des moments d'apprentissage où le fonctionnement des lois est pris comme objet d'analyse sous l'encadrement attentif du maître. Ces conseils ne constituent pas seulement des « faire semblant », ni des moments de pacification de la vie scolaire. Ils visent au développement d'un ensemble de compétences politiques au sein d'un espace de droit qui se distingue d'un espace de discipline inspiré par le suivi d'une norme, au sens où Foucault (1975) en parle :

– la discipline, imposée par la norme, juge plutôt les individus et les dispositions tandis que le droit juge les actes et les faits. La dépersonnalisation des interactions et des objets de discussion au sein des conseils va dans ce sens ;
– la loi qualifie les actes en distinguant entre le permis et le défendu tandis que la norme est au contraire un critère positif qui se substitue à la spontanéité et à l'initiative individuelles que la loi ménage. Le recours à des procédures et des responsabilités pour mettre en place un système de contrôle réciproque dans cette école montre la vigilance qui existe par rapport à une application juste et objective de la loi ;

– la loi marque les frontières entre l'espace public et l'espace privé des individus tandis que la norme pénètre ce dernier pour classer ou hiérarchiser les individus selon leur comportement. Cette distinction est clairement effectuée au sein des conseils comme nous venons de le signaler.

3. UN CLIMAT D'ÉCOLE FAVORABLE À L'ADHÉSION AUX NORMES SCOLAIRES

Les conseils d'élèves contribuent à la construction chez les élèves d'un certain rapport à la loi, loi respectée par le plus grand nombre du fait du fonctionnement de cet espace et du sens qui y est donné. Ils participent de la construction d'une configuration éducative propice, elle-même, à l'adhésion aux normes et à l'intégration des élèves.

3.1. Une configuration éducative propice à un climat de violence peu développé

Nous avons étudié le rôle de l'environnement socio-éducatif en distinguant effets contextuels *subis* (effectifs, recrutement social des élèves et caractéristiques du lieu d'implantation de l'école) et effets *construits* (le climat d'école, dépendant de son fonctionnement et de sa configuration normative) (Carra dir., 2006). Les résultats portant sur l'échantillon représentatif d'écoles primaires du département du Nord montrent que le phénomène de violence ne varie pas mécaniquement avec le classement social des écoles. Il est lié au « climat d'école » dans trois de ses composantes : le « climat de travail », le « climat éducatif » et le « climat de justice »[13]. Nous pouvons schématiser cette configuration propice aux processus de construction-déconstruction du sentiment de violence par la figure suivante :

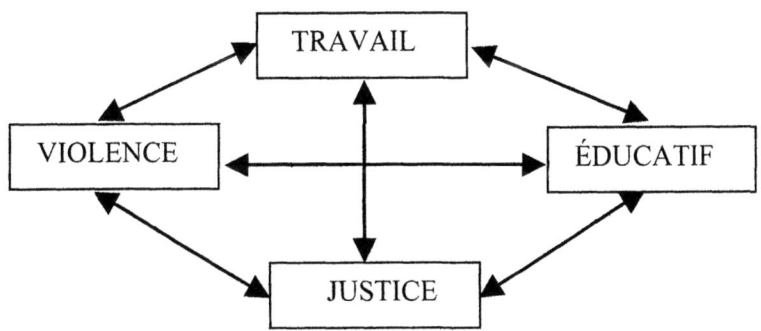

Une configuration éducative propice à un climat de violence peu développé

---

13. Construction d'indices synthétiques à partir des réponses de 2073 élèves du CE1 au CM2 qui ont donné lieu au calcul de scores. Le tableau des scores (partie 1) fait apparaître des configurations éducatives différentes selon les écoles. Au sein de certaines d'entre elles, le score « violence » apparaît significativement plus bas que la moyenne.

Les composantes du climat de l'école peuvent être définies de la façon suivante :
− le « climat de travail » se mesure par la proportion d'élèves qui ont le sentiment d'obtenir de bons résultats, d'être dans une classe qui travaille bien, et d'être aidés par l'enseignant ;
− le « climat éducatif » est mesuré par la proportion d'enfants ayant la perception d'un enseignant au traitement égalitaire (pas ou peu de « chouchous » et boucs émissaires), et qui utilise peu de sanctions négatives ;
− le « climat de justice », enfin, se mesure par la proportion d'élèves qui s'estiment traités de manière juste.

Ces trois composantes sont corrélées de manière très significative avec un climat de violence peu ou pas développé, tant au niveau de la perception de la violence dans son école que de la victimation ou encore de la violence auto-déclarée. L'école HB tend vers une telle configuration comme le montre le tableau des scores de la première partie : les scores « justice »[14] et « éducatif »[15] apparaissent tout particulièrement meilleurs que la moyenne.

3.2. Sentiment de justice et climat éducatif

La comparaison entre HB et l'école témoin du même REP indique des différences très significatives au niveau du climat de justice en faveur de l'école HB (cf. tableau 4 en annexe). Une étude plus fine du score de justice (cf. tableau 5 en annexe) montre une inversion des tendances : le score inférieur à 2 regroupe significativement plus d'élèves à l'école HB et significativement moins à l'école témoin (respectivement 22,1 % et 8,2 %) et, inversement, pour les scores compris 5 et 7 (15,6 % et 37,6 %). Autrement dit, rares sont les élèves de l'école témoin à estimer qu'il y a un très bon climat de justice alors qu'ils sont nombreux à l'école HB ; nombreux sont parmi les premiers à estimer en revanche que le climat de justice est très mauvais, ce qui est rare à l'école HB.

La question suivante : « S'il y a des chouchous dans ta classe, est-ce que tu trouves que c'est normal ? » apparaît particulièrement discriminante (tableau 6 en annexe) : les élèves de l'école HB qui répondent que c'est normal sont significativement sous-représentés (13,2 % contre 43,3 % à l'école témoin),

---

14. Le score « justice » regroupe cinq questions : « La dernière fois que tu as eu de mauvais résultats, as-tu trouvé que tu le méritais ? » ; « S'il y a des chouchous dans ta classe, est-ce que tu trouves que c'est normal ? » ; « S'il y a des élèves avec lesquels ton maître ou ta maîtresse n'est pas gentil, est-ce que tu trouves que c'est normal ? » ; « Si les élèves ne sont pas punis de la même manière pour la même bêtise, est-ce que tu trouves que c'est juste ? » ; « La dernière fois que tu as été puni, est-ce que tu penses que cette punition était juste ? ». Cet indice synthétique permet d'appréhender le climat de justice.
15. Le score « éducatif » regroupe quatre questions : « Cette année as-tu déjà eu de mauvais résultats ? » ; « Est-ce que ton maître ou ta maîtresse a des chouchous dans ta classe ? » ; « Y a-t-il dans ta classe des élèves avec lesquels ton maître ou ta maîtresse n'est pas gentil ? » ; « Cette année as-tu déjà eu des punitions ? ». Cet indice apparaît particulièrement lié au score « justice ». Pour autant, il s'en distingue car il ne comprend pas la manière dont le vit l'élève, c'est-à-dire de manière juste ou injuste.

même si dans ces deux écoles, le pourcentage le plus élevé regroupe les élèves n'estimant pas une telle situation comme étant normale (60,5 % à l'école HB et 48,3 % à l'école témoin). Par ailleurs, lorsqu'on demande aux élèves d'expliquer leur réponse (tableau 7 en annexe), les élèves de l'école HB répondent que c'est anormal d'une part parce que c'est injuste mais aussi, et surtout, parce que cela fausse les règles, pourcentage significativement supérieur par rapport à l'école témoin (56,3 % à l'école HB et 16,1 % à l'école témoin). Les élèves de l'école témoin donnent comme premier argument la normalité, que certains soient des chouchous, au regard des résultats qu'ils obtiennent (29 % contre 0 % à l'école HB).

Ce sentiment de justice apparaît en lien avec une éthique professionnelle des enseignants se caractérisant par une responsabilité face à leur propre devoir et par la confiance vis-à-vis des élèves (Pagoni, 2006). Les entretiens effectués avec les élèves de l'école HB font ressortir cette responsabilité des enseignants, le respect des enfants et de leurs droits, ainsi que le respect des règles communes de l'école :

> Ils n'ont pas le droit de frapper par exemple le /prof/ j'ai oublié quelque chose et il dit que j'ai pas le droit de frapper mais là il fait il rigole pas quoi il essaye de faire rire les gens mais il rigole pas il dit tu te donnes une baffe toi-même une petite parce qu'il dit lui-même j'ai pas le droit de frapper les enfants [...] deuxièmement je dirais les profs ont les mêmes règles que les enfants pas le droit de jeter les papiers à terre [...] par exemple ils vont jeter quelque chose et puis on va lui dire qu'il doit ramasser c'est normal... il a pas le droit il respecte aussi les lois de la cour c'est pour tout le monde les lois de la cour (élève de CM1).

Les élèves approuvent aussi la disponibilité et la responsabilité dont les enseignants font preuve pour protéger les élèves. Ils témoignent leur confiance envers cette équipe d'enseignants tout en critiquant l'équipe précédente qui faisait à leurs yeux preuve d'indifférence :

> Il y a aussi un conseil des maîtres où il y avait déjà quand on est venu les règles de l'année dernière [...] respect des autres respect du matériel mais c'est mieux maintenant parce qu'avant c'était le guichet des réclamations [...], avant c'était ça je m'en souviens bien. En CE2 je crois il y avait K admettons il me tapait après la récréation j'allais le dire au maître ah le guichet des réclamations est fermé après ils nous disent si il y a un problème faut venir nous le dire on le dit il n'y a rien après il disent ouais on a toujours les parents sur le dos mais c'est normal (élève de CM2).

En revanche, les élèves de l'école témoin expriment leur méfiance par rapport à la capacité des enseignants de protéger les élèves, ce qui explique leur tendance à « faire la loi » tout seuls :

> Ça m'étonnerait comme la maîtresse elle dit qu'au lieu de régler tes comptes tu vas le dire au maître de service elle dit non non je préfère régler mes comptes moi même parce que si je le dis au maître il risque après de recommencer il s'en fout qu'il y a la punition donc plutôt l'envoyer à l'hôpital comme ça il va se calmer et au moins on est tranquille (élève de CM1).

Les élèves de l'école témoin sont très critiques vis-à-vis des sanctions utilisées en cas de violation du règlement tout en soulignant parfois que celles-ci ont tendance à provoquer une augmentation des réactions agressives de la part des élèves. Ces élèves subissent majoritairement des sanctions expiatoires (« faire des lignes » : 25,7 %, « copier le règlement » : 20,3 %... cf. tableau 8 en annexe). Les élèves de l'école HB sont aussi très critiques face aux sanctions de ce type tandis qu'ils considèrent que les sanctions de privation de l'autonomie (s'isoler du groupe ou rester à côté de l'enseignant pendant la récréation) favorisent l'attitude de réflexion de l'élève par rapport à son action :

> Et j'ai remarqué qu'il y a beaucoup moins de bagarres depuis qu'on a puni de punitions de recréation à mon avis les grands qui bagarraient tout le monde c'est pour dire j'en ai marre des punitions moi ça m'énerve et tout ça et là il n'y a pas de punitions et ils ont pas dit tu vas me copier dix fois ça ni cinq cent fois ça et ben là il n'y a quand même pas de bagarres (élève de CM1).

Le tableau 8 en annexe montre que ce sont ces sanctions qui sont les plus usitées : à la question « Quelle a été ta punition ? » la plus grande part des élèves de l'école HB disent « aller au coin » (37,8 %) et « être privé de récréation » (28,9 %) c'est-à-dire être isolé du groupe.

L'instauration d'un tel climat repose ainsi à la fois sur la constitution d'un espace de droit et sur des pratiques professionnelles se structurant sur un rapport particulier aux élèves et au métier d'enseignant. Le rapport au métier se traduit par un fort investissement, des formations fréquentes, une cohésion d'équipe importante (Carra dir., 2006). Cette cohésion d'équipe permet tout à la fois de mieux gérer les incidents et de réguler les interactions au sein de l'école grâce à un règlement auquel adhèrent d'autant plus facilement les élèves qu'ils ont participé à son élaboration et qu'ils trouvent son application juste. Le rapport aux élèves se construit sur le principe que tout élève peut progresser à partir du moment où l'enseignant instaure des situations propices aux apprentissages. C'est finalement une dimension éthique qui apparaît ici, éthique qui se fonde sur le postulat de l'éducabilité des apprenants.

3.3. Climat de travail et ritualisation des apprentissages

Une autre composante du climat apparaît essentielle : le climat de travail. Dans cette école, le travail constitue l'activité centrale valorisée par les enseignants et valorisante pour les élèves. Le tableau des scores (partie 1) ne fait pas apparaître un score « travail »[16] significativement meilleur – ni moins bon d'ailleurs – que la moyenne, du fait des variables qui constituent cet indice, variables qui demandent notamment aux élèves de qualifier leur travail et le travail de leur classe, ce qui finalement a peu de sens dans une logique de

---

16. Le score « travail » regroupe cinq questions : « Comment les élèves apprennent-ils en général dans ta classe ? » ; « Lorsque tu as des difficultés en classe, qui t'aide ? » ; « En général, comment sont tes résultats scolaires depuis le début de l'année ? » ; « La dernière fois que tu as eu de mauvais résultats, qu'est-ce que t'a dit ou fait ton maître ou ta maîtresse ? » ; « As-tu déjà redoublé ? ».

travail coopératif. En revanche, leur intérêt est manifeste pour les activités scolaires. En effet, les résultats du questionnaire montrent qu'à la question « Qu'est-ce que tu aimes le plus dans ton école ? » (cf. tableau ci-dessous), les « activités scolaires » arrivent loin devant (52,6 %), pourcentage significativement supérieur par rapport à celui des 30 autres écoles de l'échantillon représentatif des écoles du département du Nord, catégorie suivie du « travail » (16,5 % contre 10,2 %).

Préférences	Activités scolaires	Activités récréatives	Travail	Relations adultes	Relations élèves	Total
Échantillon-HB	34,9 % (855)	22,2 % (544)	9,9 % (243)	16,2 % (397)	16,8 % (412)	100 % (2451)
HB	52,6 % (51)	23,7 % (23)	16,5 % (16)	4,1 % (4)	3,1 % (3)	100 % (97)
Total	35,6 % (906)	22,3 % (567)	10,2 % (259)	15,7 % (401)	16,3 % (415)	100 % (2548)

Le pourcentage est calculé à partir des citations (réponses multiples possibles).

Répartition des réponses à la question :
« Qu'est-ce que tu aimes le plus dans ton école ? »

Deux dimensions du travail sont ici à souligner : responsabilité et autonomie d'une part, rapport au collectif et coopération d'autre part. En effet, les élèves organisent leur travail de façon autonome, par l'intermédiaire de fiches individuelles, tout en étant aidés par les rituels de travail. Cette régulation passe par l'exercice de responsabilités (« présidence », « heure », « météo », « ordinateurs », « propreté »...) et la répartition de rôles en lien avec les activités scolaires : « animateur », « secrétaire » « écrivain », « conférencier »...) dans un cadre reposant sur le principe de coopération. Il ne s'agit pas d'être le meilleur de la classe mais d'acquérir des compétences, ces compétences devant être mises au service de la progression du groupe.

Rites, rôles, responsabilités contribuent à l'actualisation quotidienne des normes spécifiques à l'ordre local, à leur visibilité et à leur lisibilité. À travers leur répétition se construisent des routines qui permettent d'établir et de stabiliser une certaine définition de la situation pédagogique. La vie rituelle donne une place à chaque élève au sein du groupe-classe, place qui se définit par le travail qu'il a à effectuer, qu'il soit strictement scolaire ou relatif à la vie scolaire – elle-même au service des apprentissages de tous. Apprendre signifie trouver une démarche d'apprentissage par l'intermédiaire de l'alternance entre le travail individuel et le travail collectif. Ainsi, autonomie et coopération se trouvent en étroite interaction :

> Pour moi c'est ça l'autonomie arriver à s'attaquer à un problème et s'attaquer signifie déjà l'exprimer et trouver une démarche / c'est eux qui ont trouvé les trois défis en mathématiques : le premier défi c'est quand ils ont une idée c'est quelque chose qu'ils trouvent intéressant quelque chose qui les frappe et qui reste encore flou : le deuxième c'est la

question « Et si on faisait... ça marcherait ? » donc on propose une autre situation pour voir comment ça marche / cette étape c'est une dérive de la première parce que la première peut avoir plusieurs dérives / et le troisième c'est la formulation et la présentation / et là c'est à ce moment-là que j'interviens pour dire que oui notre formule est bonne mais il y a aussi une autre qui est aussi intéressante parce qu'elle est par exemple plus économique //on fait beaucoup de travail individuel qui se socialise à un moment / au travail individuel chacun travaille à son rythme et puis un moment il va exposer son travail et il y a des chances que tout le projet de la classe se greffe là-dessus, le projet individuel se trouve approprié par la classe (enseignant de CM1).

Pour ces enseignants, être élève, ce n'est pas seulement être confronté à une situation d'apprentissage, mais aussi apprendre à se poser des questions et à trouver une démarche pour y parvenir. C'est finalement tout un processus de (re)socialisation qui se met ainsi à l'œuvre. On peut appréhender ce processus de resocialisation à travers l'adaptation des élèves à ces rôles et leur mobilisation de nouvelles compétences sociales où, individuellement et collectivement, ils se redéfinissent socialement. Ce travail interactionnel de redéfinition de soi permet d'accéder au sens des situations scolaires tout en mettant en cause les normes d'un savoir légitimé venant de l'expert. Les pratiques pédagogiques qui opèrent ici y contribuent en partant de l'enfant, de son vécu, de situations « vraies » (comme la correspondance scolaire), appréhendant l'enfant dans une logique identitaire.

4. LA QUESTION DE LA TRANSFÉRABILITÉ

Poser la question de la transférabilité, c'est risquer de faire de cette école, une école modèle. C'est risquer de verser une pièce supplémentaire à un débat d'opinion sur les « bonnes pédagogies »[17]. Pour écarter une telle intention de notre part, nous mettrons en perspective, dans cette dernière partie, les limites du fonctionnement de cette école et ses difficultés – certaines d'entre elles ayant déjà été indiquées tout au long de notre développement – tout en nous appuyant sur les effets obtenus pour construire notre réflexion

4.1. Les limites

Les effets obtenus dans l'évolution des attitudes normatives des élèves correspondent largement aux effets attendus et souhaités par les maîtres Freinet, en particulier dans le domaine de la violence ; comme ailleurs, reste cependant une minorité qui échappe aux processus de socialisation scolaire. On peut en outre relever des effets non souhaités.

---

17. Rappelons que le numéro 153 de la *Revue Française de Pédagogie* (2005) est consacré aux pédagogies « nouvelles ».

4.1.1. Des effets non souhaités

Comme nous l'avons développé dans le premier chapitre, le sentiment de violence augmente à partir de la deuxième année chez les élèves même s'il reste dans la moyenne de l'échantillon. Dans le même chapitre nous notions un climat relationnel significativement moins bon par rapport à la moyenne, ces relations étant moins en lien avec le phénomène de violence que lues au regard de nouvelles exigences.

On peut les voir transparaître notamment au niveau des « conseils d'enfants » et en particulier des « critiques » qui sont émises : il ne s'agit plus seulement de critiquer un élève parce qu'il est considéré comme l'auteur d'une violence ou d'un désagrément que l'on a subi personnellement mais aussi, d'une manière plus générale, pour manquement aux règles et encore pour manquement à ses responsabilités ou pour abus de pouvoir. On peut ainsi noter une évolution du rapport à l'autre dans la lecture que les élèves font de la relation à leurs pairs, lecture qui se nourrit à la fois des normes valorisées par les enseignants et de leur perception d'une plus ou moins grande adéquation entre le métier d'élève tel qu'il devrait être exercé (notamment en fonction des « métiers » et des rôles que les élèves sont amenés à remplir) et la manière dont il est habité par les pairs. Cette dimension a pour effet d'étendre considérablement le spectre des déviances alors que le « conseil d'enfants » légitime à travers « les critiques » la réaction sociale à tout écart aux normes à partir du moment où le « bon » fonctionnement de la vie scolaire est perturbé.

L'incorporation de cette nouvelle attitude a aussi des effets sur le regard porté sur les adultes dans une école qui soumet chacun au respect de la règle – élèves comme adultes – et qui attend des individus qu'ils assument les responsabilités qui sont les leurs. C'est à travers le prisme de la discipline envers son devoir que se construit finalement la norme et simultanément que se qualifie la déviance, dans un type de relation devenu distancié et critique. La sur-représentation des élèves de l'école HB qui disent avoir de mauvaises relations avec les adultes de l'école – autres que les enseignants – (personnels de la restauration scolaire, assistants d'éducation…) semble à réinscrire dans un double mouvement : une attitude des adultes concernés qui ne correspond pas aux nouvelles attentes des élèves au regard de la nouvelle configuration normative et une équipe pédagogique qui intègre difficilement des éléments extérieurs s'ils ne font preuve de leur volonté à adhérer au fonctionnement de l'école.

4.1.2. Des effets différenciés

Les « conseils d'enfants » constituent des espaces-temps de production normative reposant sur des principes de démocratie directe donnant lieu à la construction d'une nouvelle configuration normative de l'école. Ce fonctionnement ne va pourtant pas de soi. Les observations montrent que les élèves ne s'investissent pas de la même manière dans de tels dispositifs ; certains restent en retrait alors que d'autres prennent la place de leader, occupant de fait la place d'entrepreneur de morale (pour reprendre une notion de Becker, 1985) tant dans la définition de la norme que dans la réaction sociale à sa transgression. Au terme de trois années de fonctionnement, les élèves n'ont pas tous intégré, ou réfutent, la logique de fonctionnement du « conseil d'enfants », même si, d'année en année, leur nombre décroît.

Plus globalement, c'est toute la question du rapport à l'autorité et au pouvoir qui se pose ici. Dans un contexte où les élèves de milieux populaires sont traditionnellement dans un rapport de soumission au maître, et plus généralement, de soumission à l'adulte (qu'ils lui obéissent ou tentent d'y échapper), certains élèves ne se sentant pas « autorisés » à discuter l'ordre scolaire – sinon par leur comportement déviant, tentatives plus ou moins affirmées et efficaces de renverser momentanément un rapport de pouvoir qui leur apparaît défavorable. Dans ce modèle qui privilégie l'intériorisation de la règle impersonnelle par la négociation et la raison, ces élèves rencontrent des difficultés pour construire l'attitude participative et critique attendue par les enseignants.

Lors de la troisième année restent ainsi près de 14 % des élèves enquêtés de l'école HB déclarant ne pas avoir participé à l'élaboration des règles (et 9 % disent ne plus savoir). Ce qui apparaît cependant particulièrement intéressant ici, c'est une série de corrélations que le croisement de cette variable avec d'autres met en évidence, corrélations qui font apparaître une incidence de la première variable sur le vécu scolaire des élèves. Pour en donner quelques exemples, ceux qui déclarent ne pas avoir participé à l'élaboration de la règle sont près de trois fois plus nombreux à estimer que le règlement de leur classe est « nul » ou « pas terrible » (28,5 % contre 10,7) ; ils s'entendent moins bien avec leurs pairs et les adultes de l'école ; ils sont trois fois plus nombreux à déclarer être auteurs de violences fréquentes (« quatre fois et plus » dans l'année scolaire en cours). Ils sont presque deux fois plus punis (64,3 % contre 37,5 %), et six fois plus punis fréquemment (21,4 % contre 3,6 %). On retrouve les mêmes tendances, même si elles sont moins marquées, au niveau de l'ensemble des écoles de l'échantillon. Ce qui signifie que le sentiment de participer à l'élaboration des règles, et plus encore à des structures de gestion coopérative telles que les « conseils d'enfants », participe du rapport de l'élève à l'environnement scolaire et aux autres, contribue à l'appropriation de normes scolaires et à la construction d'un rapport responsable à la règle et à la loi. Malgré des effets différenciés, on voit donc tout l'intérêt de ce type de dispositif.

4.1.3. Des effets « plafond » ?

Considérée comme une pratique devenue inacceptable par le plus grand nombre, la confrontation physique joue encore pour certains groupes de pairs, un rôle d'initiation, d'intégration, d'expression s'actualisant, non seulement dans le quartier, mais aussi au sein de l'école, dans les espaces-temps les moins institutionnalisés : la cour pendant les récréations, les abords de l'école avant ou après le temps scolaire. Au sein de ces groupes, la brutalité reste valorisée, elle constitue, aux yeux de ses membres, le seul moyen de se faire respecter par les *out*-groupes et de se grandir par la démonstration de la force dans le *in*-groupe. Elle ne relève pas d'une analyse en terme d'anomie mais elle est constitutive d'un système de normes propres au fonctionnement des bandes en milieux populaires. La force physique représentant le seul moyen susceptible d'être efficace dans la régulation des interactions entre pairs, les sanctions scolaires sont jugées inefficaces ; elles ne peuvent « *faire mal* » et, au delà, réparer l'affront :

    - Des fois moi si il me fait ça [donner des coups], je le frappe.

    - Pourquoi tu vas pas le dire au maître parce que le maître il interviendrait ?

    - Non mais le maître il lui fait aucun mal à lui.

    - Lui faire mal ça veut dire quoi aussi ? C'est le frapper forcément ?

    - Ben oui parce que *lui il m'a fait mal donc je dois lui faire mal c'est obligé* (élève de CM1, année 3).

Cette socialisation enfantine s'oppose ainsi à la socialisation scolaire. Dans cette école, on peut finalement repérer trois grandes stratégies de résolution des conflits de socialisation, stratégies qui ne sont d'ailleurs pas spécifiques à ce groupe scolaire :

– l'individu adhère totalement aux valeurs de son groupe de pairs et dévalorise les pratiques de l'autre groupe. Cette attitude s'actualise, ainsi que nous l'avons noté précédemment, par l'emploi de la force physique, ou sa menace, dans la régulation des relations sociales entre pairs. Simultanément, toutes les failles de l'institution scolaire sont utilisées pour tourner en dérision les comportements des professeurs et des élèves conformistes. Les « bons » élèves sont considérés comme des « bouffons », traités « d'intellos ». L'enfant rejette ici la culture scolaire, préservant ainsi sa culture d'origine ;

– l'individu adopte un comportement dual et fonctionne sur des registres différents selon les situations sociales où il se trouve. En présence des maîtres Freinet, la tendance forte se caractérise par une conformité aux normes scolaires en vigueur. Lorsqu'ils sont remplacés, en revanche, l'ordre scolaire apparaît perturbé (cf. Carra, 2006). Ce cas de figure est fréquent, les remplaçants étant « testés » par les élèves. On peut aussi penser qu'ils sont d'autant plus chahutés que, fonctionnant sur un autre système de normes, ils apparaissent moins crédibles aux yeux des élèves. On peut aussi faire l'hypothèse d'une fragilité de l'intériorisation des normes chez certains d'entre eux ;

– l'individu adhère au système de normes scolaires et c'est massivement le cas ici. On peut donc dire que, malgré l'existence d'élèves qui rejettent ce fonctionnement scolaire ou qui ont intégré de manière superficielle les normes scolaires, l'intériorisation des montages normatifs et cognitifs produits par la socialisation scolaire est manifeste.

4.2. Transférabilité et conditions de possibilité

Ainsi que sa présentation dans le livre le met en évidence, l'école fonctionne en système, ce qui constitue une première limite de taille pour sa transférabilité. La comparaison avec d'autres écoles, les effets que l'on peut supposer reposer sur tel ou tel aspect du fonctionnement scolaire, la socialisation des analyses de l'ensemble des chercheurs qui ont mené cette recherche et qui ont contribué aux différentes parties de cet ouvrage, nous permettent cependant d'isoler certaines dimensions. Elles sont efficientes à certaines conditions. Elles apparaissent *a priori* transférables même si, là aussi, la réussite d'une telle transférabilité dépend de conditions, et tout particulièrement du type d'appropriation que vont en faire les enseignants, des équipes, de soutien qu'elles pourront recevoir, en terme de formation, d'accompagnement et de temps. Trois grandes dimensions retiennent notre attention :
– le conseil d'enfants et les dispositifs de participation des élèves ;
– une gestion par le groupe et le travail des difficultés, qu'elles soient d'ordre scolaire ou comportemental ;
– le travail d'équipe, le projet pédagogique et la cohérence éducative.

Nous avons montré l'intérêt des « conseils d'enfants » pour faire évoluer les normes et, notamment leurs effets sur les représentations de la violence dans le sens d'une déqualification idéologique des formes que peut prendre ce phénomène à l'école. Issues notamment du mouvement Freinet[18], de la pédagogie institutionnelle[19] ainsi que de sources plus théoriques sur la participation, la coopération entre élèves et la valeur de l'expérience[20], ces dispositifs de prise de décision sont aujourd'hui largement recommandés dans de nombreux systèmes éducatifs. Or la comparaison avec d'autres écoles qui utilisent ce type de dispositifs (Haeberli 2004, Pagoni et Haeberli, 2006) montre qu'ils ont souvent tendance à se réduire à des espaces d'expression libre des élèves dans une logique de psychologisation des problèmes ou dans une logique de pacification de l'espace scolaire et de lutte contre la violence. Dans l'école étudiée, ce dispositif a à la fois une fonction réelle de prise de décision et de construction de compétences politiques auprès des élèves. Les difficultés rencontrées par les remplaçants des maîtres Freinet indiquent la nécessité d'une formation pour maîtriser ce type de dispositif dans sa relation au savoir et au pouvoir. Au-delà des conseils d'enfant, l'ensemble des dispositifs de participation des élèves contribue à l'adhésion à la nouvelle configuration à partir du moment où ils reposent sur le respect et la confiance envers les élèves.

---

18. Voir Freinet C. (1974), *Pour l'école du peuple,* Paris, Maspéro.
19. Voir Oury F., Vasquez A. (1967), *Vers une pédagogie institutionnelle*, Paris, Maspero ; Pain J. (1993) *La Pédagogie institutionnelle d'intervention*, Vigneux, Matrice ; Imbert F. (1996)., *Médiation, Institution et loi dans la classe,* Paris, ESF.
20. On peut citer, entre autres, les travaux de J. Piaget (1997), *L'Éducation morale à l'école.* Textes réunis par C. Xypas. Paris, Anthropos et de J. Dewey (1990), *Démocratie et éducation* (G. Deledalle, trad.). Paris, Armand Colin (Original publié en 1916).

La gestion des problèmes se réalise grâce au groupe et par le travail scolaire, autrement dit, elle ne passe pas par un traitement individuel des élèves « difficiles » qu'il conviendrait de socialiser pour pouvoir les instruire. C'est la même logique qui apparaît à l'œuvre dans la prise en charge des enfants « en souffrance » (cf. Jovenet dans ce livre). On est donc loin d'une orientation défectologique, fréquent en éducation prioritaire, donnant la primauté à la « réparation » des élèves en difficultés par une prise en charge spécialisée par les maîtres du RASED ou, à l'extérieur de l'école, par des services médicaux, sociaux ou judiciaires. Les élèves « difficiles » sont sollicités au même titre que les autres (et non pas comme des élèves à part), cette sollicitation s'inscrivant dans un collectif de travail au sein duquel la coopération doit permettre intégration au sein du groupe, reconnaissance par les pairs et progression individuelle. Si les autres contributions à cet ouvrage en montrent les effets positifs sur les élèves, cette logique a pu cependant poser problème aux intervenants ponctuels dans cette école, habitués à d'autres fonctionnements. Cette approche apparaît cependant particulièrement intéressante à transférer tant les liens sont forts entre difficultés scolaires et stigmatisation d'une part, et violences d'autre part. Mais elle n'apparaît efficiente que reposant sur le principe d'éducabilité. Elle implique par ailleurs un travail d'équipe conséquent.

Le travail d'équipe permet une cohérence éducative participant de la gestion des problèmes et plus généralement de la régulation de la vie scolaire[21]. L'équipe répond collectivement aux difficultés rencontrées et tout particulièrement dans la gestion des incidents C'est sur l'affirmation collective d'un sens général, définissant les modalités d'existence de l'institution et les attitudes des acteurs, que reposent les modalités de gestion des incidents (Carra, 2006). Elle ne se limite donc pas à un positionnement d'équipe, s'unissant face au danger, face à un environnement hostile dont il faudrait se protéger. Elle trouve son sens, au sens de direction et de signification, dans un projet pédagogique auquel chacun des maîtres Freinet adhère. Ce travail d'équipe, cet investissement dans le projet pédagogique implique cependant une stabilité des maîtres souvent difficile à obtenir en éducation prioritaire tant le *turnover* des personnels peut être important. Les maîtres Freinet ont obtenu de pouvoir constituer une équipe en dérogeant aux règles du mouvement et en procédant par cooptation. Nous avons souligné ailleurs (Reuter, Carra, 2005), les difficultés pour y parvenir et la nécessité d'appuis dans l'institution. Si l'on voit l'intérêt de la constitution d'une équipe forte et soudée autour d'un projet pour « relever » une école, les obstacles pour y parvenir sont importants et des risques existent, notamment celui d'accroître les inégalités entre écoles.

---

21. L'importance de l'équipe et du projet pédagogique dans la lutte contre la violence est soulignée depuis longtemps par les chercheurs, cf. par exemple Debarbieux, 2006.

CONCLUSION

Les normes au sein de l'école étudiée ont sensiblement évolué depuis l'arrivée de la nouvelle équipe pédagogique se réclamant de la pédagogie Freinet. Nous l'avons montré à partir du phénomène de violence, de ses représentations et des réactions sociales qu'il suscite chez les élèves. La forte déqualification idéologique dont il fait l'objet aujourd'hui, sous des formes de plus en plus diversifiées, a pour corollaire une extension du champ de définition de la violence. Le fonctionnement des « conseils d'enfants » produit, quant à lui, autant d'élèves que d'entrepreneurs de morale, légitimés à la fois à produire de la norme et à la faire appliquer, à partir du moment où les logiques à l'œuvre contribuent à instaurer un climat propice au travail scolaire. Les situations qu'ils vivent sont désormais lues par les élèves à partir d'une nouvelle grille qui se construit de manière privilégiée dans ce dispositif constituant un lieu de socialisation où s'apprennent notamment des manières de parler et de gérer le problème et plus globalement de réguler la vie scolaire.

Cette dynamique s'inscrit dans un espace de droit ayant pour effet de transformer les rapports de pouvoir au sein de l'école, effaçant partiellement les liens de subordination maître/élèves d'une part et élèves/élèves d'autre part. La production de normes et leur modalité de diffusion et de respect se réfèrent désormais moins au détenteur du plus haut statut hiérarchique (l'adulte ou l'élève le plus fort dans la classe ou dans la cour) mais au groupe. La question de l'autorité est donc traitée par une redéfinition des rapports de pouvoir. Le rapport au savoir se construit par une élaboration commune du sens à lui donner à travers le groupe sur les notions de travail et de production commune. Ces nouvelles définitions développent l'exigence des attentes des élèves les uns envers les autres et favorisent la production de nouvelles normes renvoyant à l'image que les élèves se font de leur place et rôle au sein de leur école, élargissant d'autant plus le spectre des déviances alors que le « conseil d'enfants » légitime la réaction sociale aux écarts aux normes scolaires.

Le règlement instituant un modèle juridique de fonctionnement de la loi, mais aussi les dispositifs, outils, rituels instituant la norme scolaire, contribuent à asseoir cet espace de droit dans son articulation au savoir. La construction de compétences politiques permet aux élèves de le faire vivre, certes différentiellement. Elle suppose à la fois un processus d'apprentissage, un réel exercice du pouvoir et l'effectivité des décisions prises dans l'ensemble de l'espace scolaire. La participation des élèves à la régulation de la vie scolaire, l'application des règles qu'ils votent, l'impartialité des sanctions à l'encontre de ceux qui les transgressent se traduisent par un sentiment de justice particulièrement fort dans cette école, tout en contribuant à l'adhésion des élèves à cette configuration pédagogique.

Même si une minorité d'élèves échappe à ce processus de socialisation scolaire, ce dernier contribuant par ailleurs à la production de ses propres déviances – comme tout système normatif –, on voit cependant l'intérêt de ce fonctionnement scolaire sur la transformation des attitudes normatives des élèves face au phénomène de violence mais aussi aux activités scolaires. Bien qu'il fonctionne en système, ce qui en démultiplie les effets, on peut cependant isoler des dimensions apparaissant transférables : le « conseil d'enfants » et les dispositifs de participation des élèves, le travail coopératif comme régulateur des difficultés et le travail d'équipe produisant une forte cohérence éducative. C'est finalement une conception spécifique de la régulation de la vie scolaire se construisant sur des liens forts entre individu et collectif, pouvoir et savoir. La complexité de ce fonctionnement nécessite cependant des compétences professionnelles pour pouvoir le maîtriser. Il repose par ailleurs sur un travail d'équipe prenant sens dans l'adhésion à un projet pédagogique et aux valeurs qui le sous-tendent. Traiter de la question de la transférabilité, ce n'est donc pas seulement repérer des éléments apparemment efficients dans une configuration éducative, c'est aussi en préciser les conditions de possibilité. Ces dernières renvoient ici à la double question de la formation des enseignants et à celle de la constitution des équipes. Au delà, elles posent aussi des questions d'ordre éthique et politique : quelle école pour aujourd'hui ? Pour quelle société demain ?

RÉFÉRENCES BIBLIOGRAPHIQUES

AUDIGIER F. (1999), *L'éducation à la citoyenneté*, Paris, INRP.

BECKER H. S. (1985), *Outsiders*, Paris, Métailié.

BOUDON R., BOURRICAUD F. (2000), *Dictionnaire critique de la sociologie*, Paris, PUF, collection Quadrige.

CARRA C. (2004), « Participation citoyenne et construction de normes. Quels effets sur les violences scolaires ? », *Spirale*, n° 34, *Citoyenneté et rapport à la loi*, 41-53.

CARRA C. (2005a), « Déviances et régulations à l'école élémentaire. Le cas d'une école Freinet en réseau d'éducation prioritaire », dans REUTER Y. dir., *Démarches pédagogiques et lutte contre l'échec scolaire*, Rapport de recherche de l'ERTe 1021, 2002-2005, remis à la direction de la recherche du Ministère de l'Éducation Nationale, Université Charles-de-Gaulle – Lille 3, 23-45.

CARRA C. (2005b), « Environnement socio-éducatif et violences à l'école élémentaire : essai de conceptualisation », dans GAILLARD B. dir., *Les violences en milieu scolaire et éducatif. Connaître, prévenir, intervenir*, Rennes, PUR, 215-222.

CARRA C. dir. (2006), *Violences à l'école élémentaire, approche quantitative et comparative, le cas du département du Nord*, Rapport de recherche IUFM du Nord – Pas-de-Calais R/RIU/03/005, Villeneuve d'Ascq.

CARRA C. (2006), « Univers de violence des enseignants, systèmes de régulation et pratiques professionnelles » dans REUTER Y. dir., *Effet d'un mode de travail pédagogique « Freinet » en REP*, Rapport de recherche IUFM du Nord – Pas-de-Calais R/RIU/04/007, Villeneuve d'Ascq.

CARRA C., FAGGIANELLI D. (2005), « Quand une école bouscule les normes... Étude d'une école expérimentale Freinet en réseau d'éducation prioritaire », *VEI Diversité*, n° 140, *Du neuf sur l'innovation ?*, 85-92.

CHAUVEAU G. (2002), *Comment réussir en ZEP. Vers des zones d'excellence pédagogique*, Paris, Retz.

DEBARBIEUX E. (2006), *Violence à l'école : un défi mondial ?*, Paris, Armand Colin.

DWORKIN R. (1995), *Prendre les droits au sérieux*, Paris, PUF.

FOUCAULT M. (1975), *Surveiller et punir*, Paris, Gallimard.

GENDRON C. (2003), *Éduquer au dialogue ; l'approche de l'éthique de la sollicitude*, Paris, L'Harmattan.

HAEBERLI P. (2004), « Les conseils de classe : du symbole au droit », *Spirale*, n° 34, *Citoyenneté et rapport à la loi*, 27-40.

LAPLACE C. (2002), *Approche clinique des pratiques du conseil d'élèves dans l'École genevoise (1990-2001)*, Université de Genève (thèse de doctorat).

MICHAUD Y. (2004), *La violence*, Paris, PUF.

OST F. (2004), *Raconter la loi*, Paris, Odile Jacob.

PAGONI M. (1999), *Le développement socio-moral. Des théories à l'éducation civique*, Villeneuve d'Ascq, Presses Universitaires du Septentrion.

PAGONI M. (2004), « L'éducation morale », dans WEIL-BARAIS A. dir, *Les apprentissages scolaires*, Paris, Bréal, 218-237.

PAGONI M. (2005), « Quels apprentissages en éducation civique et morale ? Conseils de classe et rapport à la loi » dans REUTER Y. dir., *Démarches pédagogiques et lutte contre l'échec scolaire*, Rapport de recherche de l'ERTe 1021, 2002-2005, remis à la direction de la recherche du Ministère de l'Éducation Nationale, Université Charles-de-Gaulle – Lille 3, 33-79.

PAGONI M. (2006), « Respect de l'autorité de l'enseignant et éthique professionnelle au sein de la pédagogie Freinet », communication au colloque : *Autorité éducative, savoir, socialisation démocratique*, Université de Montpellier 3 – IUFM de Montpellier, 8 et 9 septembre.

PAGONI M. (2006), « Construire des apprentissages en éducation civique et morale », dans REUTER Y. dir, *Effet d'un mode de travail pédagogique « Freinet » en REP*, Rapport de Recherche IUFM R/RIU/04/007.

PAGONI M., HAEBERLI P. (2006), « Conseils d'élèves et savoirs en éducation civique et morale : étude comparative de deux établissements scolaires en France et en Suisse », communication présentée au colloque de l'AFEC : *L'École, lieu de tensions et de médiations : quels effets sur les pratiques scolaires ? Analyses et comparaisons internationales*, Villeneuve d'Ascq, Université Charles-de-Gaulle – Lille 3, 22-24 juin.

PRAIRAT E. (2002), *Sanction et socialisation*, Paris, PUF, coll. Éducation et formation.

REUTER Y. dir. (2005), *Démarches pédagogiques et lutte contre l'échec scolaire*, Rapport de recherche de l'ERTe 1021, 2002-2005, remis à la direction de la recherche du Ministère de l'Éducation Nationale, Université Charles-de-Gaulle – Lille 3.

REUTER Y., CARRA C. (2005), « Analyser un mode de travail pédagogique "alternatif". L'exemple d'un groupe scolaire travaillant en pédagogie "Freinet" », *Revue française de pédagogie*, n° 153, *Décrire, analyser, évaluer les pédagogies nouvelles*, 39-53.

ROBERT F. (1999), *Enseigner le droit à l'École*, Paris, ESF.

WHYTE W. F. (1996), *Street corner society. La structure sociale d'un quartier italo-américain*, Paris, La découverte.

ANNEXES

relation élèves Ecoles classées	mal	moyen	bien	très bien	TOTAL
ordinaire	4,2% (60)	17,1% (242)	23,6% (333)	55,1% (779)	100% (1414)
EP	8,1% (22)	18,0% (49)	20,2% (55)	53,7% (146)	100% (272)
ZVL	2,2% (6)	17,3% (47)	22,1% (60)	58,5% (159)	100% (272)
HB	6,3% (5)	32,5% (26)	28,7% (23)	32,5% (26)	100% (80)
TOTAL	4,6% (93)	17,9% (364)	23,1% (471)	54,5% (1110)	100% (2038)

La dépendance est très significative (chi2 = 31,98, s. à 0.01).

Tableau 1 : Répartition des réponses à la question : « Comment est-ce que tu t'entends avec les autres élèves ? »

relation maître/élève Ecoles classées	mal	moyen	bien	TOTAL
ordinaire	3,4% (48)	10,8% (154)	85,8% (1218)	100% (1420)
EP	4,0% (11)	7,6% (21)	88,4% (244)	100% (276)
ZVL	5,9% (16)	9,2% (25)	84,9% (230)	100% (271)
HB	8,8% (7)	15,0% (12)	76,3% (61)	100% (80)
TOTAL	4,0% (82)	10,4% (212)	85,6% (1753)	100% (2047)

La dépendance est significative (chi2 = 13,75, s. à .05).

Tableau 2 : Répartition des réponses à la question : « Comment est-ce que tu t'entends avec ton maître ou ta maîtresse ? »

relation adulte Ecoles classées	mal	moyen	bien	TOTAL
ordinaire	6,1% (88)	17,8% (255)	76,1% (1090)	100% (1433)
EP	8,7% (24)	17,0% (47)	74,4% (206)	100% (277)
ZVL	5,8% (16)	16,1% (44)	78,1% (214)	100% (274)
HB	15,2% (12)	24,1% (19)	60,8% (48)	100% (79)
TOTAL	6,8% (140)	17,7% (365)	75,5% (1558)	100% (2063)

La dépendance est significative (chi2 = 15,84, s. à .05).

Tableau 3 : Répartition des réponses à la question : « Comment est-ce que tu t'entends avec les autres grandes personnes de ton école ? »

rec nom école	SCORE relations	SCORE justice	SCORE règlement	SCORE travail	SCORE parents	SCORE éducatif	Score violence propre
école témoin	5,64	[4,74]	12,56	9,67	11,71	8,41	6,43
HB	6,31	[3,14]	10,90	8,83	11,22	7,19	6,10
TOTAL	5,96	3,98	11,76	9,26	11,47	7,81	6,27

Les nombres encadrés correspondent à des scores significativement différents du score moyen, /t/ s. à .05.

Tableau 4 : Comparaison des scores entre l'école HB et l'école témoin

SCORE justice rec nom école	Moins de 2	De 2 à 3	De 3 à 5	De 5 à 7	7 et plus	TOTAL
école témoin	[8,2% (7)]	22,4% (19)	11,8% (10)	[37,6% (32)]	20,0% (17)	100% (85)
HB	[22,1% (17)]	37,7% (29)	14,3% (11)	[15,6% (12)]	10,4% (8)	100% (77)
TOTAL	14,8% (24)	29,6% (48)	13,0% (21)	27,2% (44)	15,4% (25)	100% (162)

La dépendance est très significative (chi2 = 18,28, s. à .01).

Tableau 5 : Comparaison des scores « justice » de HB et de l'école témoin

justice chouchou rec nom école	oui	non	je ne sais pas	TOTAL
école témoin	[43,3% (26)]	48,3% (29)	8,3% (5)	100% (60)
HB	[13,2% (5)]	60,5% (23)	[26,3% (10)]	100% (38)
TOTAL	31,6% (31)	53,1% (52)	15,3% (15)	100% (98)

La dépendance est très significative (chi2 = 12,26, s. à .01).

Tableau 6 : Répartition des réponses à la question : « S'il y a des chouchous, est-ce que tu trouves que c'est normal ? »

recpourjusticechouchou rec nom école	normal résultat	normal attitude	normal autorité	anormal injuste	anormal jaloux	anormal fausse règle	TOTAL
école témoin	29,0% (9)	16,1% (5)	3,2% (1)	19,4% (6)	16,1% (5)	[16,1% (5)]	100% (31)
HB	[0,0% (0)]	[0,0% (0)]	0,0% (0)	37,5% (6)	6,3% (1)	[56,3% (9)]	100% (16)
TOTAL	19,1% (9)	10,6% (5)	2,1% (1)	25,5% (12)	12,8% (6)	29,8% (14)	100% (47)

La dépendance est très significative (chi2 = 15,61, s. à .01).

Tableau 7 : Catégorisation des réponses à la question « S'il y a des chouchous, est-ce que tu trouves que c'est normal ? » - « Pourquoi ? »

type punition rec nom école	je suis allé au coin	j'ai fait des lignes	j'ai eu du travail en plus	j'ai copié le règlement	j'ai été privé de récréation	je suis allé chez le directeur	NSP et NR	TOTAL
école témoin	[2,7% (2)]	25,7% (19)	6,8% (5)	20,3% (15)	17,6% (13)	16,2% (12)	10,8% (8)	100% (74)
HB	[37,8% (17)]	17,8% (8)	4,4% (2)	2,2% (1)	28,9% (13)	[0,0% (0)]	8,9% (4)	100% (45)
TOTAL	16,0% (19)	22,7% (27)	5,9% (7)	13,4% (16)	21,8% (26)	10,1% (12)	10,1% (12)	100% (119)

La dépendance est très significative (chi2 = 38,41, s. à .01).

Tableau 8 : Nombre d'occurrences des réponses à la question : « Quelle a été ta punition ? »

PÉDAGOGIE ET PRISE EN CHARGE DES ENFANTS EN SOUFFRANCE

Anne-Marie JOVENET

Cette contribution a pour objectif de montrer comment une perspective clinique inspirée par la psychanalyse, en croisant l'approche didactique développée majoritairement dans cet ouvrage, peut poser le problème de « l'enfant en souffrance » à l'école. Le cadre psychanalytique permet de décrire les différents aspects de la souffrance de l'enfant, en les reliant au contexte familial ou social dans lequel il vit, et surtout aux événements refoulés qui constituent à son insu la trame de cet inconscient prêt à rejaillir dans les événements et les relations scolaires. La nouveauté vient ici du questionnement porté sur le rôle que peut jouer la pédagogie dans cette situation.

En nous appuyant sur les théories psychanalytiques classiques nous tenterons de décrire les multiples facettes que peut prendre cette souffrance à travers différentes données recueillies auprès des enseignants et des élèves. Sur la base de comparaisons construites au niveau de la classe, de l'école, ou des modes de prise en charge établis pour une population reconnue pour ses caractères communs, nous tenterons d'analyser le plus finement possible ce qui se joue pour l'enfant en souffrance, en fonction des références pédagogiques choisies, et de montrer comme une école pratiquant la pédagogie Freinet peut initier un mode tout à fait singulier de reconstruction de l'enfant en souffrance.

1. PREMIERS ÉLÉMENTS D'APPROCHE DE L'ÉLÈVE EN SOUFFRANCE

On peut caractériser la souffrance par le lieu où elle s'exprime. La famille ou la vie sociale sont souvent évoquées comme sources de souffrance pour l'enfant. Mais on ne peut pas parler d'un enfant en grande difficulté face à l'apprentissage, voire en échec, ni d'un enfant en grande difficulté relationnelle, qu'il soit décrit comme inhibé ou agressif, voire violent, sans penser à la souffrance qui se cache derrière de tels comportements. Ces éléments sont d'ailleurs fréquemment évoqués par les enseignants dans les entretiens que nous avons menés avec eux.

Brossons quelques traits que peut présenter cet enfant à l'école. Il est décrit comme manquant de confiance en lui. En fait, il se vit comme victime, c'est-à-dire qu'il n'a aucun pouvoir ni sur les autres, ni sur lui-même. Il peut même avoir intériorisé le fait qu'il est coupable de sa souffrance, de ce que d'autres, parfois adultes, se sont autorisés à son égard. Dans le même temps, il n'a dans la plupart des cas, pas été « éduqué », c'est-à-dire soumis à la « loi ». Il est prisonnier des autres, dépendant du regard des autres, s'efforçant toujours de répondre à leurs attentes. Dans ces conditions, il ne peut être un sujet désirant. Mais la souffrance comme le refoulé ne restent pas inactifs : le mal peut être à la fois tourné contre lui et contre l'autre : passant de l'un à l'autre, ou s'exprimant de deux manières à la fois. Ce qui sera interprété en termes de vengeance relève, dans le registre psychanalytique, de la compulsion de répétition. Dans le même temps, il est à la fois un sujet pour qui la réussite intellectuelle devient indispensable afin d'exister et un sujet non marqué par la loi quand elle a été transgressée par des adultes en sa présence ou même à son égard. Les deux éléments réunis vont le conduire à des comportements de rivalité et de destruction de l'autre, qu'il soit l'élève en compétition avec lui ou l'enseignant désireux de l'aider.

L'ensemble de ces éléments se résume dans des propos fréquemment entendus. Cet enfant pose des problèmes quant à son « efficacité » scolaire : pourra-t-il atteindre le niveau requis ? Rattraper le retard ? Acquérir les comportements qui mènent à l'apprentissage ? Réduire ou supprimer ses atteintes au travail des autres ?

La psychanalyse, en s'interrogeant sur ce qui se joue dans le rapport au savoir, permet de poser les problèmes autrement. Pour Freud (1910), la pulsion de savoir (ou recherche sexuelle infantile) est fortement liée à la pulsion d'investigation ou recherche de la connaissance. Ce désir de savoir est soumis au destin des pulsions. Alors que dans le meilleur des cas cette pulsion est sublimée dans une ouverture au monde, il se peut que la pulsion se transforme en inhibition névrotique, « le désir de savoir reste dès lors inhibé et la libre activité de l'intelligence restreinte », ou qu'elle prenne la « forme de contrainte de rumination » : « le sentiment de liquidation dans des pensées de clarification est mis à la place de la satisfaction sexuelle : mais le caractère sans conclusion possible de la recherche enfantine se répète lui aussi ». Il y a bien là une explication de l'inhibition intellectuelle ou de l'effort de savoir marqué par la contrainte. Dans les deux cas, pulsion enfantine de savoir et plaisir de savoir s'opposent, et deviennent sources de souffrance à l'école. D'autres psychanalystes, qui se sont plus spécialement penchés sur l'enfance, apporteront des éléments pour spécifier cette souffrance. Winnicott (1971) parle de dissociation de l'individu : « je fais » prend le pas sur « je suis » et la réussite intellectuelle peut cacher la pauvreté de la construction du sujet ; le faux-self s'installe alors et le comportement est marqué par l'imitation de l'autre, la soumission à l'autre, sans que l'individu ne s'en rende compte. Il n'y a pas que les difficultés scolaires ou l'échec qui soient symptômes de souffrance intérieure. Winnicott montre ainsi que la réussite intellectuelle peut n'être qu'une réussite de façade et cacher une grande détresse intérieure. Dolto (1984), en insistant régulièrement sur le besoin de parole vraie qu'éprouve l'enfant, le besoin de réponse à ses questions, qu'il s'agisse de sa filiation, de sa situation familiale ou de son handicap, permet d'interroger d'autres objets de souffrance mais aussi et surtout de s'intéresser aux manières de souffrir de l'enfant.

2. DIFFÉRENTS RECUEILS DE DONNÉES COMME SOURCES DE QUESTIONNEMENT

Trois types de recueils de données sont présentés ici : l'observation d'une tâche mathématique réalisée par un élève ; l'entretien mené auprès des enseignants ayant dans leur classe, les élèves vus dans ces passations individuelles ; l'entretien mené avec des élèves ayant changé d'école au cours de la scolarité primaire, à propos de ce changement. Chaque recueil de données a donné lieu à différents types de comparaisons. Nous nous attacherons ici à faire ressortir ce qui est particulier aux élèves en souffrance et ce qui est du ressort de la pédagogie.

2.1. L'observation d'une tâche mathématique

Le protocole d'observation est greffé sur le travail présenté par D. Lahanier Reuter (2005), en didactique des mathématiques. L'analyse menée ici veut mettre l'accent sur l'importance qu'il y a à considérer les attitudes des élèves face à la tâche et à la personne qui tient lieu d'enseignant pour s'interroger sur les facteurs qui conditionnent l'apprentissage et la réussite scolaire. La construction d'une grille d'observation des élèves permet de décrire les attitudes des élèves en deux grandes catégories : l'une nommée « liberté face à la tâche » représentant le « désir » et l'autre nommée « inhibition » désignant la contrainte interne. Cette grille permet de prendre en compte des attitudes peu habituelles en classe, ou parfois réprimées comme « poser des questions », « reformuler la consigne » (quand ce n'est pas suggéré par le type d'exercice ou une demande expresse du maître), commenter la tâche, ou commenter ce qu'on fait, dire « je n'ai pas compris », « j'ai oublié », « je ne sais pas », ou « je ne sais pas faire ». La comparaison menée en janvier 2002, entre 30 élèves issus de chaque classe primaire de l'école en pédagogie Freinet, soit quatre mois après la mise en place de la nouvelle équipe, et 28 élèves appartenant à une autre école de milieu socio-culturel similaire révèle que le type d'attitude en lien avec la liberté, est beaucoup plus fréquent dans l'école en pédagogie Freinet (désormais école Freinet).

Un indicateur concernant ce qu'on peut appeler « réponses par le corps », qui traduirait une manifestation d'inhibition, montre une certaine équivalence entre les élèves des deux écoles alors que les actions de recherche pour répondre plus complètement à la consigne (construire le plus possible de figures symétriques, et notamment des figures diversifiées) sont plus nombreuses à l'école Freinet, ce qui laisse supposer une anticipation des stratégies utiles pour réussir.

Pendant trois ans la même étude a été reconduite à l'école Freinet, ce qui permet la comparaison de groupes transversaux et le suivi longitudinal de certains élèves sur trois ans. Pour cela un regroupement en profils a permis de s'intéresser aux élèves présentant des traits caractéristiques d'élèves en souffrance. Ce qui apparaît flagrant chez les élèves en pédagogie Freinet c'est la coexistence de deux attitudes. Ils gardent les traits des élèves en difficulté : une attitude de retrait, peu d'expressions verbales, un grand nombre de réponses qui passent par le corps ou le regard mais, dans le même temps, ils prennent plus d'initiatives dans la recherche de figures possibles, ou dans les moyens de vérification de la symétrie. Un élève passe d'une formule embarrassée (« *Je ne sais pas quoi vous dire* ») en 2002 à une formule plus brève en 2004 (« *Je ne sais pas* »). Ce qui peut passer pour une anecdote nous parait révélateur d'un changement de position. Dans le premier cas, il semble très gêné de ne pas savoir « satisfaire » la personne qui l'interroge ; dans le deuxième, il a un savoir sur son savoir et il ose le dire.

2.2. Le recueil de la parole des enseignants

Les enseignants étant invités à parler des six élèves de leur classe, de façon libre à propos de leur travail, résultats ou comportements en classe, vont révéler à travers leur discours sur leurs élèves, ce qu'eux-mêmes considèrent comme essentiel, parfois à leur insu, mais aussi comment eux-mêmes se vivent en tant qu'enseignant. Ils vont aussi parler plus longuement et de façon spontanée des cas qui leur posent problème dévoilant ainsi la façon dont ils voient ces élèves en souffrance.

On peut remarquer d'emblée que les enseignants « associent » fréquemment dans leur discours « un élève et son milieu familial » et/ou « un élève et la pédagogie ». Il semble que, dans les deux écoles, le premier type d'association (élève et milieu familial) revienne aussi fréquemment, tous enseignants confondus. On peut résumer cette position en disant que, selon eux, quelque chose pèse sur la tête de l'enfant qui arrive à l'école. On peut aussi remarquer que certains enseignants glissent de l'élève, aux élèves de la classe, voire aux « élèves de ce milieu ». Toutefois les comparaisons quantifiées permettent de noter des disparités entre les enseignants : d'une part ces assertions reviennent chez les mêmes enseignants, d'autre part on peut noter certaines différences dans les façons de dire ces liens. Dans l'école Freinet, l'accent est ici mis sur ce qui peut entraver un apprentissage précis, alors que dans l'autre école, le problème est posé en termes de possibilité d'entrer dans l'apprentissage en général.

Une autre manière d'être enseignant va se voir dans le deuxième type d'association (rapport entre élève et pédagogie). Si l'on peut distinguer, comme dans le premier cas, l'association entre la pédagogie et un élève, plusieurs élèves, ou les élèves de ce milieu, il faut aussitôt ajouter que le rapport va se présenter orienté de deux manières différentes. Soit l'attitude de l'élève entraîne une action de l'enseignant « *Il faut sans arrêt avoir l'œil sur elle* », soit l'enseignant parle de l'effet de la pédagogie sur l'élève. Dans l'autre école, on pourra noter de nombreuses remarques reliant les caractéristiques d'un ou de plusieurs élèves et l'action de l'enseignant alors que dans l'école Freinet la pédagogie sera présentée au travers de son effet sur l'élève. Non seulement l'action n'est pas centrée sur le maître, mais le maître disparaît au profit, pourrait-on dire, des outils ou techniques que l'enfant utilise : *« Il s'est bien emparé du texte libre »*. Le partage est net entre les deux écoles même si, encore une fois, certaines données manifestent un « effet maître »

On s'est encore interrogé sur la manière d'exister de l'enseignant dans son rapport à l'élève et en particulier à l'élève en souffrance. Le discours révèle là encore une distinction entre les enseignants de la pédagogie Freinet et les autres. La pédagogie Freinet, en fonction des cadres qu'elle installe et des « outils » qu'elle met en œuvre, induit des termes qu'on ne trouve pas ailleurs. Au-delà de ces termes se dégage une manière particulière de parler de l'élève et de mettre en œuvre ses compétences : l'enfant « s'est approprié », « s'est emparé », « s'est accaparé » le texte libre, il « s'exprime dans ses textes ». Le travail scolaire lui permet d'avoir « un moment de gloire », « des domaines d'excellence » ou des « pôles d'excellence ». L'élève peut avoir un « objet de reconnaissance », et même « une œuvre ». On voit que le rapport aux autres se tisse à travers ce que les autres peuvent lui proposer et à travers ce qu'il peut montrer de lui-même.

Dans ce contexte, qu'en est-il de l'élève en difficulté ? Que dit-on de lui ? L'enseignant Freinet indiquera que l'élève possède plus ou moins des qualités telles que « disponibilité », « capacité de prise de risque », capacité à « intégrer les lois, à s'autoréguler », « rigueur dans la vie coopérative ». Il est plus ou moins proche de ces qualités : *« Pour lui coopérer dans les apprentissages, ça représente un effort, c'est pas facile »*, *« Inventer une mathématique, pour elle c'est une prise de risque qu'elle ne peut facilement... »*. Mais l'élève n'est pas seul face au maître, pour entrer dans cette démarche. Le groupe est là face à lui : *« Il sait aussi que la classe ne va pas prendre ou ne va pas accepter que lui déréglemente quelque chose donc il sait qu'il peut pas le faire »*, ou peut le soutenir : *« À... quand on présente quelque chose, la classe dit par les couleurs, rouge, bleu, vert, donc elle a des réponses quand même qui viennent du groupe, pas que de moi, le groupe est parfois plus crédible, donc en général quand elle présente, elle fait attention à ça »*.

Mais parler de l'élève, et spécialement de l'élève en difficulté ne se fait pas sans que le « soi professionnel » et le « soi personnel », dont parle aussi C. Blanchard-Laville (2001), soient convoqués. L'école Freinet est confrontée au même problème. Quand une élève dit à l'entretien du matin : *« Je vais vivre en foyer l'année prochaine parce que maman elle va avoir un bébé et elle peut pas s'occuper de moi »*, l'enseignante commente : *« J'ai trouvé ça dur qu'elle dise ça devant tout le monde »*. Si elle affirme : *« Dans le fond je suis bien contente... elle sera mieux cadrée »*, cela ne l'empêche pas de trébucher sur un lapsus : *« Je suis désolée, moi je suis aussi exigeante avec les milieux favorisés qu'avec les autres »* en exposant ce qu'elle ressent : *« Elle a pris ce pli d'être toujours plainte, quoi, alors que non de temps en temps il faut se secouer quoi, mais, et moi, pour moi c'est dur de gérer ça, ces deux problèmes en même temps ».* Les deux problèmes de l'enfant : la dureté de la situation et le profit qu'elle en tire, entrent en résonance avec deux problèmes vécus par l'enseignante : plaindre et être exigeante.

La mise à distance exprimée par certaines façons de parler de l'élève : « c'est un élève qui » plus souvent utilisée par les enseignants qui n'appartiennent pas à l'école Freinet laisse pourtant filtrer un certain désarroi. L'enseignant est ici atteint dans son projet pédagogique : « *Quand je vois que certains enfants au bout de cinq minutes commencent à décrocher, je me dis "j'ai pas de solution pour ça"* ». À l'inverse, quand l'enfant entre dans l'apprentissage, cet effort ne se double pas d'un meilleur comportement avec les autres : les deux attitudes semblent dissociées : « *J'ai vraiment l'impression que tous les enfants ont à leur niveau progressé toute l'année et ça c'est vraiment... »*. Et l'enseignant marque un temps de silence sur cette phrase inachevée, pour reprendre ensuite : « *Mais ce qui me désole... ils ont un comportement pas toujours respectueux des autres* ». Il en souffre et tente de se consoler en évoquant la difficulté spécifique à un lieu ou une population : « *Il faut savoir où on travaille ».*

Tout se passe comme si s'installait une sorte de logique : moins l'élève est acteur, plus l'enseignant est responsable, logique qui se vérifie à l'inverse dans l'autre mode pédagogique (Freinet) où l'enseignant n'ira pas contre le mode de fonctionnement de l'élève, il ne cherchera pas à s'immiscer de force. C'est là que se révèlent deux oppositions fortes dans la manière d'être de l'enseignant vis-à-vis de l'enfant en souffrance.

Le désir d'aider grâce à une relation duelle est grand, et dans l'autre école, ce désir se dit. La tentation est grande, en se mettant à la place de l'élève de tout faire pour le rassurer. Mais cette bonne volonté-là se heurte au « monde » extérieur à l'école : « *La petite elle pourra évoluer quand elle aura compris... qu'elle a sa petite place dans son monde... dans sa tête elle s'en sortira quand elle aura compris ça, qu'elle aura accepté ».*

Dans l'autre école (Freinet), l'enseignant se heurte de la même façon aux situations « fermées », mais le commentaire diffère :

« I. a intégré d'une manière très forte quelque chose que je n'ai pas réussi à casser, et en termes de communication il y a une coquille, on voit bien, moi je le sens dans une coquille... je n'ai pas réussi à l'ouvrir pour dire "regarde comme c'est beau à l'intérieur", ça j'ai pas réussi hein, il veut peut-être pas... il a onze ans... onze ans on peut légitimement ne pas avoir envie qu'on casse une coquille qu'il croit, qu'il pense qui le protège selon lui depuis longtemps ».

D'un côté la relation duelle apparaît la seule solution, alors que de l'autre côté, on est frappé par une forme de maîtrise de ce désir d'aider à tout prix. On peut résumer ces positions en disant que dans l'autre école, les enseignants paraissent fortement engagés dans le projet d'intervenir auprès des enfants en souffrance : engagés à les aider, à les « réparer » au sens psychanalytique du terme et donc déçus, blessés de ne pouvoir transformer ces réalités, alors qu'on assisterait dans l'école Freinet, à une position de désengagement. Ce qui signifierait ici une position de non-toute-puissance de l'enseignant, reconnaissant à la fois la liberté de l'enfant, et la possibilité de laisser agir avec le temps, les outils, techniques, principes de fonctionnement de la pédagogie. Cela suppose de reconnaître que ces outils, techniques, principes de fonctionnement puissent agir indépendamment de tout engagement personnel visible. On peut aussi dire que le remède se déplace du symptôme, pour permettre à l'enfant d'être lui-même acteur de son changement, c'est-à-dire en d'autres termes, d'élaborer ou de subjectiver sa souffrance plutôt que d'en rester victime. Cela suppose sans doute d'abandonner toute jouissance du symptôme de l'autre... et donc de soigner ses propres blessures. Contrairement à ce qui a pu être écrit, ce n'est pas en déplaçant le transfert sur des éléments tiers, que cette pédagogie alternative agirait, c'est en prenant en compte le contre-transfert de l'adulte. Reste à comprendre comment de tels outils et principes fonctionnent et comment les enseignants parviennent à constituer une équipe et à renforcer sa force au fil du temps.

2.3. La parole de l'élève à propos d'un changement d'école

La consigne de l'entretien directement adressée à l'enfant : « je sais que tu as changé d'école, peux-tu me raconter comment s'est passé ce changement pour toi ? » laisse attendre que l'enfant va révéler quelque chose de lui-même. De fait, à côté, ou à travers des objets de souffrance que l'on peut catégoriser selon les trois grands domaines déjà présents dans le discours des enseignants : la vie familiale, les difficultés ou échecs scolaires, les relations aux autres et notamment dans ces relations, le sentiment d'être victime, rejeté, objet d'humiliations, se révèlent des manières de souffrir propres à chacun.

Nous situant toujours dans cette approche clinique d'inspiration psychanalytique, il apparaît que le changement n'est pas un événement anodin. Il est un révélateur de la construction psychique du sujet, c'est à dire de sa stabilité interne, de sa capacité à affronter l'inconnu, de son désir d'exister et d'entrer en relation, d'éprouver du plaisir dans des relations d'échange. Le changement d'école est bien au cœur de cette problématique : l'élève peut changer d'école suite à un déménagement, une modification de la vie familiale, un rejet de l'école fréquentée, que ce soit en raison des pratiques pédagogiques mises en place ou de son environnement. Cela implique forcément une nouvelle adaptation, un remaniement des relations aux adultes et aux pairs, dans un cadre – le cadre scolaire – qui a une grande place dans la vie de l'enfant, pour le temps qu'il y passe mais aussi en fonction des enjeux qui sont liés à ses résultats du point de vue de sa satisfaction personnelle et surtout de l'attente de réussite de ses parents. Ce changement s'inscrit donc dans ce que Dolto (1984) décrit sous le concept d'image inconsciente du corps comme mode d'être soi-même en relation à l'autre par l'intermédiaire du corps, marqué par les premières relations vécues, à jamais oubliées mais agissant la vie durant à la manière de l'inconscient (Nasio, 2000).

La comparaison sera construite à partir de dix entretiens avec des élèves arrivant dans l'école en pédagogie Freinet et de dix entretiens avec des élèves entrant dans dix écoles différentes. Chaque corpus est composé de deux garçons et de huit filles, de 9 à 11 ans. En s'attachant à repérer les manifestations de l'inconscient au cours de l'entretien grâce à l'analyse du discours et d'éléments non verbaux, on caractérisera la façon dont l'élève parle de lui et de ce qu'il vit dans « cette école-là », « dans l'école d'avant », établit des comparaisons spontanées, parle aussi de ce qu'il vit en dehors de l'école, dit quelque chose de sa stabilité personnelle, de son désir et de son plaisir à entrer en relation, c'est-à-dire de ses sentiments de plaisir ou de frustration, de son sentiment d'être sous le pouvoir ou la domination d'un ou des autres. C'est à partir de là que sera recherchée l'expression des souffrances d'enfants, et c'est sur cette expression que nous nous attarderons ici.

Nous appuyer sur Dolto et sur l'importance qu'elle accorde au fait que l'enfant sache la vérité à son sujet, pour se construire comme sujet désirant, nous a conduit à repérer plusieurs degrés dans les interrogations que pose la souffrance. Au niveau le plus profond pourrait-on dire, l'enfant est devant un « pourquoi », qu'il n'a pas toujours la possibilité d'exprimer, soit que toute parole lui soit interdite à ce sujet, soit qu'il n'ait même pas la conscience de ce « pourquoi » ou qu'il n'ait pas les mots pour le dire. À un deuxième degré, l'enfant peut aussi tenter de poser des questions pour savoir et ne pas obtenir de réponses. S'il n'obtient pas de réponses, ou si les questions qu'il pose font l'objet d'un refus ou d'un mépris, il peut aussi penser que « cette chose » est marquée par la honte... et que étant en rapport avec « cette chose », il est lui-même marqué par la honte. À ses questions, ou même sans question exprimée, l'enfant peut avoir « une réponse » qui s'impose à lui sous le mode de la contrainte, sans discussion possible. Elle lui vient de l'extérieur... mais il va l'intérioriser d'autant plus facilement qu'elle s'imprègne dans cette relation au corps qui s'est tissée aussi sans parole. Elle alimente le refoulé. À la manière de Battachi (1993), s'inspirant à la fois de la psychanalyse de Freud et de la psychologie des émotions de Wallon, on pourrait décrire cet élève humilié par ses questions sans réponse, ses demandes d'être regardé sans effet, les réponses ironiques qu'il obtient.

Conformément à notre projet d'appréhender ce que vit l'enfant à travers son mode d'être à l'école, nous remarquons que des expressions relevant des trois degrés décrits ci-dessus concernent également différents objets de la vie de l'enfant : ce qui se passe dans sa famille, ce qui se passe à l'école, et ce qui se passe en lui-même et dans ses rapports aux autres.

Une élève ne sait pas de quoi est malade sa maman. Tout ce qu'elle sait, c'est que si elle ne vient pas la chercher à l'école, elle doit rentrer seule : elle affirme qu'elle a l'habitude et qu'elle n'a pas peur. Mais l'incertitude recommence chaque soir. Beaucoup d'élèves ne connaissent pas le pourquoi des interdits. D'autres « pourquoi » restent en suspens au sujet des déménagements, des exigences parentales, des moqueries, des mises à l'écart ou des rejets dont ils se sentent l'objet. À travers ces « pourquoi », l'enfant cherche à établir un lien entre ce qu'il vit, ce qu'il ressent et l'origine, la cause de ce sentiment. Il tente de comprendre ce qui lui arrive, qui, pense-t-il, n'arrive pas aux autres. Les autres élèves, les frères et sœurs, sont dans une situation meilleure, plus appréciés des parents ou des maîtres, ont plus de copains ou copines. Il ne le dit jamais ouvertement mais le montre par ses comportements de rejet, d'agressivité ou d'isolement. L'enfant cherche à se comprendre lui-même pour garder ou construire son unité mais se heurte à un mur. Quant au discours qui contraint, nous en avons une belle illustration chez une petite fille qui doit suivre un régime. Comment dire ce dont elle souffre avec les autres, quand la réponse est imposée : « *Le corps il faut qu'il prend sans sel, sans sucre... alors on est bien... parce que je suis pas comme eux je mange pas sans sucre et sans sel alors ils disent... mais moi je me sens bien dans mon corps et c'est bien se sentir bien à notre corps* ». Le lapsus passe inaperçu. Le bien pour le corps n'a rien à voir avec le corps de l'enfant. L'image inconsciente du corps est complètement dissoute dans le schéma corporel.

Face à ces trois degrés dans l'interrogation de l'enfant : la question ne peut être posée, la question reste sans réponse, la réponse s'impose de manière contraignante, la comparaison entre les élèves d'autres écoles et les élèves de l'école en pédagogie Freinet va permettre de constituer un degré tout autre, dans le rapport de l'enfant à sa souffrance. Plus fréquemment qu'ailleurs, l'élève à l'école Freinet peut chercher des réponses à ses « pourquoi » et les obtenir. La pédagogie Freinet, par l'intérêt qu'elle porte aux apports de l'enfant, les principes d'élaboration des règles de classe et d'école, de respect de l'élève et de coopération, qu'elle développe, va créer un climat propice à la recherche de réponses. L'enfant a des moyens à sa disposition de savoir pourquoi telle chose peut se faire, telle chose ne peut pas se faire. Et cette attitude à propos d'objets de savoir ou de règles de classe, il peut la transposer à d'autres domaines de sa vie et construire progressivement l'idée qu'il est légitime de chercher à comprendre les raisons d'être des événements, même douloureux, et même quand on est enfant. C'est ainsi que nous pouvons avancer l'idée que la pédagogie Freinet peut être favorable à la reconstruction du sujet en souffrance.

Pour illustrer cela, arrêtons-nous sur quelques éléments issus de la comparaison d'élèves pris deux à deux, sur la base de points communs. Raïssa à l'école Freinet et Nas dans une autre école, toutes deux en retard scolaire, vivent des situations familiales douloureuses. Il s'agit du décès du père, du remariage suivi d'un déménagement pour Raïssa ; de la maladie du père et d'un déménagement – provisoire, sans que cela soit dit – dans le sud de la France pour Nas. Leur rapport aux autres est difficile, leur corps est menacé et/ou maltraité, elles éprouvent le sentiment d'être rejetées, d'être objet de moqueries et de menaces. Sans savoir pourquoi, elles se vivent comme victimes, ce qui conduit Raïssa à éprouver, et à dire, un désir de protéger aussi bien la maîtresse remplaçante qui se fait chahuter, que le doudou qu'elle peut soigner comme un bébé, et Nas à fuir l'école pour chercher un refuge familial.

Deux garçons, Boris dans l'école Freinet et Tom dans une autre école, sont très marqués par un souvenir très fort, d'expériences douloureuses de rejet et d'humiliations physiques et verbales dans l'école précédente... qui rejaillit dans un discours qui confond présent et passé pour Tom ; avec des mots fortement connotés (« *Dans mon ancienne école on était castré* »), et le tutoiement du chercheur pris à témoin pour Boris.

Ce qui va différencier Nas et Tom, d'une part, Raïssa et Boris d'autre part, relève d'abord de la place que tiennent les événements. Dans un premier cas, la scène est tellement occupée par les problèmes familiaux et personnels, qu'il n'y a pas de place pour parler d'autre chose. Tout ce qui se passe dans l'école « làbas » est associé à la séparation, tout ce qui est lié à « l'école ici » est source de bonheur. Parler de l'école revient pour Nas à répéter ses regrets d'être partie, d'avoir quitté « son » école. Elle semble ne pas vouloir répondre aux questions. Pour Raïssa en revanche, l'événement douloureux, la mort de son père, les « méchancetés » des autres qui visent sa vie familiale, n'occupent cependant pas tout le discours sur sa vie à l'école. Il reste un espace où s'entremêlent activités de classe et relations aux autres. Elle insiste sur les règles qui lui permettent d'être autonome, le choix possible d'activités à réaliser avec les autres, la liberté que donne le plan de travail, les thèmes de conférences qu'elle a choisis et a aimé faire. Quand le « pourquoi » trouve une réponse, il n'occupe plus toute la place.

Du côté de Tom, on remarque que l'évocation de difficultés et d'une demande d'aide suscite une réponse directe : la maîtresse seule va l'aider et pas les copains. L'aide ne peut être qu'individuelle, entre la personne qui la donne et la personne qui la reçoit, ce qui n'est pas le cas pour Boris. D'ailleurs il peut trouver aussi des moyens de « s'aider lui-même » à travers le rapport aux autres. Ainsi il explique que la lecture aux petits lui apporte la satisfaction d'être écouté, ce qui n'est pas toujours le cas avec « les grandes personnes ». La discussion collective via les conseils ou le quoi-de-neuf pour régler ensemble les problèmes de chacun, est également pour lui un grand motif de satisfaction.

Tom reste victime, au point qu'ayant changé d'école, il parle toujours de l'ancienne école au présent, et même n'entend les questions posées sur l'école que dans le contexte précédent. Ce passé aussi douloureux pour Boris, n'est plus envahissant à la manière du refoulé. Il peut en parler, c'est à dire le transformer en souvenir. Il le fait à travers un discours de comparaison : « *Tandis qu'à mon ancienne école* ». L'habitude de discussion entre élèves à propos des objets scolaires (recherches mathématiques, production de textes) et des règles instaurant des instances de recul par rapport à son propre travail et à celui des autres, semble avoir des effets sur cette façon de parler avec recul qui transforme ce refoulé en souvenir... dont on peut parler sans qu'il soit dangereux pour l'intégrité du sujet. Pour Tom à l'inverse, ce passé est impossible à évoquer. Le « pourquoi » qui n'a pas eu droit de cité paralyse tout le sujet.

Ainsi peut-on avancer l'idée que la liberté de penser ses apprentissages et de trouver ses propres réponses, enseigne au sujet à construire des souvenirs qui vont progressivement transformer le refoulé. Nous reviendrons plus en détails sur cette « reconstruction » du soi personnel pour Boris et pour Raïssa.

3. LA PRISE EN CHARGE DES ENFANTS EN SOUFFRANCE : ÉLARGISSEMENT DES PERSPECTIVES

Chacune des sources de données a permis une analyse qui fait ressortir des dichotomies fortes reposant sur l'effet de la pédagogie Freinet dans cette école. C'est ce qu'il nous faut tenter d'analyser en profondeur à présent. Pour en comprendre toute la portée en ce qui concerne les élèves en souffrance, il est nécessaire de faire un détour par ce qu'on présente habituellement comme prise en charge nécessaire à ces enfants. Trois manières d'interroger cet habituel seront résumées ici.

Une abondante littérature pédagogique et scientifique est centrée dans ses objectifs et ses dénominations sur une population reconnue d'emblée en marge de l'école. Sa prise en compte remonte à la création de l'école obligatoire, aux classes de perfectionnement et aux premiers tests mis en place par Binet et Simon à la demande du ministère de l'Instruction Publique. Toutefois, si au long du siècle, l'organisation semblait reposer sur un « mettre à part un temps t pour pouvoir réintégrer par la suite dans le cursus normal », il semble que plus récemment l'idéal se tourne vers un autre objectif : « reconnaître la différence pour favoriser une discrimination positive ». Les deux semblent en complète opposition : les notions de vision quantitative, de norme, de retard, ou d'incapacité, s'opposeraient aux notions d'approche qualitative, de compétence spécifique, de potentialité à développer. L'observation de cette école en pédagogie Freinet en démontre pourtant la ressemblance : dans les deux cas l'accent est porté sur l'élève à part, l'élève qui ne relève pas de la norme, par sa réussite, son appartenance socio-culturelle, sa culture scolaire.

La démarche qui paraît requise est de considérer que cet enfant doit être regardé comme particulier, pour pouvoir entrer ensuite dans le système d'enseignement-apprentissage. Tout se passe comme si l'individu et le collectif ne pouvaient qu'être en opposition.

Dans un deuxième temps, si nous regardons de près, au moyen d'entretiens menés auprès d'enseignants inscrits dans l'une ou l'autre de ces démarches, centrées sur la mise à part, nous retrouvons les mêmes ressemblances (Jovenet, 2005). Deux sources de données sont ici rapprochées : des entretiens conduits avec des professionnels intervenant ponctuellement dans l'école en pédagogie Freinet, ce qui les incite à des comparaisons avec leur mode de travail habituel, et des entretiens menés avec des enseignants qui exercent en dehors cette école, mais se référant au mode habituel de prise en charge spécialisée. Les propos recueillis auprès de l'infirmière scolaire, une première fois lors de la mise en place de la nouvelle équipe pédagogique, et une deuxième fois au bout de deux années de fonctionnement sont révélateurs : il s'y retrouve le même sentiment de déstabilisation des pratiques habituelles. L'école ne favoriserait ni les procédés de dépistage des cas difficiles (entretiens individuels, actions ponctuelles d'éducation à la santé, informations auprès des parents et des professionnels de l'école), ni le suivi individualisé de ces élèves repérés en danger ou en difficulté, ni la relation individuelle enfant/adulte. L'identité professionnelle est mise à mal. Il en est de même pour la psychologue du RASED. Dans ces deux discours, on peut voir pointer l'interrogation quant au fait de passer à côté de cas difficiles ou d'une orientation jugée bénéfique et parfois urgente. Le professionnel habitué à souligner les bénéfices d'une prise en charge individuelle, et la nécessité qu'elle soit la plus précoce possible, voit s'opposer à lui une démarche collective qui s'installe dans la durée, attendant, si l'on peut dire, que le système fasse son effet. Sa fonction, ses habitudes, sa responsabilité sont comme discréditées à ses yeux et aux yeux de tous.

La dernière manière d'interroger les prises en charge habituelles des enfants en difficulté ou en souffrance est de s'intéresser aux justifications que peuvent donner de leur action, des professionnels engagés dans des prises en charge spécialisées. À travers plusieurs entretiens un élément apparaît fortement : la rivalité entre l'individuel et le collectif. Il est en effet essentiellement question de rassurer l'élève en difficulté en l'extrayant du grand groupe, pour le prendre à part dans un « petit groupe », ou un « groupe de niveau ». Il est dit de l'élève que là, il peut manifester ses compétences, ce que malheureusement il ne sera plus en mesure de faire lorsqu'il retournera dans le grand groupe. Il n'est pas question de stigmatisation puisque l'élève peut ne pas être « du même niveau » selon qu'il fait des mathématiques ou du français. Il peut même manifester qu'il a bien compris la démarche en demandant à retourner pour un temps ou pour un type d'apprentissage dans un groupe « plus faible ». La préoccupation de l'enseignant est de s'adapter à lui, de respecter son rythme, de lui éviter d'être mis en difficulté devant les plus forts, et donc de dissiper ses peurs ainsi que les manifestations de ses peurs en termes d'inhibition ou agressivité. Le choix du maître peut passer par un surplus de travail, de préparation et d'accompagnement en classe, ou d'adaptation particulière du matériel de lecture ou d'écriture aux intérêts des enfants. Ce choix est fait volontiers ; il s'inscrit dans une volonté d'adaptation, de prise en compte de l'élève, en même temps qu'il repose – et le discours en témoigne fréquemment – sur un désir d'« aider mieux », d'« éviter à », de « ne pas reproduire » une expérience personnelle.... C'est là que la clinique en se croisant à l'analyse didactique permet de percevoir ce qui se joue pour l'individu-enseignant en question, qui le rapproche de façon inconsciente, même quand il croit en être conscient... d'un autre individu, élève et enfant vivant en lui (Cordié, 1998). Que disent les maîtres de cette école Freinet, quand on leur demande ouvertement de parler d'enfant en difficulté ou en souffrance ? Un aspect saute aux yeux : tous les « ingrédients » habituellement cités pour parler de ces populations sont présents. Il est question de l'environnement familial, de résultats scolaires, qui sont susceptibles d'être comparés avec un ensemble plus vaste de moyennes de classe, de circonscription ou nationale, de qualités générales face à l'apprentissage ou de difficultés scolaires spécifiques à un type d'apprentissage, d'interventions spécialisées dont a bénéficié ou bénéficie actuellement l'élève, de comportements et de besoins ou d'expressions relationnelles particulières. Et pourtant on peut qualifier ces positions d'« exceptionnelles ».

La différence porte sur ce qui manque dans le discours. Il y manque le sentiment de culpabilité de l'enseignant qui se traduit par l'angoisse de devoir toujours faire plus ou mieux, par l'agressivité envers le système, par la projection de la faute sur d'autres, l'enfant en premier lieu, sa famille en particulier, la zone ou le milieu social par extension. Ne rien manifester de cet ordre relève bien d'une position que l'on peut dire extraordinaire ou contre-nature. Ce mode pédagogique n'engage pas dans la remédiation de la cause de la souffrance de l'enfant : elle existe, c'est un fait. L'enseignant montre comment l'élève qui cherche des relations particulières, qui a « besoin d'être valorisé » rencontre la possibilité de présenter ses recherches, de prendre la parole quand il le souhaite, de réagir aux travaux des autres. Ce sont les outils qui répondent à sa demande, pas le maître. Le maître ne s'intercale pas entre lui et le monde scolaire. C'est le travail qui s'interpose entre lui et le maître. Et de ce travail l'élève est l'acteur principal, dans la liberté. On pourrait conclure en ajoutant qu'il y a des manières de se sentir proche de l'autre… qui cachent une manière de le faire proche de soi… autrement dit, il y a des formes de projection de ses propres désirs qui ne sont que le déguisement du refoulé à l'œuvre en soi.

Cette « innovation » peut se résumer en quelques propositions :
– l'élève en difficulté n'est pas au centre d'un dispositif orienté vers lui ;
– l'élève existe en tant que sujet reconnu et respecté, pouvant développer ses compétences propres, il est libre de présenter des choses de sa vie personnelle, comme il est libre de choisir le support de sa recherche mathématique ou de l'écriture de son texte ;
– l'enseignant n'ayant pas le monopole des relations qui se jouent à l'intérieur de la classe, et' visant à développer l'autonomie chez ses élèves, a à sa disposition une palette possible de modes relationnels aux élèves.

Quelques modes d'organisation de cette liberté qui rend l'élève acteur, peuvent être décrits. En premier lieu les dispositifs ou les outils apparaissent centraux. Le texte libre, le plan de travail, le choix du thème pour les conférences, la mise en œuvre des mathématiques à partir des recherches personnelles, la créativité, la liberté de parler de soi ou de son environnement proche au quoi-de-neuf, sont les éléments qui organisent la liberté de l'élève au quotidien. Ces moyens d'expression de soi dans le travail s'accompagnent d'une liberté dans les rapports aux autres. Ainsi peut-on dire que l'élève est libre de parler ou de ne pas parler, ou de parler grâce à un objet intermédiaire, lors de ce temps scolaire qui s'appelle « quoi-de-neuf » ou entretien. Il n'y est ni contraint ni sollicité de manière culpabilisante. Par ailleurs il dispose d'un moment pour exposer les problèmes qu'il souhaite, ou les désirs qu'il éprouve comme changer de place (même si cela se produit plusieurs fois dans l'année) ou pouvoir modifier certaines règles. Le refus de la compétition est aussi un atout de liberté. Dans la compétition, la liberté est soumise au rapport à l'autre, au fait de se mesurer à lui. Le refus de la compétition est le refus du rythme à suivre, ou du leitmotiv de la comparaison : « qui a eu bon ? Qui a eu faux ? ». Enfin le refus de la domination des adultes sur les enfants entraîne la suppression du climat de peur, et notamment de la peur de l'humiliation publique. Or on voit dans les entretiens avec les élèves combien les pressions de cet ordre sont fortes et tenaces.

On pourra remarquer que ces affirmations rejoignent les principes énoncés par Freinet lui-même. Mais l'étude menée ici permet de montrer comment ils s'actualisent dans une école de banlieue populaire au début du vingt et unième siècle. La relation à l'enfant, individuelle, personnelle, duelle – ayant pour objectif de le décharger de ses soucis, pour le faire entrer progressivement dans le contexte d'apprentissage, et dans la relation aux pairs – c'est-à-dire de faire de lui un élève, n'existe pas. On pourrait dire qu'il n'y a pas, *d'abord* l'enfant, *puis* l'élève. La relation pédagogique est celle du maître et de l'élève, ou elle n'est pas.

4. LE TRAITEMENT DE LA SOUFFRANCE À TRAVERS LA PÉDAGOGIE FREINET

Les résultats présentés et la mise en parallèle du système Freinet avec d'autres systèmes de prise en charge de l'enfant en souffrance nous invitent à une certaine audace interprétative en référence aux textes psychanalytiques.

En croisant les concepts de pulsion de savoir de Freud (1910) et d'image inconsciente de Dolto (1984), nous pouvons affirmer sans hésitation que la construction du psychisme, qui se fait en relation à l'autre, apparaît comme pilier de construction de connaissance et d'échange. Or, nous envisageons ici qu'un mouvement en sens inverse puisse se déployer : la classe en pédagogie Freinet en poussant l'enfant à construire ses connaissances dans l'échange lui permettrait de se reconstruire lui-même. De la pulsion d'investigation (re)naîtrait la pulsion de savoir. Du plaisir naîtraient le désir et même la stabilité. Autrement dit, de l'élève, renaîtrait l'enfant, le mécanisme favorable à ce mouvement étant cette liberté d'être soi-même que nous venons d'évoquer.

Pour étayer cette thèse forte – montrer comment la pédagogie Freinet telle qu'elle est pratiquée dans cette école peut agir sur l'élève en souffrance et l'aider à se reconstruire lui-même – nous tenterons de dérouler le fil d'un mouvement dynamique en quatre paliers, chacun d'eux étant illustré de quelques exemples précis. Nous convoquerons pour cela ce que les élèves ont dit au cours de l'entretien de recherche, de ce qu'ils vivent dans cette école et de ce qu'ils ont vécu ailleurs, mais aussi ce qui se passe pour eux pendant le temps de cet entretien, soit qu'il s'agisse de découverte d'eux-mêmes, de peur de se révéler, ou encore de la trahison de cet inconscient qu'ils espéraient de manière plus ou moins volontaire, protéger. Nous pourrons aussi y ajouter quelques remarques issues d'observation de séquences de classe faites dans cette école et dans d'autres écoles (Bridoux, 2005 ; El Boujdaini, 2006).

4.1. La pédagogie Freinet face aux motifs de souffrance de l'élève

Nous pouvons tout d'abord affirmer qu'à l'école Freinet certains motifs de souffrance n'existent pas. Cela revient à énumérer un certain nombre d'aspects qui peuvent sembler anodins mais ne le sont certainement pas au quotidien. Beaucoup d'enfants se plaignent du bruit existant dans leur école. Contrairement à ce qu'on pourrait penser, les enfants n'aiment pas le bruit. Or dans les premiers entretiens menés par un membre de l'équipe de recherche, au moment du changement d'équipe pédagogique une donnée revenait fréquemment : le calme qui règne dans cette école, au point que l'infirmière en était surprise et se sentait comme étrangère à ce climat. C'est bien ce qui se donne à voir dans la classe. Tous les élèves qui haussent le ton, se voient attribuer la qualité de gêneur et doivent en subir les conséquences pour un certain temps. Le calme est rendu aux autres. Mais là encore, ce qui semble inhabituel, c'est que les élèves acceptent cette règle sans protester.

L'espace, lui aussi, a une grande importance dans la vie des élèves. Il n'est pas rare qu'un élève parle plus longuement de la cour de récréation – la récréation, dans leur vocabulaire – que des salles de classe. Les espaces verts sont appréciés. Selon les élèves, à l'école Freinet, l'espace est ouvert. Cela signifie que l'on peut voir au loin... même pendant la classe, contrairement aux écoles où il est question de rideaux tirés ou de volets à fermer. L'espace a aussi un autre rapport à la vie de l'élève. Il s'agit des possibilités de se déplacer. L'élève n'est pas figé à sa place au moment où il travaille. Là encore les comparaisons abondent, d'un côté ne pas bouger, de l'autre la possibilité de se déplacer si on est autonome, et être autonome ressort comme une qualité importante à posséder. Elle s'oppose de fait au grand nombre de réprimandes, dans les autres écoles au sujet de cette discipline à imposer au corps.

De la même façon le temps n'est pas figé. Être obligé d'attendre les autres n'existe pas grâce au plan de travail. Une élève racontait ainsi les mauvais souvenirs de ses premiers pas de « bonne élève exclue » ailleurs.

On pourrait dire que ces fragilités normales de l'enfant à propos d'éléments physiques importants et du respect de ses rythmes propres sont prises en compte. On peut aller plus loin en ajoutant que certaines manières répétées d'interdire ou d'imposer des comportements contraignants, qu'il s'agisse des interdictions de bouger sur sa chaise, de se déplacer dans la classe ou dans l'école, de suivre le rythme de tous, peuvent provoquer chez les enfants des manifestations sous forme de symptômes, qu'on qualifiera fréquemment d'instabilité, marquant alors ses conséquences néfastes sur l'apprentissage.

Le corps peut aussi être directement pris pour cible, dans les relations scolaires. Il peut être bousculé, frappé, tapé, ou traversé de manifestations corporelles d'angoisse, comme la sensation d'étouffer. Certes, dans toutes les écoles, les maîtres interviennent face à ces comportements de violence, d'agression envers les autres, mais on peut noter ici une différence due au fait que les élèves établissent les règles et examinent eux-mêmes ce qui se passe à la lumière de ces règles. Ils sont ainsi dépositaires de quelque chose dont ils vont bénéficier. Un tel système va bien évidemment à l'encontre des humiliations publiques, qu'elles soient verbales ou physiques, qu'elles soient le fait d'un élève, d'un groupe d'élèves ou mêmes d'adultes.

Quant aux souffrances que les élèves portent avec eux, nous pouvons souligner plusieurs aspects. Dans un premier temps, on peut penser qu'elles sont compensées par des moments de plaisir et d'épanouissement, qui ne sont pas liés aux seuls bons résultats scolaires. C'est bien le cas de Raïssa quand elle raconte en détail le plaisir de préparer sa conférence. On peut aussi ajouter que les motifs de souffrance qui peuvent être connus de tous, ne sont pas aggravés, ne sont pas stigmatisés, diraient certains. C'est un aspect sur lequel nous reviendrons plus tard. Ce que nous voulons souligner est en rapport avec l'idée que si le maître s'empare de la souffrance pour tenter de sa place à lui de la réduire... il en fait aux yeux de l'enfant un objet qui doit disparaître... un objet encombrant, visible de tous, qui le met à part, le différencie des autres. C'est de ce point de vue que sa souffrance augmente. N'en étant plus maître non plus, selon cette démarche de prise en charge extérieure, il en devient encore plus victime. À l'école Freinet ces souffrances personnelles ne sont pas rendues publiques par un tiers. On pourrait dire, selon une formule qui n'est pas une tautologie ici, que l'enfant reste propriétaire de ce qui lui appartient. Il peut en parler, quand il veut, comme il veut, il peut s'opposer à ce que cela soit rendu public. Ce premier « palier » montre ainsi comment la pédagogie de cette école peut fonctionner de manière « à prévenir » nombre de motifs de souffrance à l'école ou à « enrayer l'expansion » de toute souffrance existante.

4.2. Modes de fonctionnement du travail scolaire

Décrivons à présent ce mode de fonctionnement du travail scolaire en classe, autour de quelques traits qui nous semblent très importants. Le premier a déjà été évoqué : il s'agit de la liberté et de l'autonomie.

Il est frappant de voir combien de fois dans d'autres contextes pédagogiques revient le mot « pouvoir », qu'il s'agisse du pouvoir qu'a l'enseignant sur l'élève, ou du pouvoir d'un collectif désignant un groupe d'élèves (les grands par rapports aux petits, les élèves qui font le chahut vis-à-vis des élèves qui voudraient travailler...), le tout se résumant au fond à savoir qui aura le pouvoir sur l'autre. Autour du mot pouvoir, on peut ainsi regrouper un certain nombre d'attitudes : soumission, déception, frustration, crainte du collectif, rivalité... À l'école Freinet, il ne s'agit pas de mettre en place de bonnes relations entre le maître et les élèves ou entre les élèves et leurs pairs, en espérant et souhaitant qu'elles permettent à l'élève d'entrer dans le travail. C'est le mode de travail lui-même qui instaure de telles relations.

Le deuxième mot fédérateur du fonctionnement du travail en classe semble bien être le respect de l'élève. Il ne subit pas d'humiliation publique à cause de ses erreurs, de ses difficultés ou de ses échecs, c'est à dire de ce « mal » entraînant pour lui de montrer ou démontrer publiquement qu'il ne sait pas, d'être regardé de force, d'être comparé à d'autres, d'être menacé ou effectivement de perdre des minutes de récréation, d'être accusé de retarder le groupe... Peut-être peut-on revisiter Winnicott (1971) et comprendre pourquoi il y a intérêt pour un élève déjà humilié par des motifs de souffrance familiale, d'être bon élève...

L'élève respecté peut exister pour lui-même. Il est aussi celui-ci qui est concerné par ce qui est décidé. La concertation de la classe pour l'établissement des règles, leur suivi et leur réajustement est valable pour chacun. Il a une place dans le groupe où il vit, une place, à côté, avec, comme, son voisin. Chaque élève est ainsi à sa place. Il n'y a pas de place de leader. Cet aspect alimente un grand nombre de comparaisons spontanées que font les enfants en entretien.

Dans le même sens, on peut ajouter la règle du partage des responsabilités. Même s'il est courant d'entendre des rêves de cet ordre, la réalité ici est étonnante, parce qu'elle permet à tous les élèves, bons ou mauvais, de partager ces responsabilités, alors qu'ailleurs c'est plus fréquemment l'apanage de celui qui a « une tête d'avance » et pourra aider le voisin plus faible. Il faut immédiatement ajouter qu'il s'agit habituellement d'une responsabilité en rapport avec l'efficacité scolaire en matière de résultats ou de comportement, c'est à dire d'une sorte de délégation du rôle du maître à certains élèves choisis en fonction de leurs qualités. Ici les responsabilités sont très diversifiées : il s'agit aussi bien du matériel, du sablier garant du temps, ou de la distribution de la parole... même au maître.

Ne pas être sous le pouvoir de l'autre, c'est à dire dépendant mais avoir sa place, être reconnu et respecté dans le travail de classe qui représente le quotidien de la vie de l'enfant, partager avec d'autres semblables ayant les mêmes droits et les mêmes devoirs, l'organisation de ce quotidien, voilà un nouveau pilier de construction d'un sujet désirant.

4.3. Le traitement des « pourquoi » au sein de la classe

Comment un travail de reconstruction de l'enfant souffrant peut-il s'installer au sein de la classe ? C'est un point qui peut poser question, ou même faire débat... L'école a-t-elle ce rôle là ? Pour répondre il faut se rappeler ces trois degrés de souffrance chez l'enfant : être devant un « pourquoi », ne pas obtenir de réponses, obtenir des réponses qui s'imposent comme des contraintes. Nous avançons l'idée que l'école Freinet permet une position tout autre, celle où l'élève a les moyens de savoir.

Il nous semble en effet pouvoir décrire la pratique Freinet de cette école selon deux grandes lignes. Si l'élève, dans sa vie personnelle se trouve devant un (ou des) « pourquoi », ce n'est pas le cas dans sa vie à l'école. En ce qui concerne le travail scolaire comme en ce qui concerne son comportement, il peut savoir ce qui est apprécié, ce qui ne l'est pas et dans quelle direction il peut aller. À chaque mise en place de la règle que l'on peut résumer par ces deux mots : « Questions ? Remarques ? », fusent des propos assez étonnants de la part des élèves entre eux : *« Tu aurais pu mettre... »*, *« Il faudrait que tu expliques, ils ne savent pas... »*, remarques qui ne déclenchent ni tollé de protestations, ni justifications, ni repli. L'élève reprend sa place et un autre lui succède sans aucune appréhension. Ici l'élève apprend des pairs pourquoi il vaut mieux dire les choses de cette manière ou pourquoi son procédé est trop long... il pratique lui-même la même démarche envers ses camarades.

Le temps est un élément important de l'école Freinet. Le temps a déjà été évoqué dans son exigence de rythme : ne pas retarder les autres, mais ne pas aller trop vite non plus, ce qui laisserait supposer un travail bâclé. Le temps a aussi à voir avec le respect du sujet et avec la coopération. Ainsi on peut dire qu'aucune question n'est laissée sans réponse. Cela ne veut pas dire qu'elle reçoit une réponse immédiate, mais qu'elle aura sa place à un moment prévu pour cela. Celui qui avait levé la main et n'a pas obtenu satisfaction parce que le temps prévu pour l'activité est écoulé (X veille à son sablier et annonce : *« C'est terminé »*), pourra réitérer sa demande plus tard et cette fois pouvoir s'exprimer. Il n'est pas atteint dans son image « pourquoi X a-t-il eu la parole et pas moi ? ». Mais le temps est aussi bien autre chose. En psychanalyse le temps a à voir avec l'après-coup, c'est-à-dire avec ce temps nécessaire pour que les événements soient subjectivés, intériorisés (Cordié, 1998). Du point de vue de l'apprentissage, Blanchard-Laville (2001) montre que les deux temps ne se superposent pas, contrairement à ce qu'on pourrait rêver dans un projet d'enseignement. L'apprentissage de certaines notions – apparemment simples – comme additionner, soustraire ou diviser, peut se heurter au refoulé de la vie familiale, c'est-à-dire à la question : qui va être ajouté ou soustrait à la famille ? Il s'agit là d'un « pourquoi » tout autre... Les cas cliniques montrent comment de telles difficultés interfèrent dans le champ de l'apprentissage et beaucoup d'enseignants ont lu avec plaisir comment Boimare (1999) introduit la division à l'aide de Castor et Pollux... Ici le temps de l'apprentissage Freinet est une forme de réponse au « pourquoi », nous y reviendrons. Entreprendre une recherche mathématique, écouter celle de son voisin, ou encore partir du problème posé par X pour essayer de reproduire ce qu'il a fait, ou de le reproduire en modifiant un peu « sa machine », pour en déduire à coup sûr une règle qui fonctionnera à tous les coups, c'est partir de ce qui est utile pour chercher un raisonnement qui permette d'inclure tous les cas possibles, ou autrement dit examiner les « pourquoi » en vue d'une démarche qui conduise à résoudre chacun d'eux. Le « pourquoi » n'est pas banni, il est central. Et c'est ici que se joue le deuxième fil conducteur de ce traitement du « pourquoi » : il a la valeur fondamentale du tâtonnement expérimental.

La démarche pédagogique habituelle consiste à poser la règle à partir de quelques exemples prévus à cet effet et à appliquer le raisonnement appris, à des problèmes présentant à chaque fois une différence plus ou moins conséquente. Il faut savoir, c'est-à-dire ne plus être devant un « pourquoi », pour savoir-faire. À ce moment de l'exercice, l'élève pris dans un travail collectif, ou seul face à son cahier, est devant un comment : « comment appliquer la règle apprise par cœur ou énoncée dans le livre » qui peut se transformer en « comment faire comme Monsieur ou Madame a dit de faire ? ».

Ce qui est central dans la vie de l'enfant en souffrance, c'est bien ce « pourquoi... moi et pas les autres... ? », « pourquoi telle situation s'impose à moi ? », « pourquoi je ne parviens pas à la modifier... ? ». Quand l'école balaie ce pourquoi... en essayant de résoudre son problème par une prise en charge duelle, mais extérieure, ou balaie le « pourquoi » de tout d'apprentissage.... en magnifiant le savoir quand il est atteint, l'enfant pour ne pas se sentir anormal et rejeté, adhère à cette demande de savoir... il dissocie le « pourquoi » de sa vie personnelle et le « parce que » de la vie scolaire.

Dans ce mode pédagogique Freinet, l'élève n'obtient pas non plus de réponse en termes de contrainte. C'est sans doute dans ce domaine que les enseignants déploient le plus d'énergie. Une enseignante proche de la retraite insistait sur un aspect de la pédagogie Freinet : partir des apports des enfants. Là où certains peuvent y voir une manière d'adapter l'enseignement au monde socio-culturel de l'élève, ou de valoriser des enfants qui n'auraient pas confiance en eux ou simplement un mode pédagogique issu des méthodes actives, nous y voyons un tout autre intérêt. D'ailleurs l'exemple donné par cette enseignante est tout à fait probant pour notre propos. Quand l'élève dit : *« Ma petite sœur elle sait pas écrire ses nombres, elle fait toujours ses nombres à l'envers »*, l'enseignante répond : *« Tiens va donc montrer comment elle fait ta petite sœur »*. L'enseignante commente le fait que l'élève soit prise en compte. Nous insistons sur le fait que le « pourquoi » sous-jacent est pris en compte, c'est-à-dire le « pourquoi ma petite sœur n'y arrive pas ? Pourquoi dans ma famille... ». Ce « pourquoi » n'est pas rejeté dans le domaine du plus tard et ne donne pas lieu à un reproche... Il ne lui est pas répondu que « c'est comme ça », « qu'il faut faire comme ça » ou « qu'en faisant autrement elle n'y arrivera pas ». La question devient l'objet du travail de la classe.

4.4. Distance réflexive ou « rumination névrotique »

Le procédé pédagogique Freinet ne donne pas de réponse de contrainte mais favorise la distance réflexive. Deux éléments apparaissent ici très importants pour l'enfant en souffrance, tout en étant dans un rapport assez complexe.

L'enfant en souffrance se pose des « pourquoi », et à partir de là, il est un enfant qui réfléchit... sans cesse, sans arrêt. Il cherche à comprendre ce qui lui arrive, il examine la situation, la compare à celle de ceux qui l'entourent, il cherche comment faire pour en sortir, ou plus insidieusement il cherche ce qu'il a fait de mal pour qu'il en soit ainsi, même si bien évidemment cette pensée n'est pas consciente. Il cherche ce qu'il pourrait faire, lui, ce qui est en son pouvoir. Cela participe bien de ce que Freud (1910) décrit sous la contrainte névrotique. Ce travail de la pensée ne se voit pas... du moins l'objet de la pensée ne se voit pas... il est détourné. Certains diront seulement : « c'est un enfant très mûr pour son âge ! », réflexion que nous avons d'ailleurs entendue chez certains enseignants. Il réussit aussi probablement parce que cette

« compétence » est valorisée quel que soit le modèle scolaire. Elle s'oppose à l'apprentissage « de perroquet ».

Or la pédagogie Freinet donne droit de cité au « pourquoi » et favorise la distance réflexive : réfléchir est valorisé en classe. Mais si nous suivons le raisonnement psychanalytique, réfléchir peut amener l'enfant en souffrance à s'enfermer en quelque sorte en lui-même : soit à réitérer le raisonnement, soit à chercher à tout justifier, c'est-à-dire à être complètement enfermé dans ce faux-self protecteur… qui se confond avec le vrai self pour le sujet ou l'environnement. Ce renforcement réflexif névrotique est à l'œuvre dans ce que nous évoquions avec Winnicott (1971) sous le terme de dissociation, et peut conduire à toutes les issues : absorber « l'être » dans ce « faire intellectuel » brillant ou tout briser d'un coup. Comment fonctionne en réalité la distance réflexive dans la pédagogie Freinet ?

Un premier aspect semble très important. Elle n'est pas qu'au lieu de l'enfant. L'adulte aussi, est pris dans cette distance réflexive. Comme l'enseignant peut dire en classe : « *C'est exact, je me suis trompé* », il peut, tout en respectant la rigueur de l'horaire, se donner plus de temps pour effectuer une activité, en fonction de ce qu'ont fait les élèves ou dire pour son propre compte : « *Il faut que je vérifie* ». Il s'agit bien d'un groupe collectif qui prend en charge ce mode de travail. Pour l'élève en souffrance cette distance réflexive n'est plus du seul registre : chercher à améliorer pour satisfaire et être valorisé. C'est une manière d'être courante dans la pratique de classe.

Un autre aspect contribue également à élargir le champ. Il ne s'agit pas seulement de réfléchir sur les objets d'apprentissage, mais aussi sur d'autres objets qui font la vie scolaire des enfants : les relations aux autres dans l'école ou à l'extérieur de l'école, puisque l'école est aussi ouverte sur les correspondants, et sur ce qui se peut être appris au sein de l'école par l'intermédiaire des parents qui animent des ateliers le soir, ou sur ce que l'élève apporte de l'extérieur lors de l'entretien. La distance réflexive a donc plusieurs lieux pour s'exercer et ces lieux communiquent entre eux. Améliorer un texte servira à être mieux compris des correspondants. Ce qui a été fait en atelier, ou ce qu'un correspondant a écrit, peut entrer en rapport avec l'apprentissage et lire des textes personnels permet de mieux connaître les autres, et d'être mieux connu d'eux. Autrement dit la distance réflexive ne renferme pas le sujet sur soi-même. On peut encore ajouter que la pratique de cette distance réflexive, en visant l'amélioration de l'objet produit, aide l'élève en souffrance à lutter contre les fantasmes qui font de lui « un être non marqué par la loi » dans lesquels il pourrait se réfugier.

Ce sont, en fait, les comparaisons effectuées entre les entretiens qui vont permettre de spécifier l'impact de cette distance réflexive sur la vie de l'enfant. D'une part nous notons le nombre de comparaisons spontanées. Ces formes de recul incitent l'élève, sans qu'il s'en rende compte, à comparer. Dans les autres écoles, ce raisonnement est beaucoup moins fréquent. L'élève parle soit de l'école actuelle, soit de l'école passée. Ainsi pour les élèves les plus en souffrance, cette distance réflexive reconstruit une autre forme de pensée, qui se dégage de la rumination... centrée sur le sentiment de culpabilité et d'impuissance. L'élève peut intervenir : les choses ne sont plus immuables. Ce qui revit c'est une place d'acteur dans les événements extérieurs : l'élève peut redevenir attentif à ce qui se passe ailleurs et il peut redevenir attentif à ce qui se passe pour lui dans son passé...

Ainsi peut-on avancer la thèse que la pédagogie Freinet pratiquée dans cette école, œuvre pour la reconstruction de l'élève en souffrance. Quelques cas serviront à l'illustrer.

5. LA RECONSTRUCTION DU « SOI » PAR LUI-MÊME

5.1. Souffrance d'élève et dépendance vis-à-vis de l'adulte

Nous avons précédemment comparé Tom et Boris. Nous les rapprocherons ici d'un autre élève nommé Corentin. Le point essentiel qui les rassemble est constitué par les mauvais souvenirs de l'école qu'ils ont quittée. Chacun d'eux décrit à la fois le rejet dont il s'est senti victime, de la part des maîtres et des pairs. Humiliations physiques et verbales sont venues ponctuer le quotidien. Au moment où ils changent d'école, ils restent très fortement imprégnés par ce qu'ils ont vécu là-bas. Ce qui nous intéresse ici, concerne leur façon de présenter le résultat du changement d'école.

On se souvient que Tom voulait tenter d'oublier ce qu'il avait « *encore dans la tête* ». Quand on lui demande ce qu'il aimerait changer à l'école, il répond « *les maths* », mais on comprend très vite que c'est essentiellement la manière dont l'enseignant s'adresse à lui, lors des leçons de mathématiques, qu'il aimerait changer :... « *Il disait à toute la classe que j'avais fait que j'avais fait cette erreur là, j'arrivais plus à travailler, et, et il continuait, en fait il criait à toute la classe que euh... j'ai fait cette erreur là.* » Dans la nouvelle école au contraire tout va mieux. Il a trouvé quelqu'un pour l'aider : « *Madame* ». Les camarades aident-ils ? « *Des fois* » mais une seconde réponse identique à la première va apparaître bientôt. « *Et quand t'as un problème à l'école, t'en parles à quelqu'un ?* ». Après un oui de la tête, la question se fait plus précise « *(à qui ?) – à Madame – (à Madame aussi ?) oui* ». Face à ses difficultés ou à ses problèmes il a trouvé un adulte à qui parler. Le changement lui a apporté cette attention de la maîtresse : il a trouvé « *une maîtresse gentille* ».

Une autre dimension se fait jour par rapport aux erreurs Après avoir évoqué le fait que dans cette école on s'occupe des élèves qui ont des difficultés, Corentin se lève pendant l'entretien, va chercher une feuille de papier et va expliquer comment il fait une soustraction. Il réitère la démonstration plusieurs fois. Progressivement l'objet d'échange passe de la méthode de Corentin qui lui permet de savoir faire, aux conseils qu'il peut donner ou qu'il aime donner, et à sa relation aux autres, et là Corentin glisse... à ce qui est signe de mauvaises relations avec les autres et le fait souffrir : les autres ne l'écoutent pas. Dans cette nouvelle école, on voit bien ici une relation améliorée, une prise en compte de l'élève, on pourrait dire un travail collectif qui lui donnerait confiance en lui, sauf que l'élève, qui a repris goût au travail scolaire, se sent mis à l'écart du groupe. Le rôle du maître reste dominant, et l'élève cherche à se préserver à tout prix d'une mauvaise relation à l'adulte, et tente de se préserver dans sa relation aux pairs.

C'est sur cet aspect que se note la différence dans le changement vécu par Boris à l'école Freinet. Boris ne raconte à aucun moment une « bonne relation » avec le maître comme source de bonheur en soi. Ses propos positifs à propos du maître résident dans la liberté qui est accordé aux élèves de présenter oralement ou même de mettre dans le cahier ce qui est personnel : « *Si on n'a pas envie d'exp-, si il y a un texte qu'on aime bien mais qu'on veut pas exposer par ce que c'est trop personnel, on le montre pas aux enfants... il faut s'arranger avec le maître, quand même avec le maître* ». En revanche, tout ce qu'il énumère de positif à ses yeux dans cette école, relève à la fois de nouveaux « procédés » pour l'apprentissage et de la participation des élèves à la gestion de la classe, aux responsabilités collectives. Même s'il a connu dans son école précédente des situations humiliantes de la part d'adultes, obtenir et maintenir une bonne relation avec le maître n'est pas l'objectif de sa vie d'élève. Ce qui est devenu important pour lui a trait aux échanges avec les autres, à travers le travail scolaire. C'est sa position en tant qu'élève qui est modifiée, et c'est bien là que réside la différence.

En définitive, que la relation de l'élève au maître soit bonne ou mauvaise, il n'y a aucun changement de position : l'élève ne se construit pas comme sujet désirant, il reste dépendant de l'adulte. L'élève en souffrance cherchera d'autant plus à se préserver d'une mauvaise relation qui lui ferait revivre de mauvais souvenirs. Il est de ce fait plus attentif que d'autres à maintenir cette bonne relation, et d'autant moins porté à vivre par et pour lui-même. C'est pour cette raison que toute relation duelle à l'adulte, en renforçant ce mécanisme de répétition, continue à freiner sa propre construction de sujet désirant. À l'inverse, nous allons tenter de montrer comment cela peut se faire, en visitant les récits de l'après-coup recueillis dans les entretiens cliniques menés avec Raïssa et Boris

5.2. Le travail de l'après-coup dans la pédagogie Freinet

Au sens Freudien, ce travail de « l'après-coup » se fait à plusieurs niveaux. Les faits passés reprennent leur place en tant qu'élément du passé. Nommés comme tels, ils peuvent être évoqués à titre de souvenir. De cette manière il n'y a plus superposition entre symptôme présent et traumatisme. Le lien reconnu remplace la confusion. La compulsion de répétition, qui est de l'ordre de l'inconscient, recule. Il nous a semblé qu'au cours de l'entretien de recherche, ce travail de l'après-coup construit jour à jour à l'école Freinet, non seulement apparaissait à nos yeux mais était en passe d'être reconnu par les élèves eux-mêmes.

Comme pour Corentin, les éléments douloureux vécus par Boris ont trait à des situations d'humiliation publique. Mais on voit aussi apparaître dans l'entretien des lieux qui lui suggèrent des situations de peur, ou d'étrangeté : une école comme un château fort, la salle de sport « *où ça résonne* », mais aussi des situations d'échanges qui semblent réveiller certaines peurs. Il ne pourrait parler « *si la porte était grande ouverte* (il irait) *systématiquement la fermer* ». Ne pas aimer la salle de sport ne se résume pas à « ne pas aimer le sport », il le précise. Il pressent d'autres souvenirs, beaucoup plus lointains, liés à une autre salle du même genre... où le « soi personnel » et le « soi élève » sont mêlés. Et d'une traite il se met à raconter. L'insight de la découverte de soi, laisse entendre ce qu'il découvre de lui-même... À la différence de Tom qui ne pouvait se remémorer le passé, le travail de la classe permet à Boris de nommer ce passé, de retisser les fils. L'école en pédagogie Freinet en respectant ce qu'il n'a pas envie de dire ou de révéler, en l'écoutant, en le prenant en compte tel qu'il est, lui permet de nommer ce passé et de commencer à retisser les fils. Dans ce sens, le « soi élève » aide le « soi enfant » à se reconstruire.

Le cas de Raïssa part d'un événement très douloureux : la mort de son père, source de conséquences fortes, puisque plusieurs déménagements se succèdent, le dernier étant rapporté au désir du beau-père de se rapprocher de sa famille. Quelle pourra être sa place dans cette nouvelle famille ? Dans ces nouvelles écoles ? Un long temps d'entretien s'est passé sans qu'elle ait évoqué le travail de classe. Une question tente de la guider dans ce sens et c'est presque une autre Raïssa qui se révèle : celle qui a plaisir à préparer une conférence sur les dinosaures. Une autre Raïssa ? Pas tout à fait puisque tout naturellement elle peut dire alors : « *J'aime bien tout ce qui est nature et tout ça, j'aime bien parce que mon père il m'a beaucoup emmenée dans les forêts et les montagnes hein, et puis il m'a appris plein de choses mais j'ai pas retenu tout, mais j'aime bien donc c'est pour ça que je m'tiens très à cœur à la nature* ». Ce qui est frappant est qu'elle parle de son père non plus avec tristesse mais avec bonheur. D'ailleurs la question suivante : « *Et alors quand tu fais une conférence c'est devant toute la classe et qu'est-ce qui se passe ?* » aurait pu avoir différentes issues : la ramener sur son chagrin, provoquer la fermeture comme au début dans un mécanisme de protection « c'est pas grave ». Ce n'est pas le cas : elle rend compte « des temps » du travail et des échanges qui ont lieu entre les élèves : « *Ben d'abord on fait, petit à petit des paragraphes de parole, ensuite un dessin et puis après on présente et puis après on pose des questions et puis après on vote : bleu c'est bien, euh vert c'est très bien, bon bleu c'est moyen, c'est bien quand même, rouge il faut recommencer, elle est pas très bien, elle est pas bien* ».

Si nous regardons ces deux entretiens à la manière de Freud, nous pouvons dire : il (ou elle) révèle ce qu'il sait mais aussi ce qu'il ne sait pas encore, mais qu'il est en train de découvrir... Mais si notre regard se tourne vers ce qui se passe en classe, il semble encore une fois que la liberté qui s'exerce à travers les activités scolaires soit au centre de ce qui permet de se reconstruire. L'ensemble du dispositif a permis un processus de mise en mots de soi, une reconstruction de soi où le souvenir prend la place du refoulé. Superposition du travail de classe et du travail de soi dans le temps qui laisse songeur...

L'enfant en souffrance tel que nous l'avons présenté dès le début de ce chapitre, apparaît de fait comme un enfant partagé. La dépendance qu'il peut mettre en place, vis-à-vis d'un autre, généralement un adulte, est à la fois recherchée et rejetée. Il a été sous le pouvoir de quelqu'un, et veut s'affranchir de ce type de relation et pourtant il a besoin d'un autre qui le valorise pour exister. Tout cela entraîne pour lui un rapport conflictuel à celui qui veut l'aider. C'est bien ce que décrit la littérature psychanalytique à propos des enfants carencés.

Cet enfant alterne les positions. De dominé il devient dominant, de victime il devient provocateur et acteur de violence, comme si sa peur ne pouvait trouver un exutoire que dans la violence. Ces différentes positions se déclenchent en lui en fonction de ce qu'il ressent, de ce qui l'envahit à un moment précis : peur d'être évincé et donc abandonné, désir de faire payer... mais se déclenchent aussi sous la pression du fantasme de toute-puissance qui a pu lui permettre d'exister, de survivre. Fantasme utile peut-être... mais qui éloigne de la réalité.

En fait l'enfant en souffrance, dans la réalité, est fixé à un modèle de relation aux autres, qui est immuable parce que fortement intériorisé. Tout se passe comme s'il avait le sentiment que s'il s'écarte de ce modèle, il disparaît. Il en est ainsi de tous les enfants qui ont été soumis à des violences de la part de l'adulte... il ne peut pas trahir, la faute retomberait sur lui. Bien sûr de tels sentiments ne sont pas formulés consciemment mais leur impact n'en est pas moins ressenti fortement.

Comment la pédagogie Freinet peut-elle intervenir dans un tel schéma de relations ? Nous avions souligné le désengagement visible de certains maîtres Freinet. C'est le premier point qui répond à ce besoin forcené de relation de dépendance qui enferme l'enfant en souffrance : avoir besoin et détruire l'objet dont on a besoin. L'enseignant Freinet n'entre pas dans ce cercle. L'enfant est face à lui-même pour être son propre miroir. Le maître agit par l'intermédiaire de la pédagogie.

La pédagogie instaure une pluralité de modalités de relations. Nous l'avons souligné vivement en prenant l'exemple des recherches mathématiques, à la suite des travaux de Dominique Lahanier-Reuter (2005) : l'enfant est amené à changer de rôle. À propos des interventions personnelles en entretien ou des présentations de textes, il en est de même : tour à tour questionneur et questionné. Dans l'organisation de classe et d'école il est amené à changer de responsabilité et donc de rôle. Dans les préparations de travaux, il est appelé à changer de partenaires : il ne s'agit pas de groupes de niveaux fixes. Enfin le maître aussi change de rôle : il est tantôt l'égal des élèves dans les discussions ou les prises de parole, tantôt le gardien de la loi votée par tous, tantôt celui qui transmet le savoir, tantôt celui qui écoute ce qu'apporte l'élève. C'est ainsi que cette pédagogie lutte contre le fantasme, en faisant vivre une alternance de positions dans la réalité.

Dans ce monde où chacun peut changer de rôle selon les situations mais en référence à un ordre préétabli, l'enfant est amené à se désolidariser d'un seul type de relation à l'autre. Il fait l'expérience que ce changement peut être bon pour lui, et qu'il est capable de vivre un autre type de relation sans être absorbé par l'autre.

Quant au rapport conflictuel à qui veut l'aider, il disparaît aussi puisque l'élève peut recevoir de l'aide de différentes personnes : adultes ou enfants, et qu'il peut aussi être en position d'aider. Cet enfant également fort sensible aux injustices, n'est plus seulement spectateur : il peut œuvrer pour qu'elles disparaissent puisque lui aussi est concerné par le règlement des problèmes et des rivalités.

L'enseignant lui-même, totalement engagé dans le mode pédagogique met en place cette attitude de désengagement. Il le fait par l'intermédiaire d'un mode coopératif de relations et la constitution d'une équipe d'enseignants tournés vers le même objectif. C'est ce que nous avons tenté de conceptualiser à travers la notion de « collectif didactique » (Jovenet, 2006). La relation devient un élément dans le savoir partagé et reconfigure les places de chacun dans le groupe-classe.

RÉFÉRENCES BIBLIOGRAPHIQUES

BATTACHI M. W. (1993), « Une contribution à la psychologie des émotions : l'enfant humilié », *Enfance*, Tome 47, n° 1, 21-26

BLANCHARD-LAVILLE C. (2001), *Les enseignants entre plaisir et souffrance*, Paris, PUF.

BOIMARE S. (1999), *L'enfant et la peur d'apprendre*, Paris, Dunod.

BRIDOUX L. (2005), *La pédagogie Freinet : une autre manière de considérer l'élève ?*, Mémoire de Master 1, dir. JOVENET A.-M., Université Charles-de-Gaulle – Lille 3.

CORDIÉ A. (1998), *Malaise chez l'enseignant. L'éducation confrontée à la psychanalyse,* Paris, Seuil.

DOLTO F. (1984), *L'image inconsciente du corps*, Paris, Seuil.

FREUD S. (1910), *Un souvenir d'enfance chez Léonard de Vinci*, dans *Œuvres complètes*, tome X, Paris, PUF.

EL BOUJDAINI N. (2006), *L'implication inconsciente de l'enseignant face à des élèves en difficulté.* Mémoire de Master 1, dir. JOVENET A.-M., Université Charles-de-Gaulle – Lille 3.

JOVENET A.-M. (2005), « Enfants en souffrance à l'école : de la discrimination au traitement par la classe en pédagogie Freinet », dans REUTER Y. dir., *Démarches pédagogiques et lutte contre l'échec scolaire*, Rapport de recherche de l'ERTe 1021, 2002-2005, remis à la direction de la recherche du Ministère de l'Éducation Nationale, Université Charles-de-Gaulle – Lille 3, 112-142.

JOVENET A.-M. (2006), « Une "didactique appropriée aux difficultés des élèves" est-elle tributaire des modes d'appréhension de ces difficultés ? », *La nouvelle revue de l'adaptation et de la scolarisation, n° 33,* 147-158.

LAHANIER-REUTER D. (2005), « Enseignement et apprentissages mathématiques » dans REUTER Y. dir., *Démarches pédagogiques et lutte contre l'échec scolaire,* Rapport de recherche de l'ERTe 1021, 2002-2005, remis à la direction de la recherche du Ministère de l'Éducation Nationale, Université Charles-de-Gaulle – Lille 3, 312-364.

NASIO J.-D. (2000), *Comment écouter un enfant ?* dans Association Nationale des psychologues scolaires dir., *Différences... Indifférence,* Congrès national des psychologues scolaires, 281-295.

WINNICOTT D. W. (1971), *Jeu et réalité. L'espace potentiel,* Paris, Gallimard, tr. fr. 1975.

CHANGEMENT ET CONTINUITÉ : L'ENTRÉE EN SIXIÈME

Gérard BÉCOUSSE et Anne-Marie JOVENET

La question qui se pose d'emblée si l'on s'intéresse aux élèves qui sortent de l'école en pédagogie Freinet et entrent en sixième dans un collège où la pédagogie est dite « normale » est la question de leur intégration. Derrière cette vaste question que peuvent se poser les élèves eux-mêmes, leurs parents, les enseignants qui les quittent et ceux qui les accueillent, on voit se profiler un certain nombre de questions intermédiaires. Auront-ils des difficultés à sortir d'un milieu protecteur ? Sauront-ils s'adapter à de nouvelles méthodes d'enseignement ? Que feront-ils dans les évaluations alors qu'ils sont censés sortir d'un système « sans note » ? D'un autre point de vue, on peut aussi se demander s'ils auront plus de facilité à mettre en place un comportement autonome, requis au collège, c'est-à-dire si la liberté qu'ils auraient acquise facilitera leur réussite scolaire. La question de la liberté peut se poser également : s'ils ont eu coutume d'exercer une certaine liberté quant à l'organisation de leur travail, sont-ils pour autant prêts à affronter « le milieu social collège » où certains « grands » ou certains « leaders » peuvent régner en maîtres, surtout dans les collèges dits difficiles, et imposer leur loi par la force ? En définitive la question de fond n'est-elle pas de savoir si cette pédagogie Freinet qui a pu rendre des élèves, heureux pour un temps, ne comporte pas un risque pour leur avenir ?

Ainsi posée, la question de l'intégration de ces élèves va donc convoquer plusieurs domaines à explorer, au niveau de la recherche. Toute question d'intégration pose en premier lieu un ensemble de problèmes autour de la socialisation. Il s'agit bien pour l'élève de pénétrer dans un nouveau milieu institutionnel, « macro » au niveau de l'entrée dans le monde des grands, le monde de l'enseignement secondaire et de ceux qui y travaillent pour préparer l'élève à son avenir, « micro » au niveau des nouvelles organisations de la classe, du collège, et des relations qui s'y déploient entre élèves et adultes. Mais cette intégration-là a pour but l'acquisition de nouvelles connaissances et compétences qui seront validées par le premier diplôme officiel de l'élève, en fin de troisième. Ce qui est en question est donc bien en lien avec le rapport au savoir, un savoir dispensé selon les matières par un enseignant différent. Le rapport aux adultes est coloré par le rapport aux disciplines scolaires, dont certaines sont nouvelles pour l'élève sortant de CM2, et d'autres sont enseignées différemment. Le rapport à la distribution de l'horaire de la journée est marqué par ces différentes disciplines. Il en est de même des consignes de travail données par les enseignants, de même pour le travail à la maison, de même pour le carnet de liaison et de même surtout... pour les repères dans l'espace du collège. Ne plus se perdre dans le collège apparaît à certains, comme un premier pas de l'intégration ! Autre aspect : l'intégration au collège, si elle fait côtoyer aux « petits sixièmes », selon leur expression, les « grands de troisième », correspond toutefois au moment où les « anciens grands de CM2 » deviennent des grands à leurs propres yeux. De fait au-delà du « look » qu'ils peuvent arborer, leur visage change, leur corps change. Ils savent bien que quelque chose de nouveau pour eux se met en place aussi à ce niveau-là. Garçons et filles sont confrontés à eux-mêmes et à leur découverte de l'autre. C'est une dimension à prendre en compte pour l'intégration que ce rapport au corps, corps propre et corps de l'autre. Enfin qui dit intégration, dit capacité d'abandonner sans avoir peur de perdre ou même de disparaître, c'est-à-dire capacité de séparation. On sait combien les théories de l'attachement développées par Bowlby (1973) permettent de comprendre ces aspects. Si l'enfant pleure à l'entrée en maternelle, et si l'élève de sixième trouve l'infirmière scolaire « très gentille », ce n'est pas forcément parce qu'il a peur d'entrer dans ce nouveau monde, ce peut être parce qu'il a peur d'être oublié dans ce monde qu'il quitte, peur que sa place y soit prise, qu'il s'y passe quelque chose en son absence dont les conséquences seraient dramatiques pour lui ou ses proches... Approches très diverses de la même question qui vont s'appuyer sur des regards théoriques complémentaires. Concrètement dans ce chapitre, nous tenterons de montrer la complémentarité de ces différentes facettes.

Les deux premiers aspects, l'entrée dans un nouveau monde social et le rapport aux différentes disciplines, seront examinés à l'aide de plusieurs types de méthodologies mises en œuvre par Gérard Bécousse. Cela se fera au travers d'entretiens menés avec les élèves pendant l'année de leur entrée en sixième, portant sur leurs représentations des changements au niveau de la structure du collège et des activités scolaires, de leur réussite et de leur façon de vivre au collège. Les entretiens menés en 2004 donneront lieu à un résumé, sous forme de tableau, de la façon dont ils nomment leurs activités à l'école primaire et au collège, ainsi qu'à un relevé plus analytique de leurs propos. Ces entretiens seront complétés par des données quantifiées établissant une comparaison entre les résultats du bilan d'entrée, et les résultats aux deux premiers trimestres au collège, pour quinze élèves issus de l'école en pédagogie Freinet. Ces premiers résultats obtenus en 2004 seront confrontés aux données recueillies par entretiens, avec huit élèves en 2005 et quatorze élèves en 2006, dont huit sortaient de l'école Hélène Boucher et six d'une autre école primaire. Pour faciliter la lecture de ces données et leur comparaison, nous appellerons les premiers, élèves Freinet (F.) et les seconds, élèves non Freinet (non F.). Précisons encore que ce recueil a été effectué dans le collège qui accueille le plus d'élèves sortant de l'école Hélène Boucher et que, se situant en REP comme l'école primaire, il accueille d'une façon générale, des élèves en difficulté.

Dans un second temps une autre approche sera présentée. Anne-Marie Jovenet reprendra le même cadre d'entretien que celui qui est présenté dans le chapitre intitulé : « Pédagogie et prise en charge des enfants en souffrance », pour étudier cette fois, l'entrée au collège. L'objectif est de voir, d'un point de vue clinique en référence à la psychanalyse, comment ces élèves, entrant en sixième, font preuve d'une capacité de stabilité, de désir et de plaisir dans ce nouveau contexte, c'est-à-dire comment leur image inconsciente du corps a pu être « remodelée » par leur passage à l'école Freinet et leur donner plus ou moins de force pour affronter l'inconnu. Plus précisément il s'agit de se demander s'ils ont plus de difficultés ou de facilités que d'autres élèves entrant en sixième, compte-tenu de leur passage dans une école Freinet. Vingt entretiens ont été conduits en avril 2006, avec tous les élèves ayant quitté le CM2 de l'école Freinet à la fin de l'année scolaire précédente, quel que soit le collège qui les accueille. Dans cet ouvrage, l'intérêt sera porté à six élèves qui avaient rejoint l'école Freinet en cours de scolarité primaire et qui fréquentent en 2006, quatre collèges différents. Ce qui ressort de ces entretiens sera rapproché de ce que disent six élèves de sixième venant d'autres écoles, à travers des entretiens menés par des étudiants dans le cadre de leur travail universitaire, que l'on peut donc considérer comme un « échantillon pris au hasard ». L'accent sera porté sur la comparaison de l'entrée en sixième après une scolarité en pédagogie Freinet (F.) ou non (non F.).

1. LES REPRÉSENTATIONS DES ÉLÈVES « FREINET » PAR RAPPORT AUX DIFFÉRENCES ENTRE L'ÉCOLE ET LE COLLÈGE

Étudier ces représentations a ici comme objectif de voir comment ces élèves (F.) sont capables d'entrer dans les structures sociales d'un collège, c'est-à-dire s'ils ont de bons repères sur ce qui est attendu d'eux dans ce nouveau cadre. Ce qui sera relevé, s'appuiera donc sur leurs capacités à nommer les changements, les décrire, établir des comparaisons, voire même expliquer et même argumenter en faveur de ce qui leur plaît.

Pour étudier l'intégration des élèves au collège, en mai 2004, huit élèves ont été retenus correspondant à une répartition en fonction de leurs difficultés d'apprentissage (deux élèves entrés en SEGPA, quatre en position intermédiaire, et deux élèves ayant peu ou pas de difficultés.)

L'entretien repose sur une série de questions ouvertes, posées dans l'ordre suivant :
– Quels changements y a-t-il, pour toi, entre l'école et le collège ?
– Quelles activités faisais-tu à l'école et que tu ne fais plus au collège ? Quelles activités fais-tu au collège et que tu ne faisais pas à l'école ?
– Penses-tu réussir mieux au collège ou à l'école ? Pourquoi ?

– Comment te sens-tu au collège et comment te sens-tu par rapport à l'école ?

Les changements qu'ils relèvent concernent la structure du collège (nombre d'enseignants, emploi du temps, changements de salle, dimension du bâtiment et quantité de matériel à transporter) et la situation d'enseignement-apprentissage (mode de travail avec devoirs à la maison et devoirs surveillés, définition de l'autonomie, nature et lieu d'aide) parfois en fonction des disciplines. La plupart des éléments évoqués situent le passage de l'école au collège dans une problématique de rupture, mais celle-ci n'est pas « particulière » aux élèves de l'école Freinet. Les recherches menées sur ce sujet (Zazzo, 1982 ; INRP, 1987 ; Loisel, 2000) insistent sur tous les éléments structurels évoqués, ainsi que sur la spécificité de la mémorisation (l'importance des leçons) et de l'évaluation au collège par le moyen des devoirs.

La deuxième question posée aux élèves portait sur les activités. Tout en notant que la plupart des élèves entendent au premier abord le mot « activités » dans son sens « activités de loisir ou extrascolaires », on peut faire la constatation que les élèves détaillent beaucoup plus les activités « à l'école », que les activités « au collège », comme le montre le tableau suivant. Pour constituer ce tableau, deux rubriques générales ont été retenues, travail scolaire (incluant compétences, contenus, outils utilisés, évaluation et objets produits) et comportement/responsabilité, en classe et dans l'établissement.

		École	Collège
Travail scolaire	Compétences	Lire. Faire un résumé. Expliquer. Taper un texte. Chercher. Présenter. Faire des exposés. Copier/corriger/recopier. Faire des opérations, des problèmes. Inventer des problèmes ou des activités géométriques. Écrire une lettre et l'envoyer. Faire au propre. Décorer. Coller sur une feuille. S'organiser dans notre emploi du temps. Être autonome. Questions/réponses. Prendre des photos et faire des diaporamas.	Faire des recherches. Apprendre des leçons. Faire des devoirs. Apprendre par cœur. Disséquer (SVT). Travailler sur le journal.
	Contenus	Français. Mathématiques. Théâtre. Expression corporelle. Quoi de neuf. SVT. Arts plastiques. Sport. Histoire. Étude dirigée (faire les devoirs).	Français. Mathématiques. SVT. Histoire. Géographie. Musique. EPS (endurance, gym, lancer de poids, handball, badminton) Éducation civique. Technologie. Anglais. Étude dirigée (math). Arts plastiques (artistes).

	Outils/objets	BT. BTJ. Ordinateur. Recueil. Correspondance. Brouillon. Plan de travail. Fiches plastifiées. Album de vie. Lettre. Exposé.	Ordinateur de la salle informatique. Journal. Devoirs
	Évaluation	Couleurs (bleu, vert). Croix. Point rouge. Point vert. « *Ça c'est bien* » (maître). « *On dit si c'était bien ou pas bien* » (Classe qui vote). « *On arrivait pas par exemple à Hélène Boucher, on arrivait pas c'était pas forcément grave* ».	Notes. Moyennes. Avertissement. Encouragement. Félicitation. Bulletin. Conseil « *Mais, là* [au collège], *on arrive pas, on a un avertissement* ».
Comportement Responsabilité	Classe	Autonome : « *Avoir beaucoup de points à la fin du plan de travail sinon t'es pas autonome* ». « *Si on parlait on retirait des croix et on était plus autonome* ». Se déplacer quand on veut. Choisir son travail. Parler en chuchotant avec les voisins. Travailler mais c'est amusant Pas autonome : « *C'est le prof il nous donne notre travail* ». Responsable : tableau, fiches de français, poubelle, sablier (quoi de neuf), lumière, arts plastiques (amener les affaires et les laver)	Avertissement. Colle. Carnet de correspondance. Autonomie : « *Quand on lève le doigt c'est comme ça on peut* [se déplacer par exemple].
	Établissement	Responsable pour descendre les élèves, téléphone, salle de sport (amener les affaires et les laver). Récréation : amusement, activités (jeux), calme, pas de bagarres.	Récréation : amusement impossible, trop d'élèves. Bagarres. Élèves qui tapent.

Tableau 1. La dénomination des activités, à l'école et au collège, d'après les huit élèves interviewés en 2004 (extrait de G. Bécousse, 2005)

Toujours pour les élèves Freinet, on constate qu'en ce qui concerne les outils utilisés ou les objets produits, la liste est beaucoup plus diversifiée à l'école, en même temps qu'elle met en évidence les échanges entre élèves, alors qu'au collège, les aspects purement scolaires apparaissent centraux. Les élèves décrivent essentiellement le travail à l'école par une longue liste de compétences. En revanche l'activité au collège est identifiée immédiatement par la dénomination disciplinaire. Le champ de compétences est réduit. L'activité de l'élève semble focalisée sur le fait d'apprendre des leçons et de faire des devoirs.

Cette partition se confirme avec les élèves rencontrés en 2005 et 2006. Les élèves sortant de l'école Freinet vont évoquer et décrire à l'intention du chercheur les activités hors classe propres à l'école primaire (ateliers, théâtre, kermesse), les activités de type scolaire (sorties, conférences, quoi-de-neuf, présentations aux parents...) ou les activités qui auraient pu se poursuivre comme les lettres aux correspondants. En revanche ils énumèrent plus brièvement les matières nouvelles au collège comme Sciences de la vie et de la terre, ou technologie, en indiquant éventuellement les choix possibles, comme en langue. Ils citent aussi les organisations nouvelles liées à certaines matières (cross avec le collège, UNSS, chorale, atelier instrumental, cours de soutien). On pourrait dire qu'ils sont capables d'énumérer un grand nombre de choses passées ou présentes, mais il faut immédiatement remarquer que, dans le premier cas, ils étoffent cette liste en précisant les manières de travailler, les manières de faire certaines activités et plus généralement de ce qu'on pourrait appeler le système Freinet comprenant les couleurs, les « inscriptions volontaires », les rôles des élèves, alors que dans le deuxième cas, la description paraît plus sèche ! La question peut être posée de savoir s'il s'agit d'un accent porté sur les compétences qui disparaît, ou si c'est la notion de « résultats à atteindre » ou de « règlement à intégrer », qui ferait disparaître peut-être momentanément ces repères qu'ils avaient acquis. Un propos d'un élève illustrerait bien cette question. Dans la liste de ce qui est nouveau au collège, l'élève cite la poésie. Comme le chercheur s'étonne : « Vous ne faisiez pas de poème à l'école ? », l'élève répond qu'il s'agissait bien d'en faire, mais pas de les réciter ! Quand des questions de relance à propos du CDI sont posées aux élèves, on remarque qu'ils répondent davantage en termes de droit à y aller, ou pas, seul ou en groupe, alors qu'ils étoffent leurs présentations des activités en primaire en évoquant la fonction des documents qu'ils peuvent regarder... On peut alors se demander si ce n'est pas cette différence de système à intégrer (règlement, évaluation) qui prime pour un temps...

2. LA RÉUSSITE COMME RÉSULTAT DE L'ADAPTATION AU COLLÈGE

La question essentielle qui oriente le regard sur la réussite effective est directement liée à la préoccupation de savoir si la pédagogie Freinet avec son mode de travail particulier constitue une bonne préparation au collège. Les dénominations disciplinaires, les systèmes d'évaluation, les modes de travail coopératifs... vont-ils avoir un impact sur les résultats des élèves au collège ? Il ne faut cependant pas perdre de vue que toute comparaison de la réussite, des résultats ou des niveaux scolaires entre primaire et collège, pose le problème de la compatibilité des outils d'évaluation. Les évaluations effectuées par les enseignants en primaire et en sixième ne reposent pas sur les mêmes critères : listes de compétences d'un côté, résumées dans le bilan de fin de cycle des approfondissements, bulletins trimestriels de l'autre, reposant essentiellement sur une évaluation disciplinaire (moyennes et appréciations) sans différenciation des compétences. Le bilan de fin de primaire qui permet de prendre la décision d'orientation, en accord avec les parents, repose sur la prise en compte de dix-sept compétences (en langue, mathématiques, et « transversalité ») et se traduit sur une échelle de A+ à C- comprenant cinq catégories. Le second indicateur est constitué par le relevé des moyennes générales des élèves lors des deux premiers trimestres du collège. Ces moyennes sont mises en perspective avec la moyenne générale de chaque classe accueillant les élèves.

Ces deux ensembles d'indicateurs généraux sont réunis dans le tableau ci-dessous (tableau 2).

Élèves	Bilan entrée en 6e (niveau sur 17 compétences)					1er trimestre au collège		2nd trimestre au collège	
	A+	A	B	C	C-	Élève/20	Classe/20	Élève/20	Classe/20
A	12	5				13.7	11.7	14.7	10.8
B		15	2			12.7	10.8	9.9	9.9
C		13	4			15	10.8	14.3	9.9
D		8	9			11.6	12.4	9.9	11.1
E		8	8	1		15	11.8	14.1	10.8
F		2	12	3		10.9	11.7	9.7	10.8
G		4	10	3		13.6	11.8	12.5	10.8
H		2	9	6		7.8	10.8	8	9.9
I		1	8	6	2	9.4	10.8	7.6	9.9
J			8	9		10.8	10.8	8.6	9.9
K			5	12		9	10.8	7.9	9.9
L			5	9	3	10.7	10.8	8.5	9.9
M			6	7	6	9.5	12.4	8.5	11.1
N			2	7	8	13.4	12.7	15.3	14.1
O			2	6	9	15.9	12.7	16.1	14.1

Tableau 2. Résultats scolaires au bilan d'admission en 6e et aux deux premiers trimestres en sixième pour 15 élèves issus de l'école Freinet en 2003 (extrait de G. Bécousse, 2005)

Cet échantillon plus large, puisqu'il comprend les résultats des quinze élèves Freinet à leur entrée au collège (dont seulement huit ont été vus en entretien), classe les élèves dans l'ordre décroissant de leurs résultats au bilan d'entrée. Globalement, en tenant compte du fait que les moyennes trimestrielles des classes au collège diminuent de 0.9 à 1.3 point au second trimestre, onze élèves sur quinze maintiennent leur niveau de performance entre l'école et le collège (*A-C-E à H – K à O*). Parmi eux, trois élèves voient leurs performances augmenter par rapport à leur situation initiale (*G, N et O*). Dans les deux derniers cas, il s'agit d'élèves orientés en SEGPA et obtenant des résultats supérieurs à la moyenne de la classe. Pour les quatre élèves restants, les résultats fléchissent légèrement entre le premier et le second trimestre, mais restent relativement conformes à leur situation de départ pour deux d'entre eux (*I et J*, élèves moyens avec quelques difficultés), alors que deux autres (B et D) ont des résultats moins conformes à ce qui pouvait être attendu en fonction de leur situation initiale à l'école. À partir de ce recueil limité de données, on peut émettre l'hypothèse d'une continuité générale dans les résultats donnant lieu à quelques transformations restreintes à la hausse ou à la baisse. On peut en conclure que dans leur grand majorité, les élèves font preuve d'une bonne capacité à comparer les deux systèmes en terme de changements et d'activités comme nous l'avons vu et ne sont pas particulièrement perturbés à leur entrée dans un nouveau système d'évaluation. De ce point de vue, il peut être intéressant de comparer l'évaluation de la réussite faite par les élèves eux-mêmes et par l'institution. Ce sera le sens de la troisième question posée dans l'entretien (Penses-tu réussir mieux au collège ou à l'école ? Pourquoi ?).

3. LE SENTIMENT DE RÉUSSITE

En rappelant que les lettres désignant les élèves les classent en fonction de leurs résultats au bilan d'entrée en 6e, et qu'ils ont été choisis pour les entretiens en fonction d'une « fourchette » représentative des résultats (deux élèves ayant peu ou pas de difficultés, quatre en position intermédiaire, et deux élèves entrés en SEGPA), on peut remarquer que parmi les huit élèves :
– Deux déclarent qu'ils réussissaient mieux à l'école. Pour l'élève (B) les résultats sont de fait légèrement en baisse au collège, pour l'autre élève (L) les résultats se maintiennent.
– Trois déclarent réussir de manière équivalente. Il s'agit de l'élève (D) dont les résultats sont en légère baisse et qui reconnaît avoir des difficultés à mémoriser les leçons jugées trop longues et trop difficiles, et des élèves (E) et (G) dont les résultats sont en hausse. L'élève (G) tout en affirmant cette équivalence de résultat regrette le travail en binômes de l'école.
– Trois autres élèves, (C) dont les résultats se maintiennent, (N) et (O), tous deux en SEGPA, déclarent réussir mieux et réussissent mieux au collège dans ce contexte d'orientation.

La prise en compte du niveau de réussite des élèves n'a pu être faite les années suivantes. En revanche ce que les élèves vont dire de leur réussite, et à travers cela des facteurs qui conduisent à la réussite, semble très intéressant pour s'interroger sur ce qu'ils convoquent pour dire qu'ils réussissent mieux au collège, réussissaient mieux à l'école ou réussissent de façon équivalente. Ont-ils les moyens de juger de leur réussite ? Sur quoi se basent-ils ? Comment argumentent-ils éventuellement ? Ce qui est en jeu, a trait au problème de l'intégration dans un tissu social marqué par l'exigence de réussite et une certaine compétition entre les élèves, qui s'oppose à la coopération présente dans la pédagogie Freinet. Nous avons cette fois la possibilité de comparer les réponses des vingt-quatre élèves F. aux six réponses des élèves non F interviewés en 2006.

Les réponses peuvent être examinées selon plusieurs critères. En premier lieu on peut classer les réponses des élèves selon le lieu déclaré de meilleure réussite, ou selon le mode d'énonciation, soit de type déclaratif (« Ça commence à être plus difficile », « On apprend à », « On en faisait », « On doit »), soit de type subjectif (« J'aime bien », « Je m'en sors », « J'adore », « J'arrive à m'y faire »). Les réponses peuvent aussi donner lieu à des comparaisons selon les matières. Si on s'intéresse aux commentaires faits par les élèves à propos de leurs réussites, deux sous-catégories fort intéressantes seraient encore à constituer : le lien avec les activités en primaire (en indiquant si cette matière existait ou pas, beaucoup sous-entendent ou disent clairement que leur difficulté ou leur réussite dépend de ce facteur), le lien avec la manière de faire cette matière en primaire, soit en évoquant la dénomination (science/SVT), soit le contenu, soit la manière de travailler sur un même contenu. Nous tenterons de croiser ces différentes informations pour mettre en évidence quelques éléments, en ce qui concerne la différence entre élèves Freinet et élèves non Freinet.

3.1. Le sentiment de réussite en fonction du lieu scolaire (école ou collège)

Nous pouvons ici effectuer la comparaison entre les 24 élèves (F.) et les 6 élèves (non F.)[1] :
– Six élèves (F) et un élève (non F) déclarent qu'ils réussissaient mieux en primaire.
– Six élèves (F) déclarent leur réussite équivalente à l'école et au collège. On pourrait adjoindre à cette catégorie une élève (F.) qui évoque une difficulté grandissante au long de l'année, ce qui apparemment l'empêche de se prononcer franchement pour une meilleure réussite au collège.
– Neuf élèves (F.) déclarent mieux réussir au collège, auxquels on peut ajouter deux élèves qui, en commençant par dire « je ne sais pas » en viennent à dire que « c'est mieux au collège ». Deux élèves (non F.) déclarent réussir mieux au collège.
– Les trois autres élèves (non F.) ne donnent pas d'avis général, mais répondent, matière par matière, en exprimant un sentiment positif pour le collège de façon générale.

On peut noter que les six élèves ne sortant pas de l'école en pédagogie Freinet semblent assez unanimes dans leurs réponses. L'école primaire semble

---
1. Un certain nombre de données n'ont pu être recueillies, pour des raisons de santé, et notamment celles qui correspondaient à la réussite « réelle » des élèves. Il en est de même pour la constitution d'un échantillon plus important d'élèves non Freinet.

rappeler beaucoup de moments assez, voire très douloureux. Un seul élève analyse le passage en termes de facilité/difficulté, les cinq autres disent mieux réussir au collège en évoquant une meilleure prise en charge au collège : l'enseignant explique mieux, l'enseignement est plus intéressant. Une élève se dit « plus concentrée », « plus active ». Dans l'ensemble, ils donnent le sentiment d'être très dépendants de ce contexte d'apprentissage sans avoir la capacité d'en analyser plus en détail les raisons, comme le font les élèves Freinet.

3.2. Les raisons de la réussite, selon les élèves Freinet

Ces raisons méritent d'être regardées comme des réponses à la question plus générale : « Qu'est-ce qui influence la réussite ? », c'est-à-dire comme des types d'analyse du lien qui existe entre modes de travail, circonstances personnelles, exigence... et réussite. On peut alors les regrouper selon plusieurs critères comme :
– l'organisation : les élèves évoquent la quantité de matières, les horaires et la fatigue ;
– les exigences : la difficulté du travail, la rapidité avec laquelle il faut rendre le travail, (« rapidité » pouvant être opposée au « respect du rythme personnel ») ;
– la manière de travailler. On peut inclure ici outre la quantité et la durée du travail les possibilités d'aide offertes à l'élève, ou pas. Il peut s'agir de l'aide obtenue à la maison, mais aussi dans le cadre du travail coopératif de l'aide que peuvent s'apporter les élèves entre eux. Ceci amène une autre catégorie en rapport à la fois avec les exigences et les relations aux autres. D'un côté l'entraide est valorisée, de l'autre elle est interdite, comme relevant de la « tricherie » ;
– le contenu sur lequel porte le travail ;
– la facilité/difficulté pour parvenir à la réussite peut aussi être rattachée à la continuité entre le primaire et le collège : soit il s'agit des « mêmes matières », soit des mêmes « modes de travail de ces matières » ;
– l'implication personnelle : il s'agit d'« être motivé », de « travailler », d'« apprendre ce qu'on ne sait pas ».

Il est intéressant de remarquer que, loin d'être focalisés sur les types d'évaluation différents (couleurs/notes), qui assimilerait réussite et résultat, ces élèves sont capables de s'interroger sur ce qui conduit à la réussite et donc d'en avoir une définition en termes de processus.

3.3. Recul réflexif *vs* insertion dans le moment présent

Croiser ces deux types de données : les « lieux de réussite » et les « raisons de la réussite » indiqués par les élèves semble accentuer la différence entre les élèves Freinet et non Freinet, en montrant les capacités des premiers à prendre du recul. Outre leur appréciation sur « la manière de travailler », et la « manière d'évaluer », qui fait preuve de leur part d'une certaine conscience des attentes, on peut encore remarquer la façon dont ils établissent des liens entre vie familiale et vie scolaire, ou vie extra-scolaire et apprentissage. Dans ce sens on peut les voir argumenter sur « les choses apprises » à travers les lettres aux correspondants, mais aussi le partage des compétences des parents dans les ateliers du soir, ou encore les voyages faits avec l'école.

Concernant le rapport entre l'apprentissage à l'école primaire et le collège, on pourrait dire qu'ils ne se situent pas dans le registre privilégié des élèves non Freinet en termes de « fait/pas fait », ou dans la dichotomie d'avoir été ou d'être « bons/pas bons » mais beaucoup plus en termes de réinvestissement des méthodes acquises. Ils cherchent à expliciter les repères, que cela soit dit en termes favorables ou défavorables à l'égard des systèmes d'évaluation. Les réponses en termes de « je ne sais pas... si je réussis mieux » en référence à la progression demandée, ou aux comparaisons difficiles parce qu'elles ne sont pas basées sur le même système, participent de ce regard réflexif. Ce faisant ils sont capables à leur propre niveau de parler de leurs difficultés, ou de leur non-savoir sur eux-mêmes. Finalement ils apparaissent capables d'établir la comparaison de deux systèmes, et d'en expliciter les différences à l'interlocuteur qui ne les connaîtrait pas.

Comparés aux élèves non Freinet qui semblent beaucoup plus dépendants du cadre scolaire dans lequel ils évoluent, et de ce fait « insérés dans le moment présent », on peut voir ce recul pris sur le système, comme une maîtrise de l'élève sur son environnement et donc comme un facteur menant à la réussite.

4. LE PASSAGE DU « SYSTÈME FREINET » AU « SYSTÈME COLLÈGE »

La dernière question de l'entretien, qui consiste à demander aux élèves comment ils se sentent au collège par rapport à l'école permet de voir comment ils « s'accrochent » à cette question : en rapport avec leur « lieu de réussite » dont ils viennent de parler, en rapport avec eux-mêmes, avec les méthodes ou pratiques spécifiques de leur école primaire. On peut, dans un premier temps, classer les réponses en trois groupes, en rapportant le nombre de réponses à l'échantillon (vingt-quatre élèves F. et six non F.) :
– neuf élèves Freinet et un non Freinet déclarent qu'ils « se sentaient mieux » à l'école ;
– sept élèves Freinet et cinq élèves non Freinet se prononcent pour le collège ;
– huit élèves Freinet affirment que « c'est pareil ».

Ces résultats montrent une répartition quasi égale des sentiments des élèves Freinet et une forte proportion de sentiments positifs pour le collège chez les élèves non Freinet (83 %). Il faut nuancer tout de suite cette impression par deux éléments importants. Le premier a trait à la manière dont la question a été posée. En effet, en 2005, le thème a été malheureusement introduit par une formulation trop longue et de nature à influencer la réponse. L'autre élément nous semble tenir à la manière dont les élèves Freinet entendent la question, par rapport aux élèves non Freinet. Pour les premiers, il s'agit d'expliquer et de comparer les deux systèmes, ce qui les pousse de façon spontanée à s'inscrire plus nettement dans le système « qu'ils préfèrent » et qui leur donne davantage matière à argumentation. Pour prendre en compte ces éléments, il nous semble tout à fait opportun de relever dans la comparaison (F/non F) les types d'arguments avancés par les élèves pour dire « là où ils se sentent le mieux ». Nous examinerons ces réponses en fonction de l'objet vers lequel elles sont orientées : rapport à soi-même, rapport à la réussite ou aux difficultés, relations avec les autres. Nous laisserons à l'écart les réponses « de convenance », qui sont le fait d'une dizaine d'élèves, Cette catégorie recouvre aussi bien le fait d'imaginer, ou d'entendre explicitement, les attentes de l'interviewer et de s'efforcer d'y répondre, que le fait de tenter de « se raisonner » par des expressions comme *« De toute façon je vais rester »* ou *« C'est aussi bien l'école que le collège »*, ou de « se rassurer » en disant par exemple *« Ça va, je sais m'imposer...(avec les grands) »* ou encore de se cacher un peu le problème par une résignation un peu contrainte *« J'aime le changement »* qui peut amener à répondre que *« Ça va aller de mieux en mieux »*.

4.1. Le sentiment de soi dans le rapport à soi-même

On peut dire qu'aucun élève non Freinet n'apporte d'argument concernant le « soi ». Ce sont les élèves Freinet qui y paraissent sensibles. Se sentir plus grand est une des rares appréciations positives en faveur du collège, avec l'idée d'être mieux parce que c'est bien rangé, alors qu'*« à l'école c'était serré, collé »*. La plupart des autres comparaisons font apparaître l'école comme lieu où *« on était libre »*, *« on pouvait jouer »*, *« on avait plus de responsabilités »*, où on *« se sentait grand »*, l'opposé étant précisé : *« On est toujours libre mais les profs sont plus sévères »*, *« On n'ose plus jouer, on va se taper la honte »*, *« On est les plus petits ça fait bizarre »*.

4.2. Le sentiment de soi dans le rapport à la réussite ou aux difficultés

En revanche, c'est dans cette rubrique que les six élèves non Freinet s'expriment massivement : leur appréciation du collège est ancrée dans leur propre rapport à la réussite scolaire. Ils mettent en cause les méthodes d'apprentissage à l'école primaire. Les explications n'étaient pas données clairement *(« Il disait : "Faut pas mettre d's" »* sous entendu sans donner la règle), les demandes n'étaient pas suivies d'effets *(« Ils redisaient la même chose »*, *« On les appelait, ils ne venaient pas »)*. En revanche les professeurs du collège sont présentés comme « expliquant mieux » et progressivement *(« On apprend petit à petit »)* aidant et encourageant les élèves. Seul un élève non Freinet ajoute avoir été préparé au régime de travail au collège *(« prévenu qu'il y aurait plus de devoirs »)*.

Inversement les élèves Freinet qui s'expriment dans ce domaine, ont des opinions plus négatives sur ce qui se passe au collège, en termes de travail plus difficile, plus abondant, de peur d'être en retard en changeant de salle et de déception à l'égard du soutien *(« On fait tout le temps le même, ça m'aide pas »*), ce qui invite alors à penser que ce qui est en cause n'a pas trait à ce qui est vécu au collège, mais à ce qui n'est pas réinvesti de l'école primaire au collège. De fait leurs arguments en faveur de l'école portent essentiellement sur l'organisation du travail et les possibilités d'entraide.

4.3. Le sentiment de soi dans le rapport aux autres

C'est à propos de ce rapport aux autres que tous les élèves s'expriment le plus, en comparant école et collège, et c'est aussi dans ce domaine qu'on assiste à la divergence la plus forte entre les deux catégories d'élèves. D'une façon générale, l'école apparaît un lieu plus convivial, comme le soulignent de façon générale les sociologues (Cousin et Felouzis, 2002), qui est ici décrit comme un lieu où *« on connaît tout le monde »*, où on est *« plus à l'aise »*, où on *« fait les choses sans avoir peur »* alors qu'au collège *« on se dit "est ce que c'est bien pour mon âge ?" »*, et que le collège apparaît comme un lieu où on peut se perdre, où on a moins d'amis, où *« on essaie de se regrouper »*, où *« on reste avec ceux qu'on connaît »*. Les autres représentent un danger : *« On connaissait tout le monde, personne m'embêtait, ici la loi du plus fort... je me sens agressé »* (non F). C'est aussi le lieu où la relation aux adultes est vue sous le rapport liberté/obligation. Pour tous les élèves non Freinet, comme nous l'avons souligné, les professeurs sont appréciés pour leurs explications, le soutien qu'ils apportent, mais aussi pour le sentiment de justice qui émane de leurs relations aux élèves comme en témoignent ces quelques réflexions : (à l'école primaire) *« Ils criaient pour rien... j'avais des règlements à copier...(ici) ils crient parce qu'on fait des bêtises »*, *« Ils nous fouillaient de temps en temps "c'est impoli" parce qu'on n'avait pas droit au blanco... ou au goûter... ici on peut avoir... »*.

En revanche les élèves Freinet vont insister sur trois aspects essentiels pour eux : la liberté, l'institution de l'autonomie et la délégation des responsabilités qui permettaient, selon eux, des modes relationnels tout à fait différents, où notamment ce sentiment d'injustice ne pouvait exister, et où certains problèmes trouvaient une solution préventive : *« Quelqu'un était chargé de rappeler de ne pas courir... on pouvait faire du foot, et ici on peut pas... par peur que quelqu'un reçoive un ballon »*.

Au terme de cette première approche focalisée sur l'entrée dans un nouveau milieu institutionnel, nous pouvons affirmer que non seulement aucun élève F. n'est en situation d'échec, ni sur le plan de l'intégration sociale, ni sur le plan de la réussite scolaire, mais que l'ensemble de ces élèves se distinguent particulièrement sur trois aspects : une bonne capacité à analyser et donc à prendre du recul sur ce qu'ils vivent et ce qu'ils font, un bon investissement des acquis, et une continuité dans les résultats proprement dits. Toutefois, nous pouvons souligner quelques difficultés spécifiques liées à l'absence de coopération, de prise de responsabilités, ou de gestion du temps d'apprentissage, interrogeant les modes de fonctionnement du collège. Dans cette optique, nous continuons à approfondir les quatre problématiques déjà soulignées dans le premier rapport remis au ministère (G. Bécousse, 2005) autour de la violence, de l'autonomie, des dispositifs d'enseignement et des structures d'aide intégrées à la classe ou sous forme de dispositifs indépendants.

La teneur de certains propos relevés dans le paragraphe précédent, invite à s'interroger de manière plus clinique sur ce qu'ils révèlent, c'est à dire à introduire une autre perspective qui prenne en compte non pas seulement le contenu du discours mais le discours lui-même. C'est ce que va permettre cette seconde approche inspirée de la psychanalyse, pour qui le discours n'est pas seulement le discours réel « des lèvres », mais le discours de l'inconscient, pour en arriver à entendre non seulement ce que le sujet « sait » de ce qu'il dit, mais ce qu'il ne sait pas encore, ou pas complètement, ce qu'il peut découvrir de lui-même en le disant...

5. LA LISTE DE PLAINTES

Les entretiens ont été construits comme ceux qui ont été présentés dans le chapitre ayant pour objet les enfants en souffrance, autour du concept d'image inconsciente du corps, dans le but de percevoir les manifestations de cette image inconsciente dans ce que vit l'enfant à l'école, manifestations qui nous disent quelque chose de sa stabilité, de son désir et de son plaisir lorsqu'il est dans ce lieu et en rapport avec les autres. Toutefois, il nous est apparu que les entretiens avec ces six mêmes élèves vus en 2005 à propos de leur passage d'une école primaire « classique » à l'école en pédagogie Freinet, et en 2006 à propos de leur entrée en sixième, menés de la même façon et par le même chercheur révélaient des manières d'aborder le changement très différentes. Ce qui apparaissait en sixième, semblait avoir affaire avec le processus de séparation et nous avons convoqué la théorie de Bowlby pour introduire un regard complémentaire à ce que permettait la conceptualisation de Dolto. Il s'agit de Boris, d'Odile, de Rosine et de trois élèves, Clélia, Inès et Rose, toutes trois dans un même collège. Parallèlement nous disposons d'un certain nombre d'entretiens menés par des étudiants avec des élèves sortant d'écoles primaires différentes non Freinet et répartis aléatoirement dans différents collèges. Nous nous servirons ici de ceux de cinq filles (Viky, Marine, Hélène, Anne et Agathe) et d'un garçon (Émeric) pour établir la comparaison.

Ce qui saute aux yeux si l'on peut dire, en se situant dans ce registre, pourrait se rapprocher de ce que décrit A. Cordié (1998) à propos d'enseignants en grand malaise par rapport à leur profession. Réunis pour parler de leurs problèmes, ce qui se donne à entendre ressemble à une litanie de plaintes. Chacune en écho à l'autre apporte de nouveaux motifs pour justifier la difficulté du métier. Il faut un très long temps pour que l'une d'entre elles donne une impulsion nouvelle en commençant à « subjectiver la plainte », c'est-à-dire en renouant les fils de sa propre vie, ce qui aboutit à ne plus situer la demande « au lieu de l'autre ».

De la même façon, nous pouvons remarquer que dans bon nombre d'entretiens, les élèves, qu'ils soient Freinet ou non Freinet, vont lister un certain nombre de choses qui pèsent sur eux. Le changement apparaît teinté de négatif. Cela va, au sens propre, du cartable trop lourd aux exigences différentes des enseignants, en passant par les changements de salle et les rythmes exigés pour ces changements de salle entre deux cours. Dans un grand nombre d'entretiens, on va ainsi assister à une énumération de ces inconvénients nouveaux que l'entretien avec Viky (non F.) met particulièrement en relief :

« *On est plus enfermé, on est obligé de manger tout le temps à la cantine... les heures de cours on en a beaucoup plus et des cours des fois, qui nous servent à rien comme la technologie... on commence tôt, on finit tard et c'est fort strict... la garderie on pouvait faire ce qu'on voulait, là on est obligé de s'asseoir à la place qu'ils nous disent... on peut pas se mettre à côté de qui on veut... c'est vrai que à l'école primaire, c'était beaucoup mieux... on avait beaucoup plus de temps pour jouer, se parler... les sacs étaient moins lourds... il y en a derrière toi qui commencent à te pousser... y'a deux étages on doit redescendre et à chaque fois on doit remonter... on n'a pas le temps de poser les sacs... même dans la cour si on les pose, il y en a qui s'amusent à se jeter dessus...* ».

On pourrait encore citer ce dernier aspect qui oppose sécurité et inconnu : « *On s'y perd... si on sait rien du tout, c'est dur tandis qu'à l'école là-bas à l'école primaire ils tapaient dans les mains et puis, euh, on rentrait, il y avait trois portes, on rentrait dans celle où on devait aller* ».

Face à une liste de « nouveautés » qui pèsent sur l'élève et l'amènent à comparer en négatif ce qu'elle vit maintenant à ce qu'elle vivait auparavant, l'approche clinique invite à se demander comment cette élève-là dit cette plainte. Comme nous l'avons rappelé, dans ce type d'entretien, le discours lui-même ainsi que les manifestations non-verbales qui l'entourent, constituent « une donnée » de première importance. Plusieurs cas de figure peuvent se présenter.

Dans le premier cas, l'élève tente, par différents moyens, de minimiser la difficulté qu'il a vécue ou qu'il vit encore. Cela se traduit par de nombreux modalisateurs qui tentent de réduire l'effet que pourrait produire le contenu réel du discours. Les « *quand même* » sont nombreux. En affirmant « *maintenant ça va mieux* », ou en opposant immédiatement deux sentiments de tonalité contraire, l'élève tente de positiver et de rejeter la mauvaise impression dans le passé. Les glissements vers d'autres objets de parole plus acceptables participent aussi de cette protection. Il peut encore opposer brutalement le passé et le présent, ponctuer une autre liste de « *j'aime bien* » qui reviennent comme un leitmotiv destiné à se persuader lui-même, tenter de rationaliser avec des formules qui appartiendraient plutôt à la résignation : « *on s'habitue...* », ou encore montrer son dédain par l'emploi répété des mêmes mots grossiers. Ces types de discours sont fréquemment accompagnés de rires, ou de beaucoup d'agitation pendant l'entretien comme autant de mécanismes de protection qui ponctuent les choses difficiles à évoquer, et tentent d'en atténuer les effets sur le sujet lui-même. Viky dit ainsi : « *Et tout ça, mais c'est bien quand même* ».

Mais ce qui choque dans cette affirmation c'est qu'elle « tombe » de façon abrupte à propos d'un événement qui reste dramatique – un élève s'est blessé dans la cour et est resté une semaine dans le coma. De fait, pour elle, aucun aspect positif réel ne peut être avancé, sinon à « échapper » au collège. À la question de savoir à quel endroit elle se sent le mieux, Viky répond : *« Ben, franchement, pfft, non, à part quand je suis dans le bus pour retourner à la maison. »*

En résumé ce premier type de discours a bien pour objectif de minimiser ces aspects, du point de vue de leur retentissement interne. Mais on sait bien, depuis Freud, que l'inconscient force les portes et notamment celles du langage et certaines formules vont attirer l'attention. L'emploi du terme « bizarre » revient dans plusieurs entretiens et notamment dans celui avec Clélia (F). Qu'elle introduise ses propos en disant : *« Ça fait bizarre de ne pas voir Mr H. ben notre prof de CM2 »* qu'elle répète à propos de la remplaçante en anglais *« Ça fait bizarre de ne pas avoir la même prof parce qu'elle est partie... »* ou qu'elle décrive la salle des ordinateurs en disant *« Y mettent l'ordinateur dans un trou... donc on aurait dit ce qu'il y a au dessus des toilettes, une cuvette... je dis ça fait bizarre et pis j'sais pas, c'est bizarre d'avoir quelque chose devant soi »*, c'est l'interlocuteur qui commence à ressentir un malaise bizarre ! Marine (non F) emploie le même mot pour comparer les moyennes de notes *« C'est bizarre... tout est séparé »* ou la lutte : *« Tu te retrouves un moment par terre, enfin tu t'amuses, en fait tu t'amuses mais en même temps tu t'amuses pas, on s'amuse mais c'est un peu pour apprendre, c'est bizarre »*, l'insistance sur le mot révélant que « se sentir bizarre » relève de ce sentiment d'avoir été déplacé... ou d'être partagé... Les sentiments et les temps se mélangent. Ainsi en comparant les textes réalisés en CM2 et en sixième, Clélia (F) semble se perdre entre le passé et le présent : *« Parce que, euh, à Hélène Boucher, c'était des textes simples, des textes que tu fais tout seul... sauf les exposés tu peux les faire à plusieurs... »*. Le discours, même celui d'une bonne élève comme Odile (F), peut se faire moins fluide, au moment où il faut évoquer les côtés plus sombres du collège : *« Quand y'a des grèves et que y'a du monde qui est pas autorisé à sortir ou qu'c'est entre deux cours et bin, tu rates des heures, bin... voilà c'est vachement grand... »*. Les associations sont évidemment révélatrices de ce qui se joue au niveau des peurs. C'est encore Marine (non F) qui dit de deux copains *« Ils vont pas me laisser tomber, c'est pareil il y a une fille que j'aime bien aussi, elle s'appelle Émilie et ben c'est pareil, elle me laissera pas tomber comme si c'était une mouche qui est morte »*. La comparaison qui « lui vient à l'esprit » laisse imaginer le peu de chose qu'elle semble être à ses propres yeux dans ce contexte !...

Une autre forme de discours peut laisser paraître plus ouvertement des motifs de souffrance. Les études faites par Bowlby (1973) éclairent ainsi ce qui peut se cacher derrière des expressions apparemment détournées de leur objet. L'enfant qui pleure n'est pas forcément celui qui craint le monde dans lequel il entre. Ce peut être celui qui a peur d'être oublié dans le monde qu'il quitte, qui craint ce qui pourrait s'y passer en son absence, ou qui voudrait ne pas quitter père et mère pour les protéger... c'est-à-dire celui qui ne peut pas se séparer... Croisant les apports de Bowlby avec ceux de Dolto, on pourrait dire que l'enfant pourra réellement quitter ce monde s'il est sécurisé par un « attachement de bonne qualité », assuré en lui-même, c'est-à-dire s'il peut renoncer à « l'objet du désir » sans renoncer au désir lui-même, ce qui lui permettra de grandir sur la base de ce qu'il a construit de lui-même. Ce cadre va nous permettre d'introduire quelques nouvelles catégories dans ce qui se joue pour ces élèves entrant en sixième.

Beaucoup d'expressions vont traduire la peur de perdre quelque chose de soi-même et de ne pas le retrouver dans les nouvelles relations. C'est tout d'abord le sentiment de devenir quelqu'un d'inconnu. Clélia (F.), à travers ses comparaisons sur la façon d'écrire des textes, exprimait quelque chose de sa peur de perdre ce lien aux autres : « *Les textes, on les faisait tout seul... on les lisait si on voulait... au CM2 on faisait que ça et au CM1 aussi, mais là non. On reste enfermé dans une classe et pis on travaille. C'est tout ce qu'on fait, mais on n'écrit pas de texte... en fait on écrit des textes comme là on a fait un concours... pour gagner, euh, je sais plus trop quoi...* ». Visiblement le concours ne vaut pas l'estime que procurait le partage des textes en classe. Fréquemment reviennent les expressions liées à la peur de l'inconnu, à l'incertitude, à la difficulté de perdre ses habitudes. Évidemment l'aspect principal dans ce registre tourne autour de la peur de perdre les copains, copines, amis, au sens de ne plus avoir l'occasion de les revoir. Certains racontent d'ailleurs qu'ils ont prévu « des dispositions » pour les revoir, comme retourner à la fête de l'école. Pour d'autres, la perte de ces amis-là entraîne l'abandon de certaines activités faites en commun et un double regret. Cette perte se double de la peur des nouvelles relations. C'est à ce moment que s'exprime l'assurance des amis « qui ne laisseront pas tomber ». Tout ceci se dramatisant quand le schéma de l'isolement se met en place : « personne à qui raconter, avec qui faire... ».

Ces différents aspects vont conduire à la peur de se perdre soi-même, de se dissoudre en quelque sorte dans ce nouveau milieu. Tout se passe comme si l'élève était en train de disparaître parce que trop pris entre désir et demande. Le désir souffre du manque de continuité et la demande pèse, comme pour le faire abandonner ce qu'il était.

Là nous frappent aussi les expressions fortement similaires des trois élèves (F) qui se retrouvent toutes les trois dans le même collège. Nous ayant impressionnée par leur bonheur de vivre ce qu'on pourrait appeler « un apprentissage dans la liberté » et la qualité en même temps que la variété de leurs argumentations en faveur de cette pédagogie, elles apparaissent très différentes de ce qu'elles étaient alors, et en rupture avec ce qu'elles « promettaient » d'être. Rose va déclarer qu'auparavant elle avait une idée sur son futur métier, mais ne sait plus : « *J'voulais faire dessinatrice de bd, fin j'voulais faire plein de trucs, alors archéologue... des fois au bout d'un moment j'voulais plus le faire et pis là j'sais plus du tout... parce que à part la guitare j'ai pas vraiment de passion...* ». Grandir est un moment difficile, et se réfugier dans le rêve éveillé n'aide pas à prendre possession de la réalité. En demandant à Inès si ce qu'elle a trouvé au collège correspond à ce qu'elle imaginait, la réponse est nette : « *Non pas du tout en fait, c'que j'pensais l'année dernière du collège, bah sans le savoir j'pensais plus au lycée, parce que j'pensais ah ouais ma sœur préférée, elle était au collège et tout mais en fait heu, elle était au lycée et donc bah, ça m'a déçu un peu mais en même temps j'me dis, ben ce s'ra mieux au lycée* » et la phrase s'achève en riant.

Tout en tentant de rationaliser leur déception, le malaise passe dans leur discours par l'emploi de mots grossiers, le débit de parole à un rythme effréné, les expressions de réassurance forcée, la tentative un peu forcenée de faire croire que tout va bien, jusqu'au moment où Clélia laisse échapper son sentiment en lançant la réponse qu'elle ferait si elle devait parler de son collège à un élève de CM2 : « *l'enfer !* ». Pourtant ce discours, de même nature que celui que l'on a trouvé chez les élèves non Freinet se double d'une analyse des raisons qui contribuent à cette sensation personnelle de disparaître. On pourrait dire que deux formes de discours se côtoient dans l'entretien, celui de la plainte et celui de l'analyse des difficultés. C'est bien cela qui nous semble constituer la principale différence entre les élèves Freinet et non Freinet entrant au collège.

6. CONSTRUCTION DE LA CONTINUITÉ

Face à ce constat de plaintes et/ou de souffrances plus ou moins dissimulées, la question qui se pose est de savoir si, et comment, l'élève peut ouvrir quelques horizons pour lui-même. En reprenant les analyses d'A. Cordié (1998) ou de C. Blanchard-Laville (2001), ce serait se demander si l'élève est capable d'« élaborer la plainte », ou de « donner du jeu au je ». Dans ce sens, nous chercherons à repérer ce recul réflexif dont parlait G. Bécousse.

6.1. Construction de la continuité par une distanciation réflexive

Il nous apparaît tout d'abord que, même chez des élèves en difficulté scolaire, ou en souffrance de façon plus générale, le discours négatif peut être contrebalancé par un discours positif. Précisons ici qu'il ne s'agit pas ici de dire qu'un « discours positivant » tente de recouvrir le « discours négatif », mais d'observer que deux tonalités différentes peuvent cohabiter. Rosine (F), pourtant en difficulté, apparaît capable de ces deux types de discours. Elle regrette le théâtre qu'elle faisait avec sa copine à l'école Freinet. Mais elle apprécie les lieux et notamment la clarté des salles : « *Les fenêtres, la lumière... c'est pas noir* », le rapport avec les enseignants : « *La prof elle est gentille et ben l'ambiance aussi elle est bien* » et aussi leurs méthodes : en français des révisions sont faites tous les matins. À la question de savoir si les souhaits peuvent se dire, Rosine répond affirmativement mais ajoute qu'elle ne répond jamais. Pourtant, quand elle dit que certains demandent du foot, cela ne l'empêche pas de commenter : « *Ben j'aime pas du tout le foot, mais eux s'ils aiment bien, ils peuvent le leur demander »*. Quand son cousin qui est en CM2 lui parle de la sixième, c'est pour lui rappeler qu'elle, a des difficultés, ce à quoi elle rétorque : « *T'es gentil ça pour m'aider là* » et en rit dans l'entretien pour ajouter que « *s'il pense que pour lui ça ira tout seul... peut-être si, peut-être non. Je sais pas moi, j'suis dans sa peau* ». Ce faisant, elle ne nous apparaît pas pour autant « dissociée » mais capable de différentes positions. Dit autrement : ce à quoi elle renonce, avec douleur, ne l'empêche pas pour autant de penser et de dire cette pensée.

Odile (F), manifeste différemment ce contraste possible. Elle est à la fois capable d'expliquer sa préférence pour le mode de travail à l'école Freinet, de décrire ce que fait subir à son désir de bien travailler l'élève perturbant toute la classe, et de dire qu'elle a de meilleures relations avec les gens que l'année précédente à l'école Freinet, en précisant : « *L'année dernière j'avais beaucoup de problèmes, là c'est beaucoup mieux* ». Ce qui attire notre attention, c'est que cette dernière affirmation n'est accompagnée d'aucun autre signe de « protection », et semble même dite en toute sérénité.

Une manière de prendre de la distance pour l'élève, est d'examiner les différences et les ressemblances entre ce qu'il vivait à l'école primaire et ce qui se passe au collège, c'est à dire à travers les comparaisons spontanées dont il est capable, de se poser la question de la continuité. Pour certains, et beaucoup plus fréquemment les élèves non Freinet, la comparaison se limite à un rapprochement : « On pouvait, on ne peut plus » ou à l'inverse « On peut, on ne pouvait pas ». C'est ce genre de rapprochement que nous donnait à entendre Viky, alors que les comparaisons établies par les élèves Freinet semblent bâties sur une analyse, parfois très approfondie. Trois domaines rendent visible cette capacité d'analyse : celui de la structure d'un collège, celui des modes de travail et celui des problèmes relationnels.

La structure du collège – sa taille, son organisation en salles attribuées aux professeurs et aux matières, ses couloirs et escaliers dans lesquels il faut porter sans cesse le cartable... – apparaissait en première ligne dans les « plaintes ». Mais Inès (F) évoque des solutions tout en faisant preuve d'un grand réalisme : « *Au moins qu'ils mettent dans les couloirs des casiers... ça doit être simple en tout cas... ça dépend aussi de l'argent du collège donc je doute que ce soit possible, pis y'a pas la place non plus* », pour conclure sur la différence d'attribution à « l'heure de vie de classe » et aux « délégués du collège ». Il est ainsi assez étonnant de constater que ces élèves Freinet s'autorisent spontanément des réflexions qui mettent en cause l'organisation institutionnelle, comme s'ils avaient appris à être concernés par ces ensembles organisés qui déterminent leur vie scolaire. Ainsi Clelia, en comparant le fait d'écrire régulièrement des textes ou pas, commente : « *À mon avis ça prend trop de temps* », et Boris constatera que « *y'a des surveillants, mais ils peuvent pas tout faire !* ».

Le thème des modes de travail, et notamment des rapports entre travail individuel et collectif sera développé avec beaucoup de précision par les élèves venant de la pédagogie Freinet, alors qu'il semble que cette différence n'effleure même pas les autres élèves, qui se contentent, en parlant « matières scolaires », de parler « notes », « sévérité/sympathie », ou « temps d'explication/rapidité ». Les propos d'Hélène (non F.) brossent rapidement ce tableau : *« En fait j'aime bien, euh, par exemple ma prof de maths, parce qu'elle est sympa. Mais en fait, elle est sévère, mais ça c'est pas trop grave, mais au moins on comprend bien ce qu'elle explique... Y'a ma prof d'histoire-géo, elle est sympa parce qu'en fait, l'année dernière, j'aimais pas du tout l'histoire.... J'aime mieux, et je comprends mieux aussi. Donc du coup j'ai de meilleures notes. »*

Les problèmes liés aux relations entre élèves sont présents dans chaque entretien. Pour les élèves non Freinet, cela donne lieu à un constat. Quand Émeric fait savoir que la pièce qu'il préfère, c'est la bibliothèque, *« la petite pièce du midi »* qui lui permet d'échapper à la cour où les grands « l'embêtent », Boris en partant du même constat, remarque que le collège, et la cour particulièrement, est le lieu où *« tout le monde veut se faire remarquer »*, et développe un ensemble de critères explicatifs de la situation pour conclure en une sorte de résumé : *« C'est comme une loi ici : pas se faire remarquer c'est, bah, voilà, on est la risée du collège ».*

Le plus long exemple de raisonnement à propos d'un « comment faire avec un élève à problèmes ? » se trouve chez Odile (F). Il ne faudrait pas croire pour autant que le problème soit marginal pour cette bonne élève. Les termes sont sans équivoque. Il s'agit de *« quelqu'un qui fait vraiment n'importe quoi... il nous pourrissait vraiment la vie »*. Elle dirait d'ailleurs à un élève entrant en sixième, de *« faire attention à c'que un élève ou quelques élèves ne perturbent pas toute la vie de la classe »*. Face à ce problème elle va donc dans l'entretien examiner le cas de cet élève, c'est-à-dire indiquer comment les choses ont commencé, donner son opinion sur le « comment comprendre » le cas de cet élève, en fonction de ses mauvaises relations avec des redoublants, des actes qu'il pose, des conséquences de ses actes sur lui-même et les autres, des tentatives sans succès mises en place pour l'aider, des sanctions prises par les différents adultes, du jeu des instances et des conseils de vie scolaire mais aussi des stratégies inefficaces et notamment des pertes de temps passé à parler de lui, comme des sentiments que certains peuvent lui prêter et de ce que cela révèle de contradiction interne : vouloir l'aider mais ne pas lui faire confiance.

Ces quelques exemples montrent bien comment les élèves en pédagogie Freinet ont emmagasiné, en partie à leur insu, des capacités à réfléchir, se poser des questions, évaluer, argumenter et communiquer leur pensée de façon claire. On serait tenté de dire, dans un premier temps, que cela s'effectue aussi bien à propos de situations de travail, que de situations relationnelles, sauf qu'à y regarder de plus près, on s'aperçoit que les deux domaines ne sont pas disjoints comme nous avions pu le montrer déjà à travers l'étude des entretiens menés avec les élèves arrivés à l'école Freinet en cours de scolarité primaire (Jovenet, 2006). Cela se révèle d'une portée considérable et va nous introduire à un questionnement portant sur une possible maîtrise de l'environnement nouveau.

6.2. Construction de la continuité à travers le travail d'élaboration personnelle

Pour modifier le rapport du sujet à la plainte, le travail de continuité doit aussi se situer au niveau personnel. Comme l'ont montré tous les psychanalystes à propos des situations œdipiennes difficiles, renoncer à l'objet du désir sans renoncer au désir lui-même, est un processus qui fait grandir. Cela suppose aussi de passer de « la demande au lieu de l'autre » au « désir au lieu de je ». Comment l'élève peut-il apprivoiser les événements qu'il voit comme extérieurs à lui pour en faire des pierres de sa construction personnelle ?

Nous remarquons dans un premier temps que c'est seulement chez les élèves non Freinet que nous trouvons les manifestations d'un désir de retourner dans le passé ou une ambivalence telle, qu'elle laisse supposer une difficulté énorme à renoncer à cette période antérieure.

C'est encore le cas de Viky (non F) qui illustre le mieux cette attitude : *« Ben j'aurais préféré, euh, pas pour dire, mais quand même j'sais pas, redoubler pour rester là-bas »*. Elle a beau ponctuer la phrase d'un petit rire et ajouter que tout le monde lui dit qu'elle a de bons résultats, cela ne l'empêche pas de répondre à la question franchement posée sur son souhait : *« Ben quand même retourner en arrière, mais quand j'y vais- je suis moins stressée, mais ça va, mais sinon, si on me propose de retourner en arrière, j'y vais »*.

L'ambivalence du désir « avancer/reculer » apparaît chez Anne, une élève (non F) qui avait ponctué toutes ces remarques concernant les changements de *« j'aime bien »*. Elle va au devant de l'objet qui fait mal en demandant si elle peut parler du cours qu'elle préfère : la musique. Cela dit, elle exprime clairement les différences que provoque pour elle le passage de l'école primaire où elle avait le temps... au collège... où elle en fait « *plus beaucoup* » Derrière le temps, se profile aussi la reconnaissance qu'elle aimerait en obtenir (puisque ses parents sont musiciens) et probablement la rupture entre son désir et la demande parentale en matière de réussite scolaire... Mais mettre le doigt sur ce lien fait mal et le discours « explose », accéléré mais décousu : *« Ben oui forcément ça m'rappelle... ça m'rappelle un peu sauf que... sauf que à la maison c'est pas les, les mêmes instruments... dans le cours de musique... on parle des mêmes mots à la musique... »*. On ne peut que s'interroger sur ce désir en conflit entre passé et présent (école primaire et collège) et entre maison et musique, à travers un probable lapsus.

De la même façon, on remarquera que pour certains élèves, atteindre le « je » reste délicat. Ils décrivent avec beaucoup de facilités les changements. Mais quand il est question de ce qu'eux-mêmes ressentent, une certaine fuite se met en place dans l'échange. C'est le cas lorsque la préférence pour l'école ou le collège est évoquée avec Émeric (non F.) : *« J'sais pas trop... je préfère ni l'un ni l'autre. »* Comme nous l'avons vu, les rapports avec les grands ne sont pas faciles pour lui.

Qu'en est-il de la projection dans l'avenir ? En amenant Viky sur le terrain d'une « étape pour grandir », on pourrait dire que son « moi » accepte de se soumettre, mais pour qu'elle y adhère il faudrait que les conditions extérieures changent : *« C'est parce que on était que deux à y aller, donc on aurait été plusieurs, comme onze par exemple, on aurait des gens qu'on connaissait dans notre classe, mais là euh, ça peut peut-être m'amener à grandir, j'suis d'accord, et tout ça, parce que j'suis pressée comme ça que ça se finisse... ».* Grandir reste dépendant des autres.

On peut alors amener les élèves à ce travail de reconstruction dans l'après-coup qui éviterait à ces événements d'avoir ce poids considérable. Nous avons senti dans l'entretien avec Clélia, (F.) le début de ce processus. C'est le rappel du chercheur à propos de l'entretien mené l'année précédente, qui joue le rôle de déclencheur, comme en une espèce de réveil au sens où en parle Blanchard-Laville (2001) : *« J'me souviens que l'année dernière, tu m'avais parlé de la cour de récréation... des arbres ».* Clélia répond *« ouais »* en riant, d'un rire qui dit bien que le souvenir évoque quelque chose. Elle ajoute selon son expression « favorite » cette année : *« Ben là ça fait bizarre, y en a pas ».* Puis elle ajoute : *« Si, y en a mais c'est de... en fait y a là la cour où tu peux jouer et y sont là-bas les arbres. Ça sert à rien, en plus tu peux même pas monter sur l'esplanade, c'est nul. »* Le souvenir attaché aux arbres était celui du jeu de cache-cache avec les copines... et attaché à l'esplanade celui *« des théâtres »* De cela le chercheur se souvient, le non-dit chemine autour de ce qui se faisait dans la cour de l'école Freinet... et Clélia résume : *« Et pis les trucs de base-ball, de basket et de foot... nous on va pas là-bas parce que nous on déteste le basket et on déteste le foot... ».* Le rappel du passé a permis que se dise une profonde déception par rapport à ce qui constituait un volet important de la vie à l'école. L'élève se trouve dans un moment de conflit intense, qui se joue au niveau de cette autonomie qui, sans être nommée, reste désirée parce qu'elle permettait d'être soi-même.

Un deuxième constat s'impose dans cette interrogation sur les moyens dont disposent les élèves pour travailler à cette élaboration personnelle de la plainte. Ce sont encore une fois les élèves non Freinet qui se présentent le plus, dans une position de victime face aux autres.

Comme nous l'avions fréquemment constaté avec les élèves en primaire, les élèves rejettent les enseignants qui « crient ». Agathe (non F) déclare : *« J'ai l'impression que quand elle criiie, j'ai l'impression que c'est sur moi souvent, parce que, souvent c'est derrière moi ou à côté de moi, j'suis pas toujours placée à côté des élèves tranquilles, alors ça me fait toujours très, très peur... que elle crie ».* Du coup, certains tentent d'avoir une position active face aux enseignants. C'est bien ce que veut traduire Marine (non F.), à travers un discours quelque peu embrouillé où elle s'identifie au « on » de sa classe : *« Ce qui me plaît pas vraiment, c'est quand les profs nous crient dessus quand on n'a rien fait, "ouais la 604"... gnagnagna... c'est tout le temps la 604, la 604 et puis un moment j'ai dit à ma prof principale : "Madame on a consulté la prof de français, elle nous a fait un contrat"... »* et le dialogue se poursuit à travers le récit pour se conclure : « *gnagnagna... elle a commencé à crier, ça l'a énervée, et après j'ai plus rien dit après. Alors c'est chiant, quand on dit quelque chose, les profs nous crient dessus, on sait même pas pourquoi, voilà* ». « On » ne peut que désigner le groupe qui a tenté mais n'a pu se faire entendre.

En revanche, avec Rose (F), on va trouver une autre sorte de « on » beaucoup plus réflexif, sans doute parce que beaucoup plus proche des différents « je ». Il y est question des bagarres ou des insultes : « *Mais en fait en primaire on n'en disait pas tant que ça des insultes, c'est surtout euh, au collège, c'est bizarre hein, quand même... quand on arrive au collège, y a des gens qui étaient en primaire avec moi et puis j'les ai recroisés et tout, et bah ils disent vachement plus de gros mots qu'avant et j'avoue moi aussi... fin c'est bizarre que, dès qu'on passe à, à une étape supérieure euh... on évolue alors on s'abêtit alors, c'est bizarre...* ». À travers ce « on »-là, le « je » accepte d'être concerné.

Nous avions pu montrer, précédemment, que deux discours – positif et négatif – pouvaient cohabiter sans qu'il s'agisse d'une forme de rationalisation, démontrant plutôt que l'élève était capable de deux points de vue sur ce qui se passait dans son collège. Nous avions souligné cela notamment chez Rosine (F.), une élève pourtant en difficulté qui se montrait ainsi tantôt victime et tantôt actrice de sa construction personnelle. On pourrait ajouter ici qu'elle semble aussi capable de cette possibilité de recul à propos d'elle-même. En lui faisant remarquer que si « le théâtre » qu'elle aime, était noté, elle aurait de bonnes notes, elle rit. Mais en insistant pour savoir si elle en parle, elle donne une première réponse qui peut sembler banale : « *Non... c'est un secret comme ça... j'ai pas envie de leur dire, après ils vont m'envoyer sur euh, devant tout le monde, et j'ai peur, devant tout le monde. Je fais à part, avec ma copine Clélia.* » Cela dit, elle continue à analyser son problème : « *Parce que j'ai l'habitude avec elle. Parce que si je vais, devant les gens, j'aurais pas l'habitude et j'aurais peur alors de faire mal le théâtre* ».

Cet exemple nous amène en conclusion à un réexamen de ce passage de l'école primaire au collège en termes de changement et de continuité. La question centrale de ce chapitre portait sur cette pédagogie particulière : n'était-elle qu'un cocon agréable pour les élèves en primaire ? Ne comportait-elle pas des risques au moment de l'entrée dans un autre contexte de scolarisation ? Les habitudes prises d'un système « sans notes » n'allaient-elles pas mettre en péril l'avenir de l'élève ?

Toute la première partie de ce chapitre a permis de montrer que l'élève Freinet faisait preuve d'une bonne capacité à analyser, notamment les facteurs qui mènent à la réussite, à comparer et à justifier les éléments observés, et cela, quel que soit son niveau scolaire. L'élève habitué à l'école en pédagogie Freinet, à mettre en place au sein de la classe, dans les conseils, les entretiens ou les travaux de recherche, appréciations, évaluations, suggestions sur les événements, les savoirs, les modes de travail a pu expérimenter plus que d'autres élèves, les atouts de ce regard réflexif. Le recul ainsi pris réduisait pour l'élève la part d'inconnu sur le jugement à venir, et lui permettait donc de mieux affronter cette part de « flottement », d'incertitude. La seconde partie du travail, et les conclusions auxquelles nous sommes parvenus, permettent d'affirmer que, contrairement à ce qu'on aurait pu attendre, ce sont les élèves non Freinet qui apparaissent majoritairement prisonniers du passé et dans une position de victimes à l'égard des adultes notamment. On peut donc faire l'hypothèse que ce que les élèves Freinet ont emmagasiné, n'est pas à considérer comme un acquis immuable, non transférable, mais comme un potentiel en devenir. C'est dans ce sens qu'on a pu voir comment ils réinvestissaient dans un autre contexte des attitudes intériorisées qui les entraînaient à prendre position sur les événements de la vie du collège, à raisonner à propos des problèmes, et à imaginer des solutions. Toutefois nous avons vu ces capacités davantage à l'œuvre à propos de problèmes relationnels et beaucoup moins à propos du travail scolaire. Or nous avons montré (Jovenet, 2006) que ces capacités se forgent et s'alimentent dans les modes de travail. Pour le dire encore plus clairement, nous pensons que les capacités des élèves à gérer leurs problèmes s'alimentent de leur capacité à gérer leur travail, et que encourager l'un au détriment de l'autre, conduirait à ce phénomène de dissociation personnelle, qui a pour résultat de provoquer une adaptation de surface. Nous pensons donc que ce potentiel peut être réutilisé dans l'avenir à condition d'être respecté et reconnu comme un bénéfice pour l'élève et son environnement, mais aussi à condition d'être entretenu à sa source. Ceci nous invite à nous interroger sur la place de telles valeurs dans l'organisation des collèges. Sont-elles cantonnées à des instances particulières comme l'heure de vie de classe, affichées comme un objectif de principe, en étant exclues des modes de travail proposés à l'élève quotidiennement et par tous les acteurs adultes du collège ? Nous pouvons encore nous demander, en transposant les analyses de C. Blanchard-Laville (2001) à propos des enseignants, si cette capacité de « maîtrise » peut être à l'œuvre quand « l'emprise » est trop forte ? Dans cette perspective, nous aimerions continuer à explorer de notre point de vue, ce que les sociologues nomment « le climat » du collège, en même temps que revoir au fil des années, ce qu'il en est pour ces élèves de cette intériorisation du « système Freinet ».

RÉFÉRENCES BIBLIOGRAPHIQUES

AUDIGIER F., BASUYAU C. (1988), « Comment l'histoire et la géographie sont-elles enseignées ? Exemples des classes de CM2 et 6e », *Revue Française de Pédagogie*, n° 85, 21-27.

BÉCOUSSE G. (2005), « De l'école Freinet au collège : le devenir des élèves entrant en sixième », dans REUTER Y. dir., *Démarches pédagogiques et lutte contre l'échec scolaire (2002-2005)*, Rapport de recherche ERTe 1021, Villeneuve d'Ascq, Université Charles-de-Gaulle – Lille 3, 375-384.

BLANCHARD-LAVILLE C. (2001), *Les enseignants entre plaisir et souffrance*, Paris, Presses Universitaires de France.
BOWLBY J. (1973, tr. fr. 1978), *Attachement et perte, tome 2 : la séparation*. Paris, Presses Universitaires de France.
COLOMB J., dir. (1987), *Les enseignements en CM2 et en 6e ; Ruptures et continuités*, Équipe de recherche Articulation École/Collège, Rapport de recherche n° 11, Paris, INRP, Département des didactiques et Enseignements Généraux.
CORDIÉ A. (1998), *Malaise chez l'enseignant. L'éducation confrontée à la psychanalyse*, Paris, Seuil.
COUSIN O., FELOUZIS G. (2002), *Devenir collégien, L'entrée en classe de sixième*, Paris, ESF.
DOLTO F. (1984), *L'image inconsciente du corps*, Paris, Seuil.
JOVENET A.-M. (2006), « Changement d'école et pratiques pédagogiques » dans REUTER Y. dir., *Effets d'un mode de travail pédagogique « Freinet » en REP*, Rapport de recherche (2004-2006), remis à l'IUFM du Nord – Pas-de-Calais, Université Charles-de-Gaulle – Lille 3.
LOISEL M. (2000), De l'école primaire au collège, l'expérience des collégiens, *Rencontre sur l'école, L'école pour tous*, Lille, Observatoire des Études et Recherches en Éducation, 85-89.
ZAZZO B. (1982), *Les 10-13 ans, Garçons et filles en CM2 et en sixième*, Paris, Presses Universitaires de France.

L'ENTRÉE DANS L'ÉCRIT
ET LA NAISSANCE DU RAPPORT À L'ÉCRIT

Martine FIALIP-BARATTE

Comment des enfants de milieux sociaux équivalents, scolarisés, d'une part dans différentes écoles de la banlieue lilloise et, d'autre part, dans une école pratiquant la pédagogie Freinet, appréhendent-ils l'écrit et comment vivent-ils leur entrée en écriture durant leurs années de scolarité maternelle et leur première année à l'école élémentaire ? Quelles pratiques scripturales mettent-ils en place en classe et à la maison ? Quel rapport à l'écrit construisent-ils ? C'est au travers du discours des enfants, recueilli lors d'entretiens portant sur quelques dimensions de l'écriture, que les représentations enfantines sont reconstituées (cf. le questionnaire en annexe). Il s'agit de regarder si des différences, imputables aux pratiques enseignantes et aux activités qui en découlent, apparaissent et en quoi ces différences favorisent ou non l'entrée dans l'écrit.

Le corpus 1 comprend les élèves interrogés pour ma thèse (Fialip Baratte, 2003) qui étaient scolarisés dans trois écoles de la banlieue lilloise ; le corpus 2 est celui des élèves de l'école maternelle Anne Frank, et du cours préparatoire de l'école élémentaire Hélène Boucher, écoles constituant le groupe scolaire Concorde, travaillant en pédagogie Freinet, situées également en banlieue de Lille.

	École Freinet	Autres élèves
Petite section	12	21
Moyenne section	22	19
Grande section	25	21
Cours préparatoire	23	20

Entretiens effectués

Tous les enfants de petite section n'ont pu être interrogés, d'une part sur recommandation des enseignantes signalant les enfants « qui ne répondraient pas » et d'autre part à cause de certains élèves refusant l'entretien (par peur, timidité, etc.).

Pour la clarté de l'exposé, je ferai apparaître dans un premier temps les ressemblances et dans un second temps les dissemblances ; le découpage en niveaux scolaires est commode bien que peu compatible avec la réalité dans la mesure où il ne rend compte qu'artificiellement du processus d'entrée dans l'écrit, caractérisé d'abord par la continuité et les connexions incessantes entre ces différents niveaux.

1. RESSEMBLANCES

Les ressemblances sont souvent ténues et résident dans quelques dimensions du rapport à l'écriture domestique, rapport au sein duquel de nombreuses différences apparaissent également.

La matérialité de l'écriture domestique (supports, outils) est très présente dans le discours des élèves de petite section. Mais à partir de la moyenne section, chez les élèves Freinet, cette matérialité disparaît au profit de l'intérêt pour la trace graphique alors qu'elle perdure jusqu'en grande section pour les élèves du premier corpus.

Les descriptions que les enfants font des écrits parentaux destinés à l'école ou au fonctionnement de la vie quotidienne sont extrêmement précises : la fonctionnalité en est repérée et explicitée. Jeremy, dans le premier corpus, explique que sa maman « écrit des papiers pour se marier » et Sarah que sa mère écrit « pour faire à manger comme Maïté à la télé ». Dans le second corpus, celui de l'école Freinet, Elona précise : « pour chercher du travail » ; Mehdi : « parce que ma sœur elle veut faire prof d'école » ; Laurena : « Pour payer la voiture parce que y'a en une qui est cassée ». Cependant, l'activité parentale que les élèves de l'école Freinet signalent est plus souvent en relation étroite avec l'univers scolaire que celle signalée dans le corpus 1 :

> Des fois, ils signent des papiers pour les ateliers on doit faire trois vœux si on doit pas en faire on barre aussi pour y aller aux ateliers. (Redouan).

> Ils font des papiers quand y'a des brevets à signer pour l'école. (Rahma).

L'aide au travail scolaire est apportée soit par les parents, soit par la fratrie. Ce sont les uns ou les autres qui s'occupent des plus petits. Les élèves des deux corpus, une fois scolarisés au cours préparatoire, apportent à leur tour de l'aide à leurs frères et sœurs plus jeunes, la plupart du temps pour pallier l'absence d'aide parentale. Précisément, les occurrences de remarques visant à regretter le manque d'aide parentale sont nombreuses dans le corpus Freinet, semblant signifier par là que ces enfants ont conscience que cette situation est peut-être exceptionnelle :

> J'écris pas à ma maison parce que ma maman m'apprend pas avec moi. (Cyril).

> On n'arrive pas à écrire parce que des fois même papa et même maman ils montrent pas comment on écrit. (Laure).

Ces remarques interrogent sur des pratiques qui restent marginales dans ce milieu social (Fialip Baratte, 2003) et qui, ici, battent en brèche les relations entre les familles et les enseignants, pensées comme nécessaires. Cependant, dans les deux corpus, l'aide familiale est largement majoritaire et effective dès la GS. Dans le corpus 1, l'aide des parents augmente au fur et à mesure de l'avancement de la scolarité et présente un pic en GS, lorsque l'échéance du cours préparatoire se profile. Elle devient effective au CP. À l'école Freinet, cette aide, sollicitée (plus fortement ?) par les enseignants dès la petite section maternelle est déjà en place en grande section.

Alors qu'en petite et moyenne sections chez les élèves Freinet, on ne trouve aucune trace de compétition scripturale avec la fratrie (contrairement aux déclarations des élèves du premier corpus), dès la grande section et surtout au cours préparatoire, le discours des enfants des deux corpus met au jour cette même compétition. Les enfants se sentent « supérieurs » parce qu'ils savent écrire. On retrouve ici la représentation commune à de nombreux enfants faisant d'eux « des grands » lorsqu'ils atteignent enfin « la grande école ». La fréquentation du cours préparatoire et l'apprentissage « officiel » de la lecture et de l'écriture leur donnent un statut privilégié : celui de lecteur et de scripteur. Mais cette compétence leur est parfois contestée par les benjamins et les rapports, parfois conflictuels, donnent lieu aux remarques suivantes :

> Quand je mets son nom à Léo, il fait du barbouillage dessus. (Coline).
>
> Quand je veux écrire un prénom, Ophélie elle m'embête. (Thomas).

Le rapport à l'écriture domestique est en construction lorsque les enfants arrivent à l'école. Certaines dimensions de l'écriture en sont remarquées et apparaissent dans leur discours. Les enfants sont sensibles à la matérialité de l'écriture, reconnaissent l'écriture chez leurs proches et en disent les fonctions ; les personnes les plus importantes lors de ces pratiques scripturales domestiques sont, en petite et moyenne sections, la mère et la grande sœur mais leur rôle est pour l'instant restreint. En grande section et au CP, la compétition avec la fratrie apparaît, donnant à cette dernière un rôle actif dans la construction identitaire scripturale des enfants interrogés, leur permettant de clarifier et de situer leur position de scripteur. On retrouve donc dans les propos des élèves des deux corpus, les traces des mêmes pratiques scripturales domestiques. La nuance se trouve peut-être dans l'appréciation que donnent les enfants de l'école Freinet de cette aide ou de l'absence de celle-ci. Si l'aide fait défaut, alors qu'elle est encouragée et fortement sollicitée (car étant un élément-clé de la pédagogie mise en place dans ce groupe scolaire), les enfants de ce groupe le vivront peut-être plus difficilement. Malgré ces nuances, le discours des élèves des deux corpus confirme bien « la bonne volonté culturelle » de l'entourage familial. On peut cependant faire l'hypothèse que la collaboration entre l'école et les familles, particulière à l'école Freinet, renforce encore cette « bonne volonté » et favorise par là l'entrée dans l'écrit des enfants lorsque leurs familles participent et s'impliquent, réalisant ainsi une des conditions de la mise en place de la communauté scolaire spécifique qui se construit dans le groupe Freinet.

2. DISSEMBLANCES

Les différences se situent dans quelques dimensions du rapport à l'écriture domestique et, de façon significative, dans le rapport à l'écriture scolaire. Concernant le premier rapport, elles tiennent, pour les enfants Freinet, à la reconnaissance précoce des pratiques scripturales chez les proches et pour le second rapport et chez ces mêmes enfants, à la continuité des pratiques scolaires d'écriture selon les lieux, ainsi qu'à la contextualisation et à l'explicitation des conduites qui les accompagnent. La construction déjà avancée de ces deux rapports à l'écrit permet de repérer des traces de clarté cognitive, de donner une coloration à ces deux rapports et de formuler l'hypothèse qu'une « communauté scolaire » se construit à l'école Freinet.

2.1. Le rapport à l'écriture domestique

Il semble y avoir équilibre entre objets iconographiques (dessins, poisson, ours, bonhommes, dinosaures, peinture) et scripturaux (prénoms, lettres, messages, alphabet, mots) dits « écrits » à la maison chez les enfants scolarisés à l'école Freinet, alors que pour les enfants du corpus 1, ces objets deviennent, en moyenne section, majoritairement des objets d'écriture. Cette focalisation sur les objets d'écriture apparaît comme une contamination de l'école sur la maison, balayant les pratiques iconographiques antérieures car celles-ci ne permettent pas de faire face aux enjeux scolaires : l'apprentissage de l'écriture et son corollaire, le passage au cours préparatoire. Il y a donc, dès la moyenne section chez les enfants du premier corpus, un basculement vers des pratiques scripturales domestiques calquées sur les pratiques scolaires avec abandon des pratiques iconographiques antérieures alors que chez les enfants du corpus Freinet, l'équilibre entre « dessins » et « écrits », présent dès la petite section, se maintient en moyenne section.

Le rapport à l'écriture domestique semble peu investi voire négatif pour quelques garçons du corpus 1 alors que chez les élèves Freinet, il n'y a pas trace de rapport négatif à l'écriture domestique. Investi positivement par les élèves du groupe Freinet, le rapport à l'écriture domestique laisse, chez les enfants de l'autre corpus, entrevoir des éléments négatifs, en particulier affectifs, liés à des « difficultés d'écriture ».

En petite et moyenne sections, les enfants de l'école Freinet ne développent pas de rapport concurrentiel avec la fratrie, alimenté par la dépréciation des « barbouillages » effectués par les frères et sœurs plus jeunes. L'écriture n'est pas (encore ?) vécue comme un enjeu nécessaire pour être reconnu. On peut exister au sein de la fratrie et de la famille même si l'on n'est pas scripteur. Cet élément va avoir des incidences sur la sérénité du rapport à l'écriture.

2.2. Le rapport à l'écriture scolaire

Le rapport à l'écriture scolaire des enfants du corpus Freinet est établi dès la petite section et ce rapport est plutôt positif tandis que pour les enfants du premier corpus, il ne s'esquisse qu'en moyenne section et est plutôt empreint d'éléments négatifs. Pour ces enfants, le rapport à l'écriture scolaire apparaît d'autant plus incertain et parcellaire que le rapport à l'écriture domestique semble nourri et consistant. En effet, l'investissement affectif et identitaire (en particulier la relation établie par les enfants entre écrire et grandir ou encore la mise en concurrence avec la fratrie), perceptible dans ce rapport à l'écriture domestique fait apparaître, *a contrario*, un rapport à l'écriture scolaire pauvre et qui semble artificiel et déconnecté, car non encore finalisé et ne faisant pas encore sens.

La différence entre écrire et dessiner est davantage remarquée par les enfants de petite et moyenne sections de l'école Anne Frank que par ceux du premier corpus. Cependant, cette différence n'est pas encore explicitée : « c'est pas pareil » répond la majorité des élèves. Alors que cette distinction se fait jour en moyenne section pour les élèves du corpus 1, la majorité des élèves du corpus Freinet annonce dès la petite section une différence entre ces deux actions ; distinction qui se manifeste discursivement par l'emploi de termes précis : *faire, dessiner, écrire*. Elle s'opère chez les élèves du premier corpus par une comparaison tripartite (graphisme, dessin, écrit) alors que pour les élèves Freinet, elle se fait grâce à des comparaisons plus diversifiées : allusions au cahier de vie et à d'autres supports (cahier d'écrivain, portfolio, travail, etc.).

À l'école, ce qu'écrivent les élèves du corpus Freinet en petite section est contextualisé. La longueur des descriptions est plus importante. L'écriture est la référence et les enfants la mettent en relation avec d'autres activités. Dans cette perspective, l'écriture du prénom n'est pas le premier objet cité lorsqu'il s'agit de définir l'écriture à l'école (comme c'est le cas dans le premier corpus). Elle cohabite avec d'autres activités scolaires (écriture d'autres prénoms, de différents mots, de chiffres, mais aussi dessins, élaboration du cahier de vie, chansons, fréquentation de la bibliothèque, etc.). Ces activités diversifiées qui ne relèvent pas toutes directement de l'ordre scriptural donnent une cohérence sémantique et pragmatique à l'enseignement reçu et au monde scolaire dans lequel l'écrit prédomine. Cette mise en relation de l'écrit avec un nombre important d'autres pratiques permet, encore, de le distinguer très précisément et de le singulariser : « écrire » s'apprend et la plupart des élèves ont alors conscience qu'ils « ne savent pas encore ». Les allusions au cahier de vie permettent d'effectuer ces distinctions. Ce cahier circule de famille en famille et témoigne du travail scolaire et de la vie de classe. Il rassemble sur un même support différentes activités leur donnant sens et cohérence, permettant les liaisons de l'une à l'autre et leur donnant leur coloration « scolaire » (peut-être par le support même). Il établit des relations fortes entre l'école et la maison. Le terme « activités », rendues « visibles » par leur exposition dans le cahier de vie, unifie ainsi les pratiques scolaires sans pour autant les brouiller et les transporte à la maison. Le terme « activités » recouvre pour l'instant toutes les pratiques scolaires qu'elles soient scripturales ou iconographiques permettant à certains élèves ayant conscience de ne pas « encore savoir écrire » de trouver place à l'école et de préparer sereinement l'apprentissage de l'écriture.

2.3. La sérénité

En petite et moyenne sections, au travers de leurs déclarations, il n'est pas difficile d'écrire pour les enfants des deux corpus, mais les enfants du corpus Freinet explicitent davantage les raisons de cette facilité. Ces raisons restituent parfois des étapes de l'apprentissage :

> Pas dur, je fais comme ça, je sais écrire tous les chiffres, je sais écrire les dessins mais pas les mots. (Sarah).

En grande section, les enfants du groupe Freinet abordent la perspective imminente de leur entrée au CP avec davantage de sérénité que les enfants du premier corpus. On ne trouve pas le terme « redoubler » alors qu'il apparaît six fois dans le corpus 1 :

> – Pourquoi c'est bien de savoir écrire Leïla ? – Pour plus redoubler. (Leïla).

Lorsque les enfants de l'école Freinet discourent sur le bien-fondé de l'apprentissage de l'écriture, l'échéance du cours préparatoire est indiquée de façon plus sereine ; le terme « redoublement » n'est pas utilisé et cette année supplémentaire laissée à l'apprentissage n'est pas envisagée comme une sanction :

> Parce que quand tu vas aller au CP, tu sais pas écrire et ben tu vas encore aller en maternelle. (Chahinèze).

Si le terme « redoublement » est exclu du discours de grande section des élèves du corpus 2, il apparaît au cours préparatoire, dans celui de quatre enfants, mais trois fois de façon sollicitée. Dans le corpus 1, il est donné d'emblée et suscite une réelle inquiétude : « Cette centration excessive et exclusive sur les enjeux de fonctionnement, liés au bon déroulement de la scolarité (passer dans la classe suivante) provoque chez ces enfants une angoisse précoce, perceptible dans leurs propos dès la petite section […]. Ne pas redoubler devient un leitmotiv. » (Fialip Baratte, 2003, 434). Dans le corpus 2, cette inquiétude apparaît donc peu.

Cependant, l'apparition de ce terme ne semble pas alourdir outre mesure la nature du rapport des enfants à l'écriture. Ils signalent le redoublement comme un fait inhérent au fonctionnement de la scolarité, conséquence de certains manques. Cyril le dit ainsi :

> (À quoi ça sert d'écrire ?) – pour apprendre, pour pouvoir écrire vite quand on va être grand et si on est petit encore et si on redouble, on sera en maternelle.

Même si on ne peut exclure que cette perspective les préoccupe, le redoublement (qui existe aussi dans ce groupe scolaire) n'est ni envisagé, ni vécu de façon aussi dramatique. La pression exercée par les familles et les enseignants semble moindre et lorsque cet événement se produit, il n'est pas vécu négativement : les bénéfices que l'élève pourra en tirer sont connus et exposés.

Cette sérénité des enfants de l'école Freinet se manifeste, après le rapport à l'écriture domestique, dans le rapport à l'écriture scolaire développé dès la petite section et globalement positif dès sa naissance : ils aiment écrire à l'école. Les enfants ont bien conscience de l'importance du cours préparatoire sans pour autant le redouter. Ils connaissent les exigences attendues de la part de leurs parents et de leurs maîtres. Ces exigences sont posées : il faut savoir lire et écrire, savoir écrire son prénom, des numéros, faire les listes de courses ; mais les conséquences négatives d'un échec ne sont pas abordées sinon sous l'angle affectif. Il semble donc qu'il y ait moins d'inquiétude chez les enfants du groupe Freinet. Cette sérénité, installée dès la petite section, a sans doute des conséquences sur la suite de la scolarité. Elle se retrouve, par la suite, dans le rapport aux apprentissages, à l'évaluation et à l'erreur, tel que les autres contributions de l'ouvrage sur les apprentissages disciplinaires l'exposent (voir, par exemple, celles de Cohen-Azria, Lahanier-Reuter ou Reuter).

Les résultats montrent, pour les élèves du groupe Freinet, une plus grande sérénité lors de l'entrée en écriture que pour les élèves du corpus 1. Les indices relevés dans les propos des enfants semblent lier cette sérénité au climat établi par cette communauté scolaire, climat fait de valeurs fortes comme l'entraide, la solidarité, le respect et le travail ainsi que la conscience d'être déjà entrés dans les apprentissages écrits, apprentissages contextualisés et finalisés.

Si Yves Reuter peut écrire à la suite de l'analyse de productions écrites en CM1, qu'à l'école Freinet, l'investissement dans l'écrit est « incomparable à ce que l'on peut trouver à milieu équivalent dans d'autres cadres pédagogiques qui manifeste sans doute qu'en fonction des pratiques mises en place, le rapport à l'écrit s'est modifié… » (Reuter, 2005, 234), on peut tenter de repérer les facteurs et les acteurs de cette modification. Celle-ci peut être reliée à ce que Anne-Marie Jovenet (2005, 103-104) nomme : « l'environnement humain à travers les relations, le confort, l'écoute, la disponibilité et la mise en valeur de chacun. ». Ces éléments constituent selon elle, « le troisième pôle du rapport à l'école » qui englobe les relations extérieures (parents, conseil municipal des jeunes, visiteurs, sorties, correspondance) et les relations intérieures tissées d'aide, de prise en compte des besoins et désirs des élèves et de respect individuel. On peut faire le pari que ces éléments contribuent à construire, dans un climat particulier, une « collectivité scolaire » particulière dont une des composantes est la sérénité, favorisant en retour une ambiance propice aux apprentissages.

2.4. La construction d'une communauté scolaire

La vie à l'école est un « tout » qui englobe les activités scolaires et les jeux avec les copains. Ainsi, Jordan affirme :

– C'est quoi écrire pour toi ? – Faire du travail, jouer avec mes copains dans la cour.

Cette vie à l'école déborde aussi à la maison :

> J'aime bien écrire chez moi parce que je veux faire plein de numéros et je vais les mettre dans mon casier à l'école. (Anthony R.).

Les activités sont découpées, aidées, progressives. Elles sont plus facilement comprises :

> Hier j'ai regardé sur mon étiquette et maintenant j'y arrive sans étiquette ; En script on prend pas son étiquette, en attaché on prend son étiquette. (Mustapha).

> Si on sait pas écrire son prénom en attaché, et ben on regarde en bas de son étiquette. (Coline).

Les activités sont finalisées assez précisément :

> J'ai envie d'écrire pour écrire les courses (Océane R.).

Cette connaissance cernée et précise des fonctions de l'écriture entretient la motivation tout en calmant les angoisses que provoqueraient des ambitions plus importantes.

L'entraide et l'amitié font partie de l'univers scolaire de ces enfants. Thomas aime bien « écrire tous les enfants et tous les copains », ce qui semble normal, puisqu'il raconte :

> J'arrive pas à faire un petit peu les prénoms et les copains ils m'aident.

Certaines valeurs sont mises en avant : travail et effort, amitié et aide, intelligence. Les réponses contenant le terme *travail* sont des réponses aux questions : « Est-ce que tu aimes écrire ? » et « Qu'est-ce que tu aimes écrire ? ». On peut donc postuler un investissement important de la part des enfants. Mustapha, par exemple, répond :

> Écrire son prénom en attaché et en script et des travails et on travaille bien.

Dès la grande section le terme « travail » désigne les activités scripturales par rapport aux activités iconographiques et les distingue du jeu (Fialip Baratte, 2005, 155). Ce terme semble aussi être le fil rouge qui permet à Isabelle Delcambre (2005, 265) d'écrire :

> Ce qui semble caractériser les situations telles que mises en œuvre à l'école Freinet, c'est la dimension de travail donnée à ces situations de parole collective : travail présent et travail futur, situations de travail sur la prise de parole et sur le travail futur en mathématique... Les élèves y parlent pour travailler et non pour s'exprimer.

Cette notion est intégrée et partagée par les élèves, mais aussi initiée, puis encouragée par les enseignants. Selon Cécile Carra (2005, 35), les enseignants emploient le terme *travailler* plutôt qu'*apprendre* arguant que les enfants comprennent mieux ce mot et se mettent plus vite au travail sans se poser a priori des questions qui les déstabilisent. Maria Pagoni (2005, 75) peut alors conclure que le « travail » est un des trois principes d'apprentissage prévalant dans le groupe Freinet. Lorsque le terme « travail » est rapproché de celui d'« activités », son sens se précise et les dimensions que ces deux mots recouvrent donnent à voir toutes les interactions qui les traversent. La référence constante à cette notion d'effort et aux activités qui la constituent caractérise ce groupe scolaire et sa pédagogie. Elle révèle un aspect de la construction de cette *communauté de recherche* (Ruellan, 1999) qui se constitue comme un tout ne séparant pas les activités de classe et les activités extérieures (récréations, rapports avec les familles, conseils de classe, réunions, etc.). Si Francis Ruellan (1999, 390) emploie tout au long de sa thèse, à propos de la pédagogie du projet, le terme de « communauté de recherche », il ne la définit pas précisément mais il est possible de reconstruire cette notion à partir de ses propos. Ainsi cette communauté s'institue par une atmosphère particulière faite de travail et de créativité donnant à tous les élèves (et en particulier à ceux qui en ont le moins envie) la volonté d'apprendre. Les situations discursives doivent être authentiques et permettre aux élèves de cerner les objectifs didactiques, les savoirs à mobiliser et les outils à utiliser tout en favorisant « l'accomplissement du projet individuel de l'élève sans que celui-ci soit dilué dans le projet collectif. »

2.5. La clarté cognitive

En moyenne section, tous les élèves du corpus Freinet répondent, alors que deux tiers seulement des enfants du corpus 1 donnent des réponses à l'ensemble des questions. Il semble que le langage témoigne de la clarté cognitive et que celle-ci se renforce encore lors de l'exposition au langage : dire, expliquer, se remémorer ses pratiques scripturales oblige les enfants à les mettre à distance et cette exposition discursive, en les clarifiant, semble en accroître la conscience et la connaissance.

Le sens de l'écriture peut se définir par les fonctions et les finalités attribuées à celle-ci. C'est ce sens qui laisse à penser que les enfants font preuve d'une certaine clarté cognitive. Ici, il s'agit de la signification d'*écrire* au sein des pratiques que cet acte engendre. Au cœur de l'école, il est difficile de dissocier le sens attribué au terme *écrire* des pratiques qui y sont afférentes. On ne peut pas non plus ignorer que les pratiques et les modalités de l'apprentissage ont à voir avec ceux qui ont à charge de les initier, *i.e.* les enseignants. Pour les élèves de grande section des deux corpus, écrire c'est d'abord écrire son prénom. Treize des vingt-cinq élèves de grande section du corpus 2 définissent *écrire* comme les élèves du corpus 1, d'abord par l'écriture de leur prénom en cursive ou en script ; prénom qu'ils épellent, désignent ou nomment. La différence tient au fait que les élèves du corpus Freinet intègrent dans leur définition de l'écriture l'apprentissage de celle-ci ainsi que ses fonctions, alors que les enfants du corpus 1 ne mentionnent ces deux notions qu'en réponse aux questions concernant, précisément, l'apprentissage et les fonctions de l'écriture. Une élève du corpus Freinet annonce déjà ce qui va être l'épine dorsale du discours des élèves de cours préparatoire : « À l'école, je fais des textes à l'ordinateur, on apprend à lire des textes sur le tableau, si après on veut recopier on regarde sur le tableau et on tape à l'ordinateur » (Sandy). En effet, pour les élèves du cours préparatoire du groupe Concorde, le sens de l'écriture est lié au « texte ». Les textes et les histoires sont largement mentionnés mais également finalisés. L'investissement peut être immédiat ou à plus long terme. Les conséquences et les objectifs peuvent être pragmatiques ou liés à l'apprentissage :

> J'écris des histoires et j'écris pour le recueil de textes. Si on sait apprendre à écrire, je pourrai écrire des histoires à ma mère et à mon père. (Angélina).
>
> Quand c'est mon anniversaire, j'écris des lettres moi tout seul, j'envoie des lettres à l'école pour mon correspondant et on écrit des textes. (Stéphane).

Les élèves Freinet *savent* ou *ne savent* pas écrire, mais ils peuvent justifier cet état. Ils le font en donnant des exemples précis dans l'un ou l'autre cas. Ainsi, dans le second cas, les causes des difficultés sont repérées et parfois la remédiation est mentionnée :

> Je les écris mal, c'est les u. (Rahma).
>
> Y'a des lettres difficiles et sans les regarder c'est très, très difficile. (Rédouan).

Cette conscience permet peut-être le déclenchement du processus d'apprentissage en dépassant les difficultés et en précisant « l'objectif didactique » à atteindre ; ce qui, en tout cas, « positive » l'apprentissage. Les élèves du corpus 1 conservent une approche globale (« c'est difficile parce que j'arrive pas ») ne permettant pas de distinguer ce qui fait entrave et leur laissant de l'écriture la représentation d'une entité aux difficultés intégralement irréductibles, le plus souvent liées intrinsèquement à *grandir* (« c'est difficile parce que je suis grande »). Il semblerait encore que, pour le corpus 1, les références fortes à la matérialité de l'écriture scolaire soient des obstacles à l'appréhension de l'objectif didactique et que les activités proposées (ranger les étiquettes, coller, découper) masquent la conscience de l'acte d'écriture.

La clarté cognitive semble se manifester aussi dans la connaissance du déroulement de la scolarité. En effet, huit enfants indiquent qu'ils veulent passer dans la classe supérieure, le CE1. Dans le corpus 1, cette volonté existe aussi mais elle est moins précise, liée au CM, à la sixième, voire au collège. Ici, il s'agit bien de la classe suivante : le CE1. Cette connaissance s'étend au delà pour Ilona, qui explique que, « savoir écrire permet d'aller au CE1, puis au CE2, puis au CM1 ».

Pour les enfants du premier corpus, le lieu d'apprentissage est toujours la maison. Les enfants du groupe Freinet ont des conceptions plus larges de ce lieu d'apprentissage : *l'école* bien sûr, mais aussi *le centre de loisirs, la campagne, toutes les classes, tout partout, à l'ordinateur*. Il semble que leur monde de l'écrit soit plus étendu.

Si la plupart des enfants de GS du corpus 1 disent « écrire » très tôt, ils affirment qu'ils apprendront à écrire et à lire au cours préparatoire ou, de façon imprécise, « à l'école ». Dans le corpus Freinet, sept enfants indiquent comme classe d'apprentissage de l'écriture, la grande section qu'ils fréquentent (associée deux fois à la classe de cours préparatoire). Les enfants du corpus 2 ne considèrent donc pas majoritairement, comme c'était le cas dans le corpus 1, le cours préparatoire comme la classe où ils vont apprendre à lire et à écrire. Pour les élèves du corpus 1, « Cette représentation tenace, produite dès la première année d'école maternelle, d'un apprentissage exclusivement réservé au cours préparatoire, s'amplifie alors que l'échéance de celui-ci approche ». (Fialip Baratte, 2003, 332).

Les manifestations d'une certaine clarté cognitive des élèves Freinet résident dans le nombre élevé et la longueur de leurs réponses, dans leur appréhension d'un monde de l'écrit plus vaste et qui facilite les comparaisons, multiplie les lieux d'écriture, ainsi que dans des savoirs concernant le processus d'apprentissage de l'écrit, savoirs centrés d'une part sur des objectifs précis et d'autre part sur le déroulement de la scolarité. L'écriture est pour eux, dès l'école maternelle, un objet complexe, situé dans différents lieux, revêtant divers aspects, nécessitant un apprentissage scolaire qui s'opère et s'optimalise par un étalement progressif des compétences à acquérir. Plus précisément, il semble que la représentation d'un apprentissage de l'écriture non exclusivement dévolu au cours préparatoire contribue à favoriser l'entrée dans l'écrit. En effet, les enfants du second corpus disent « écrire », alors que la plupart de ceux du corpus 1 « attendent » d'être en CP pour affirmer qu'ils écrivent ou pour reconnaître ce qu'ils écrivent comme étant de l'écriture.

CONCLUSION

Les ressemblances entre les deux groupes d'élèves résident dans les pratiques scripturales domestiques, nombreuses, nourries et investies. Cependant pour les enfants de l'école Freinet, ces pratiques sont immédiatement mises en relation avec les pratiques d'écriture scolaire, elles aussi fortement investies. Englobant l'existence précoce d'un rapport à l'écrit, caractérisé par des éléments de clarté cognitive, une attention plus vive aux phénomènes scripturaux et une plus grande sérénité dans le cheminement vers l'écrit, la distinction essentielle se tient dans la cohérence du rapport à l'écrit que les discours des élèves Freinet restituent. Si l'on admet que le rapport à l'écrit peut se décliner en : rapport à l'apprentissage, rapport à l'écriture domestique et rapport à l'écriture scolaire, ces différents rapports présentent dans les discours de ces enfants des connexions, rendant compte de la spécificité de chacun d'entre eux mais aussi de ce qui en assure la cohésion.

Alors que les ressemblances entre les deux groupes d'élèves consistent, surtout pour les deux premières années de scolarité maternelle, dans le rapport à l'écriture domestique, on peut dire que l'existence de différences se situant, par la suite, dans les rapports à l'écrit scolaire et à l'apprentissage confirme « qu'il se passe quelque chose à l'école, pour les élèves Freinet. ». Ce « quelque chose » nous paraît en relation avec la construction d'une « communauté scolaire » qui engloberait « la communauté de recherche » mentionnée par Francis Ruellan mais la dépasserait. Cette « communauté » se constituerait au sein de dimensions diverses. En ce qui concerne l'entrée dans l'écrit, les éléments constitutifs de cette communauté reconstruits à partir du discours des enfants sont :

– une collaboration étroite avec les parents, considérés comme des partenaires privilégiés ;

– des apprentissages accompagnés et aidés par les maîtres laissant place aux interventions des pairs et mettant l'élève dans une position de chercheur (communauté de recherche) ;

– des pratiques scolaires débordant le cadre de la classe et permettant des échanges entre les classes de l'école, échanges basés sur des apprentissages, des savoirs et des savoir-faire (les élèves de GS ou de CE1 venant lire des histoires aux plus petits) ;

– des activités scolaires non circonscrites au lieu même de l'école mais débordant « à la maison », dans d'autres établissements (correspondance scolaire) et dans divers endroits de la communauté éducative[1] (bibliothèque, centre social, etc.) ;

– une communauté discursive (Maingueneau, 1996) qui, pour les petites classes, met au jour la nécessité d'apprendre (ni l'écriture ni la lecture ne sont des « dons ») ainsi que le sens de ces apprentissages, réalisant un climat scolaire fait d'un rapport structuré et linéaire au temps ; ces différents éléments engendrant une plus grande sérénité et développant une certaine clarté cognitive, dimensions propices à la construction du rapport à l'écrit.

La constitution de cette « communauté scolaire » pose le problème de la transférabilité. En effet, si la majorité des pratiques et des activités liées à l'écrit sont transférables, il semble que la construction de cette communauté particulière soit spécifiquement liée à des choix pédagogiques, à des pratiques enseignantes et à une volonté collective forte, éléments caractérisant les enseignants de ce groupe Freinet et la pédagogie qu'ils mettent en place.

RÉFÉRENCES BIBLIOGRAPHIQUES

CARRA C. (2005), « Déviances et régulations dans une école Freinet », dans REUTER Y. dir., *Démarches pédagogiques et lutte contre l'échec scolaire*, Rapport de recherche de l'ERTe 1021, 2002-2005, remis à la direction de la recherche du Ministère de l'Éducation Nationale, Université Charles-de-Gaulle – Lille 3.

DELCAMBRE I. (2005), « Dispositifs d'oral en maternelle et en CP », dans REUTER Y. dir., *Démarches pédagogiques et lutte contre l'échec scolaire*, Rapport de recherche de l'ERTe 1021, 2002-2005, remis à la direction de la recherche du Ministère de l'Éducation Nationale, Université Charles-de-Gaulle – Lille 3.

---

1. La « communauté éducative » est constituée de tous les partenaires officiels de l'école : municipalités, inspections, centres PMI, etc.

FIALIP BARATTE M. (2003), *L'écriture avant l'écriture, discours d'enfants de maternelle*, Thèse de doctorat, Université Charles-de-Gaulle – Lille 3.

FIALIP BARATTE M. (2005), « L'entrée dans l'écrit », dans REUTER Y. dir., *Démarches pédagogiques et lutte contre l'échec scolaire*, Rapport de recherche de l'ERTe 1021, 2002-2005, remis à la direction de la recherche du Ministère de l'Éducation Nationale, Université Charles-de-Gaulle – Lille 3.

JOVENET A.-M. (2005), « L'espace psychique de l'acquisition des savoirs, construit par l'école en pédagogie Freinet », dans REUTER Y. dir., *Démarches pédagogiques et lutte contre l'échec scolaire*, Rapport de recherche de l'ERTe 1021, 2002-2005, remis à la direction de la recherche du Ministère de l'Éducation Nationale, Université Charles-de-Gaulle – Lille 3.

MAINGUENEAU D. (1996), *Les termes clés de l'analyse du discours*, Paris, Seuil, Coll. Mémo.

PAGONI M. (2005), « Quels apprentissages en éducation civique et morale ? », dans REUTER Y. dir., *Démarches pédagogiques et lutte contre l'échec scolaire*, Rapport de recherche de l'ERTe 1021, 2002-2005, remis à la direction de la recherche du Ministère de l'Éducation Nationale, Université Charles-de-Gaulle – Lille 3.

REUTER Y. (2005), « La production de textes », dans REUTER Y. dir., *Démarches pédagogiques et lutte contre l'échec scolaire*, Rapport de recherche de l'ERTe 1021, 2002-2005, remis à la direction de la recherche du Ministère de l'Éducation Nationale, Université Charles-de-Gaulle – Lille 3.

RUELLAN F. (1999), *Un mode de travail didactique pour l'enseignement-apprentissage de l'écriture au cycle 3 de l'école primaire*, Doctorat, Université Charles-de-Gaulle – Lille 3.

ANNEXE : QUESTIONNAIRE

I
1) C'est quoi écrire pour toi ?
2) Est-ce que tu aimes ? Pourquoi ?
3) Est-ce bien de savoir écrire ? Pourquoi ?

II
1) D'après toi, où apprend-on à écrire ?
2) Quand ?
3) Comment ?
4) Est-ce difficile ou facile ? Pourquoi ?
5) Est-ce que tu as envie d'apprendre à écrire ? Pourquoi ?

III
1) Est-ce que tu écris chez toi ?
2) Quoi ?
3) Sur quoi écris-tu ?
4) Avec quoi ?

5) Sur quoi poses-tu ta feuille, etc. ?
6) Où écris-tu ? Dans quelle pièce ?
7) Quand écris-tu ?
8) Comment écris-tu ?
9) Est-ce que tu aimes ? Pourquoi ?
10) Qu'est-ce que tu aimes ou n'aimes pas ? Pourquoi ?

IV
1) Qui écrit chez toi ? Pour quoi faire ?
2) Quand ?
3) Où ? Dans quelle pièce ?
4) Sur quel support ?
5) Comment ? (Posture, outil)
6) Est-ce que la personne aime ou non ? Sais-tu pourquoi ?

V
1) Est-ce que tu écris à l'école ?
2) Quoi ?
3) Sur quoi ?
4) Avec quoi ?
5) Y a-t-il une différence entre écrire et dessiner ?
6) Ton prénom, tu l'écris ou tu le dessines ?
7) Est-ce que tu aimes écrire ? Pourquoi ? Qu'est-ce que tu aimes ou n'aimes pas ?
8) Est-ce difficile ? Pourquoi ?
9) Quand vas-tu écrire ?

VI
Quel est ton meilleur souvenir d'écriture ?
Quel est ton pire souvenir d'écriture ?

ENSEIGNEMENT ET APPRENTISSAGES DE L'ÉCRIT

Yves REUTER

Ce chapitre, bien que consacré à l'enseignement et aux apprentissages de l'écrit dans le domaine du français, ne prétend pas épuiser cette matière. Dans la continuation de mes études précédentes (Reuter, 2005b, 2006 a et b), il est centré sur la production textuelle, appréhendée au travers de récits sollicités en CM2 et de descriptions suscitées du CP au CM2. Cette entrée se justifie – outre mes intérêts de recherche – par l'importance conférée à la production textuelle en fin d'école primaire, importance partagée, même selon des modalités différentes, par l'institution scolaire (voir les Instructions Officielles) et par les maîtres « Freinet ».

Néanmoins, à la différence de mes contributions précédentes mais en congruence avec la perspective de synthèse de cet ouvrage, j'accorderai une place substantielle à la prise en compte de données issues de recherches de notre équipe portant sur les évaluations nationales (Hassan, 2005 et 2006), les compétences en orthographe et en grammaire (Daunay, 2006) et les relations entre lecture et écriture (Giguère, 2005a).

Dans cette optique, après un premier cadrage quant aux décisions méthodologiques adoptées, j'exposerai successivement les résultats obtenus quant aux récits sollicitant l'imaginaire, aux récits sollicitant le vécu et aux descriptions, avant d'apporter quelques précisions sur l'évolution temporelle de ces résultats. J'étudierai ensuite la position réflexive des élèves de cette école, au travers des entretiens recueillis. J'essaierai enfin de mettre en relation ces analyses avec l'univers de l'écrit tel qu'il a été mis en place avant de revenir sur les questions liées à l'enseignement de la langue.

Il me reste à signaler que la dimension quelque peu panoramique adoptée ici m'a contraint à alléger nombre de données, notamment quantitatives, que je précise dans d'autres contributions.

1. LES PRINCIPES MÉTHODOLOGIQUES ADOPTÉS[1]

1.1. Les catégories d'écrits

Trois familles d'écrits ont été proposées aux élèves : des récits sollicitant l'imaginaire (RSI), des récits sollicitant le vécu (RSV) et des descriptions. Ces trois axes ont été retenus afin de permettre une approche de la production textuelle qui ne soit pas restreinte, comme c'est trop souvent le cas, à un type de texte, lui-même réduit à une thématique, même si cela demeure encore limité par rapport à la diversité des catégories possibles de discours écrits qui devraient être pris en compte pour esquisser l'image d'une compétence scripturale.

Pour chacun de ces écrits, l'étude a été menée sur cinq ans, outre l'année préliminaire (avant la mise en place de la nouvelle équipe), afin de pouvoir suivre l'évolution d'élèves ayant effectué leur scolarité dans ce cadre pédagogique, de quelques mois à plusieurs années.

1.2. Les consignes et la passation

Les trois consignes proposées aux élèves étaient les suivantes :
– « Raconte une soirée que tu as réellement vécue et qui t'a marqué. »
– « C'est le soir. Comme d'habitude un enfant se couche et lit, en attendant que son père vienne l'embrasser. Mais il tarde à venir. Soudain la porte s'ouvre. Une créature monstrueuse apparaît... »
– « Décris ton école. »

Les deux premières ont été soumises uniquement aux CM2, en février ou en mars ; la troisième l'a été en juin, dans la mesure où elle était proposée dans toutes les classes à partir du CP. La passation a été effectuée par l'enseignant de chaque classe. Il lui avait été demandé de ne se livrer à aucune préparation, de ne fournir aucune aide, d'être aussi proche que possible des conditions de travail habituelles[2] et de laisser le temps nécessaire aux élèves pourvu que la production soit réalisée en une seule fois en classe.

Ces catégories d'écrits et ces consignes ont été retenues pour de multiples raisons. Elles correspondent à des domaines appartenant à la tradition scolaire, importantes en français et « normalement » peu ou prou travaillés. Elles permettent la mise en œuvre de réelles variations dans les opérations cognitives et langagières selon le type de référent (à dominante temporelle ou spatiale) et le rapport (vécu ou non) à celui-ci. Ces catégories d'écrits ont, de surcroît, fait l'objet de nombreuses études[3] quant à leurs réalisations scolaires et aux

---

1. Ces principes sont détaillés et discutés dans Reuter, 2005b et 2006b et Reuter et Carra, 2005. Il en est de même pour les critères que j'expose dans la suite de ce chapitre.
2. Par exemple, pour ce qui concerne le recours aux utilitaires.
3. Pour les RSV, voir notamment Bishop, 2004 ; Clanché, 1988 et 1992 ; Fayol, 1984 et 1985 ; Labov, 1978 et Lahire, 1993. Pour les RSI, Clanché, 1987, 1988 et 1992, Kaïci ; 1991 et 1992. Pour les descriptions, Reuter, 2000 ; Reuter, dir. 1998 a et b.

problèmes qu'elles soulèvent, ce qui constitue un premier plan comparatif. Les consignes, quant à elles, « marchent » (les élèves écrivent) et ont été testées à de multiples reprises lors de travaux antérieurs de membres de notre équipe ou d'étudiants (Deschildt, 2004 ; Humbert-Prudhomme, 2004 et 2006 ; Lammertyn, 1999 et 2000) ce qui constitue un second plan comparatif. Elles présentent, en outre, quelques spécificités dont il m'intéressait de voir quels effets elles provoquaient auprès des élèves : ancrage dans le « réel », continuation au présent et absence de marquage du genre de l'enfant pour le RSI, possibilité de relation d'évènements (et non d'intrigue) et marquage des émotions pour le RSV[4]. Je m'étais enfin assuré que la configuration « catégorie d'écrits – situation imposée – type de consigne » était aussi étrangère, même selon des modalités différentes, aux habitudes de travail de toutes les classes retenues, ce qui renvoie à la recherche, sans doute très hypothétique, d'une égale distance aux pratiques pédagogiques...

1.3. Le corpus analysé

L'analyse s'est donc réalisée sur cinq années au moins et chacune des catégories de productions des élèves de l'école Freinet[5] a été comparée à celle d'autres élèves.

De manière plus précise, le corpus des récits sollicitant le vécu comprend 242 productions : 89 de l'école Hélène Boucher (dorénavant HB) de l'an 1 à l'an 5 de l'expérience, comparées à 153 productions d'autres élèves (88 de milieu équivalent, issus de quatre classes et deux écoles différentes ; 48 de milieu plus favorisé, issus de deux classes et de deux écoles différentes ; 17 d'une classe de milieu un peu plus favorisé et travaillant en pédagogie du projet[6], alors que les autres élèves fonctionnent selon un mode de travail classique[7]). Le corpus des récits sollicitant l'imaginaire comprend 243 productions : 106 de l'école HB (depuis l'année préliminaire jusqu'à l'an 5 de l'expérience), comparées à 137 productions d'autres élèves (122 travaillant de manière classique, 78 issus d'un milieu équivalent, dans quatre classes et trois écoles différentes et 44 étant issus d'un milieu plus favorisé dans deux classes

---

4. Pour le dire brièvement, l'ancrage dans le réel renvoie aux problèmes de catégorisation (vérité/mensonge) des élèves, la continuation au présent s'oppose aux pratiques scolaires dominantes en matière de récits fictionnels (usage du passé), l'absence de marquage du genre permet d'apprécier les projections possibles du narrateur, la relation d'évènements convoque des compétences différentes de celles qui sont habituellement privilégiées au travers des normes scolaires du récit et le marquage des émotions est en général très peu réalisé.
5. Toutes leurs productions ont été prises en compte, excepté celles des élèves arrivés au début de chaque année scolaire.
6. Cette école fonctionnant en pédagogie du projet a déjà fait l'objet de recherches de la part de notre équipe (Ruellan, 2000 et Reuter, dir. 2005 a). Nous n'avons pas trouvé, dans l'académie, d'autres écoles ou d'autres classes se revendiquant d'une autre pédagogie alternative.
7. Ce terme est employé sans aucune connotation négative. Il réfère à des enseignements n'intégrant aucune innovation particulière et correspondant aux fonctionnements courants tels qu'ils sont décrits dans les rapports existants.

et deux écoles différentes ; les 15 autres appartenaient à la classe mentionnée travaillant en pédagogie du projet). Le corpus des descriptions comprend 783 productions : 513 d'HB, du CP au CM2, de l'année préliminaire à l'an 5 de l'expérience, comparées à 270 d'autres élèves de milieu équivalent, travaillant de manière classique (chaque niveau d'HB étant comparé à trois classes d'écoles différentes). Le corpus total retenu pour l'analyse s'élève donc à 1268 productions.

L'importance de ce corpus[8], rare dans les études disponibles, permet sans doute de fonder, au moins en partie, la pertinence de certains résultats avancés ci-après. Il n'est cependant pas, comme c'est quasiment toujours le cas, exempt de problèmes : nombre de données de l'année préliminaire à HB n'ont pu être constituées ou sont lacunaires[9], les données de l'an 1 à HB en ce qui concerne la description n'ont pu être utilisées en raison d'une intervention guidante de l'enseignant, etc. Dans tous ces cas, j'ai dû adopter des solutions *ad hoc* sur lesquelles je me suis expliqué par ailleurs.

1.4. Les critères appliqués

Pour toutes les catégories de productions, j'ai pris en compte cinq dimensions : la *longueur* (calculée en nombre de mots), prise à la fois comme marque possible d'investissement et comme référent, par exemple en ce qui concerne l'orthographe ; la « *langue* » (en tenant compte à chaque fois au moins de l'orthographe et de la moyenne de phrases simples et de phrases complexes réussies[10]) ; le *respect de la consigne ; la structuration textuelle* (ampleur, organisation, diversité des moyens textuels, gestion des problèmes...) ; *les contenus et leur mode de mise en scène*. Les critères spécifiques mis en œuvre seront détaillés dans chacune des parties suivantes. Il convient cependant de préciser, en ce qui concerne la structuration textuelle, que j'ai été amené à synthétiser dans des indicateurs complémentaires le nombre de moyens textuels utilisés (la diversification de ceux-ci étant alors considérée comme une marque de « réussite ») et les problèmes surmontés. J'ai procédé de la sorte, en ce qui concerne l'imaginaire, pour le mode de mise en scène des contenus dans les RSI.

Il est évident que ce descriptif peut légitimement soulever de multiples questions, que ce soit quant aux critères retenus, quant à leur regroupement selon ces dimensions, quant aux décisions de calcul, quant à l'interprétation... Cela est incontournable en recherche. Je noterai simplement ici que les critères

---

8. Je préciserai le corpus des entretiens dans la partie (7) qui leur est consacrée.
9. Le changement de l'équipe enseignante a été confirmé tardivement et, d'une certaine manière, certains maîtres en place ont ressenti cela comme un désaveu et se sont méfiés de ce qu'ils appréhendaient comme une évaluation de leurs pratiques. Leur investissement dans ces recueils a donc été relativement limité et s'est accompagné de réticences importantes.
10. J'ai pris comme indicateur pour l'orthographe le pourcentage de mots fautifs. La réussite des phrases a été appréciée au regard de critères scolaires classiques : majuscule initiale, point final, structure et sens acceptables. Les phrases dites complexes comprennent une subordonnée enchâssée.

et catégories utilisés sont plus nombreux (entre 30 et 40 par type d'écrits) et plus diversifiés que ceux communément retenus, favorisant sans doute une vision plus complexe des textes des élèves et que, de surcroît, ils ont été élaborés progressivement, sur plusieurs années, en tenant compte des travaux disponibles ainsi que des problèmes et des réussites des élèves tels que nous avions pu les analyser dans de nombreux autres corpus.

2. LES RÉCITS SOLLICITANT L'IMAGINAIRE (RSI)

2.1. L'analyse des RSI[11]

En ce qui concerne le *respect de la consigne,* j'ai retenu trois critères : l'apparition, même brève, d'un élément présenté comme un monstre, la continuation du récit à la troisième personne et sa poursuite au présent. La *structuration textuelle* a été décrite au travers de quatre sous-dimensions : l'ampleur (nombre d'actions de premier plan) ; le mode d'organisation (complétude de l'histoire, interactions conflictuelles ou amicales entre le monstre et l'enfant, présence d'une clôture marquée) ; la gestion des problèmes (de compréhension ou de cohérence, les reprises anaphoriques) ; la diversité des moyens textuels employés (nomination de l'enfant[12], description du monstre, fonctionnalité descriptive, présence de sentiments ou d'émotions, marquage de la pensée de l'enfant, marquage de la pensée d'un autre personnage, présence d'humour, présence de suspense[13], présence de faits stylistiques « spéciaux »[14]).

Les contenus et leur mode de mise en scène ont été analysés sous l'angle de l'imaginaire et de l'investissement en prenant en compte : la réalité du monstre (à la différence d'autres scénarios tels l'illusion, la blague ou le rêve) ; les traits pouvant marquer textuellement la construction du scénario imaginaire (le nombre d'actions du monstre, l'affrontement, la fuite, l'action de se cacher, les risques pour la vie, le triomphe de l'enfant, l'issue négative, l'issue « superpositive »[15], l'amitié entre l'enfant et le monstre, le changement de sexe entre l'auteur-élève et le narrateur) ; les traits susceptibles de marquer textuellement l'investissement (la transformation des parents en monstres ; les

---

11. Je rappelle que l'explication détaillée des indicateurs se trouve dans Reuter 2005b.
12. Nomination intéressante pour la gestion de la coréférence.
13. Au travers de procédés tels la textualisation de la montée de l'angoisse, le jeu sur la temporalité, la réduction des possibles... cf. Reuter, 1997.
14. Variations typographiques, usage « expressif » de la ponctuation, adresses aux lecteurs, comparaisons fonctionnalisées, ellipses soulignées, retournements de situation...
15. Caractérisée par un marquage hyperbolique du bonheur final : organisation d'une grande fête, affirmation qu'on sera toujours heureux...

traces d'un roman familial[16], la victimisation de la famille ; la solitude de l'enfant lorsque ses cris ne sont pas entendus).

J'ai enfin complété ces analyses par le calcul de la moyenne des éléments sur les deux pôles constitués respectivement par la structuration textuelle et les contenus mis en scène ainsi que par la catégorisation des écrits selon qu'ils contenaient cinq éléments ou plus présents ou réussis sur chacun de ces pôles, l'un d'entre eux ou aucun des deux. En effet, les études disponibles sur cette catégorie d'écrits mentionnent des problèmes d'équilibre entre ces deux dimensions : les élèves les « meilleurs » et/ou de milieu favorisé ayant tendance à privilégier la structuration textuelle au détriment des contenus, les élèves les plus en difficulté et/ou de milieu défavorisé procédant de manière inverse.

2.2. Comparaison des résultats avec les élèves de milieu équivalent

La comparaison des résultats des élèves d'HB avec ceux de milieu équivalent travaillant selon un mode de travail pédagogique classique est, sans conteste, à l'avantage des premiers.

Leurs écrits sont bien plus longs (le double en l'an 4). Leurs performances sont meilleures en matière de langue (même s'il faut attendre l'an 5 pour l'orthographe), notamment en ce qui concerne phrases simples et phrases complexes. Ils s'avèrent encore supérieurs sur les trois quarts des critères concernant la structuration textuelle. De fait, leur moyenne d'éléments est supérieure et ils sont bien plus nombreux à avoir cinq éléments ou plus actualisés ou réussis. Ils développent aussi et diversifient plus les éléments qui ont trait à l'imaginaire et à l'investissement : plus nombreux que les autres sur les deux tiers des indicateurs, ils sont égaux sur deux et très légèrement inférieurs sur trois. Leur moyenne d'éléments est, ici encore, supérieure et ils sont bien plus nombreux à actualiser ou à maîtriser cinq éléments ou plus.

Le bilan est donc net : ils s'avèrent supérieurs sur toutes les dimensions et très supérieurs sur deux catégories d'écrits : « structuration textuelle et contenus satisfaisants » (cinq éléments ou plus sur chacune de ces dimensions), « structuration textuelle satisfaisante ». Complémentairement, il convient de noter qu'ils consacrent près du double de temps à la réalisation de ces productions[17].

---

16. Parents éliminés au profit de l'amitié monstre-enfant, meurtre du monstre devenu l'ami de l'enfant par le père, partage du lit du monstre ou des parents par l'enfant, meurtre du père par le monstre qui partage le lit de la mère, actions référables à de la pédophilie...

17. Ce critère, différent des précédents, est à manier avec prudence. Il me paraît cependant pouvoir renvoyer, au moins indirectement, à l'investissement dans la tâche et/ou à l'attention au texte.

2.3. Comparaison des résultats avec les élèves travaillant en pédagogie du projet

La comparaison des résultats des élèves d'HB avec ceux d'une classe travaillant en pédagogie du projet est, ici encore, à l'avantage des premiers.

Ils écrivent bien plus longuement (le double en l'an 4). Ils réussissent mieux leurs phrases mais commettent un peu plus d'erreurs orthographiques. Ils respectent plus la consigne (sauf en ce qui concerne la continuation au présent). Leurs performances sont aussi meilleures en matière de structuration textuelle : treize indicateurs sur seize, moyenne d'éléments actualisés ou maîtrisés supérieure, plus d'élèves manifestant au moins cinq éléments... Ils concrétisent aussi bien plus de traits sur la dimension de l'imaginaire et de l'investissement (exception faite d'un seul indicateur).

Le bilan est donc encore plus net que dans le cas précédent même s'il convient de rappeler que le nombre d'élèves travaillant en pédagogie du projet est très restreint[18] et que ces élèves, habitués à écrire selon des modalités très différentes (durée, groupes...), ont pu être particulièrement déstabilisés par la situation mise en place[19]. Les élèves d'HB sont supérieurs sur toutes les dimensions et particulièrement sur deux catégories d'écrits : « structuration textuelle et contenus satisfaisants », « structuration textuelle satisfaisante ». Ils consacrent, en outre, un peu plus de temps à la rédaction de leur écrit.

2.4. Comparaison des résultats avec des élèves de milieu plus favorisé

La comparaison des résultats des élèves « Freinet » avec ceux d'élèves de milieu plus favorisé travaillant selon un mode de travail pédagogique classique s'avère plus complexe.

Les élèves d'HB écrivent plus longuement les troisième et quatrième années mais plus brièvement la cinquième année. Ils sont inférieurs sur les trois indicateurs de langue retenus, particulièrement en orthographe. Le respect de la consigne est plus marqué pour la continuation à la troisième personne, moindre pour les deux autres critères (même s'il est supérieur pour le présent les années précédentes et uniquement très légèrement inférieur pour l'apparition du monstre). On peut encore parler d'une très légère supériorité des élèves de milieu plus favorisé sur les deux dimensions restantes. Ainsi, en ce qui concerne la structuration textuelle, les élèves d'HB sont légèrement inférieurs sur la moyenne d'éléments actualisés ou réussis mais légèrement supérieurs sur la proportion d'élèves à en avoir au moins cinq ; il en est de même en ce qui concerne l'imaginaire et l'investissement.

Le bilan n'est donc plus à l'avantage d'HB sur l'ensemble des dimensions et des critères. En outre, le temps consacré à la rédaction est plus réduit. Cependant, excepté en matière de langue, les écarts sont réduits et, si les élèves

---

18. Je rappelle qu'ils ne sont que quinze à avoir réalisé ce travail et qu'ils sont issus d'un milieu un peu plus favorisé.
19. L'absence de déstabilisation des élèves « Freinet » est, en revanche, intéressante à noter.

« Freinet » sont moins nombreux dans la catégorie « structuration textuelle réussie », ils demeurent proportionnellement plus nombreux dans la catégorie « structuration textuelle et contenus satisfaisants ».

2.5. Éléments de synthèse sur les RSI

Il me semble, au vu des résultats présentés, que le bilan peut être considéré comme positif pour cinq raisons au moins :
– les résultats des élèves de cette école dépassent ceux de milieu équivalent, quel que soit le mode de travail pédagogique[20] considéré ;
– même si leurs performances sont globalement inférieures à ceux d'élèves de milieu plus favorisé, notamment en matière de langue, cela doit être tempéré par le fait qu'elles sont très proches, voire équivalentes, pour ce qui concerne la structuration textuelle et les contenus mis en scène[21] et que, en outre, l'étude de la dimension diachronique montre que nombre d'écarts se sont réduits au fil de l'expérience ;
– ils s'avèrent encore supérieurs à tous les autres élèves – à l'encontre de ce qui caractérise souvent les écrits dans les milieux défavorisés – sur le marquage du second plan narratif (dialogue, sentiments, pensées...) : le développement de leurs écrits ne s'opère donc pas en augmentant simplement le nombre d'actions de premier plan ;
– on peut parler d'un véritable contrôle textuel si l'on tient compte du respect de la consigne, de l'organisation (complétude de l'histoire ; clôture...) et de la gestion des problèmes textuels ;
– enfin, et c'est sans doute là l'élément le plus remarquable, leur supériorité dans la catégorie d'écrits « structuration textuelle et contenus satisfaisants » manifeste que la construction de l'imaginaire et l'investissement ne s'effectuent pas au détriment de la gestion textuelle et se différencie ainsi des résultats des études disponibles sur le sujet (Kaïci, 1991 et 1992 ; Lammertyn, 1999 et 2000) montrant que les consignes sollicitant imaginaire et investissement ont tendance à défavoriser les élèves en difficulté en provoquant un déséquilibre au détriment du contrôle textuel.

3. LES RÉCITS SOLLICITANT LE VÉCU (RSV)[22]

3.1. L'analyse des RSV

Pour ces écrits, en ce qui concerne la langue, j'ai ajouté aux critères mentionnés précédemment un indicateur portant sur l'usage éventuel de

---

20. J'emprunte cette expression à Lesne (1979) qui caractérise les fonctionnements de l'enseignement au travers d'une multiplicité d'indicateurs (rapports au pouvoir, au savoir, situations, techniques employées...).
21. De surcroît, si on ajoute des critères tels que les métamorphoses ou les pouvoirs du monstre, les résultats penchent en faveur d'HB (Deschildt, 2004).
22. Ces récits ont fait l'objet d'une analyse détaillée dans Reuter, 2006b.

« familiarités » ("cons", "elle m'a crié"…). Le respect de la consigne a été évalué au travers du cadre temporel (la soirée), du marquage des émotions et de la présence du récit (entendu comme présence d'au moins deux actions se succédant temporellement, excédant donc annonce ou annonce commentée). La structuration textuelle a été décrite au travers de l'ampleur (nombre d'actions de premier plan), du mode d'organisation (récit-intrigue ou relations d'évènements, formes d'ouverture et de clôture[23], symétrisation du début et de la fin du procès[24]), de la diversité des moyens textuels (description, dialogue, indication complémentaire quant aux personnages[25], textualisation d'une volonté d'explicitation[26], manifestation d'émotions et/ou de pensées), gestion des problèmes textuels (erreurs de premier plan, désignateurs et/ou coréférence, compréhension, successivité, chronologie…). Les contenus et leur mode de mise en scène ont enfin été analysés au travers de la position du narrateur (agent[27], patient ou témoin), de la thématique (spectacles/sorties, fêtes, atteintes à une personne…) et de son mode de traitement (marqué sous forme euphorique ou dysphorique, de manière mixte, ou non marqué).

3.2. Comparaison des résultats

La comparaison des résultats avec les élèves de milieu équivalent travaillant selon un mode de travail pédagogique (désormais MTP) classique est, comme dans le cas des RSI, très à l'avantage des élèves d'HB.

La longueur est nettement supérieure (le double, la quatrième année). En ce qui concerne la langue, les élèves « Freinet » ont de meilleurs résultats sur les quatre indicateurs retenus (même s'il faut attendre la quatrième année pour l'orthographe et que les écarts sont ici plus faibles). Leur respect de la consigne est aussi mieux marqué, notamment quant aux émotions. Ils sont encore plus souvent performants sur toutes les composantes de la structuration textuelle (ampleur, marquage de l'organisation, diversification des moyens textuels[28], gestion des problèmes). Utilisant plus de temps que les autres élèves, ils manifestent de meilleures performances sur les différentes dimensions étudiées.

Concernant les contenus et leur mode de mise en scène, j'ai pu noter trois spécificités : ils sont plus souvent en position d'agent (notamment seul) et de patient (et donc moins en position de témoin) ; ils mentionnent plus de spectacles-sorties (et moins de fêtes) que les autres ; leur traitement de la thématique est plus marqué notamment sur le pôle euphorique. Je reviendrai en 3.5. sur des interprétations possibles de ces phénomènes.

---

23. États initial ou final, titre, mot « fin », clôture évaluative.
24. Y compris *arriver* et *partir*.
25. Outre le nom, l'âge et l'indication de la nature de la relation (amicale, familiale…).
26. Cadre construit pour faire comprendre ce qui suit, marquage net de la causalité, parenthèses de précision…
27. En distinguant agent seul/autonome, avec des amis ou au sein d'un groupe d'adultes.
28. Excepté pour le dialogue (cf. Reuter, 2006b).

3.3. Comparaison des résultats avec les élèves travaillant en pédagogie du projet

La comparaison des résultats avec les élèves travaillant en pédagogie du projet s'avère encore, mais avec certaines modalisations, à l'avantage des élèves d'HB.

La longueur de leurs écrits est sensiblement supérieure (particulièrement la quatrième année). En langue, ils ont de meilleurs résultats, excepté en orthographe. Ils manifestent aussi une maîtrise supérieure – mais moins nette que dans le cas précédent – en matière de structuration textuelle, notamment sur la diversité des moyens textuels employés (excepté pour l'utilisation du dialogue) et la maîtrise des problèmes textuels. S'ils utilisent moins de temps pour écrire que les autres élèves, leurs performances demeurent cependant supérieures sur les trois quarts des indicateurs retenus.

Concernant les contenus et leur mode de mise en scène, j'ai retrouvé certaines spécificités : le narrateur est plus souvent en position d'agent seul ou de patient (mais aussi de témoin) ; les élèves mentionnent plus de spectacles-sorties (et moins de fêtes) que les autres ; leur traitement de la thématique est plus marqué, essentiellement sur le pôle euphorique.

3.4. Comparaison des résultats avec des élèves de milieu plus favorisé

Comme dans le cas des RSI, le bilan s'avère ici un peu plus complexe à établir. La longueur des écrits est encore bien supérieure (particulièrement la quatrième année). En langue, si les élèves d'HB réussissent plus de phrases simples et emploient moins de familiarités, leurs performances sont en revanche moins satisfaisantes quant aux phrases complexes et surtout à l'orthographe. Ils respectent en tout cas bien plus la consigne, notamment quant aux émotions et au fait de raconter (les autres élèves recourent plus aux non-réponses, aux annonces et aux annonces commentées). En matière de structuration textuelle, les orientations sont divergentes selon les sous-composantes : moins d'actions de premier plan, une organisation tout aussi marquée mais sous des formes différentes (plus de relations d'évènements et moins d'intrigues, plus de titres, de mots « fin », d'évaluations finales et de symétrisation du procès évènementiel, moins d'états initial et final), une diversification des moyens textuels supérieure[29] (si l'on considère la proportion d'élèves ayant utilisé au moins trois des modalités retenues), une gestion des problèmes textuels plus faible quant au premier plan et aux problèmes de compréhension, supérieure quant aux autres indicateurs[30]. S'ils consacrent moins de temps à la production que les autres élèves, on ne peut cependant pas dire que le bilan soit en leur défaveur et que le contrôle textuel soit moindre.

Concernant les contenus et leur mode de mise en scène, j'ai pu retrouver ici les tendances mentionnées précédemment : plus d'agents seuls (et avec des

---

29. Notamment quant au marquage de l'explicitation et aux pensées des personnages.
30. Essentiellement désignateurs et successivité.

amis), plus de patients et beaucoup moins de témoins ; plus de spectacles-sorties (et moins de fêtes) que les autres ; un traitement de la thématique plus marqué, notamment sur le pôle euphorique (mais moins de traitements mixtes).

3.5. Éléments de synthèse sur les RSV

Comme pour les RSI, il me semble qu'au vu des résultats présentés, le bilan d'HB est indéniablement positif.

Ainsi, à milieu égal, quel que soit le mode de travail pédagogique ici considéré, les performances des élèves « Freinet » sont supérieures sur les dimensions prises en compte : longueur, langue (même s'il faut attendre la cinquième année pour l'orthographe), structuration textuelle (particulièrement organisation, diversité des moyens et gestion des problèmes).

Complémentairement, la comparaison avec les élèves de milieu plus favorisé n'est nullement au désavantage des élèves « Freinet », même si face à des critères scolaires classiques, ils peuvent sembler moins performants : c'est sans doute le cas pour l'orthographe et les phrases complexes ; c'est le cas pour l'organisation si l'on privilégie le récit – intrigue par rapport à la relation d'évènements et si on mésestime certaines formes : titre, mot « fin », symétrie non dramatisée du procès évènementiel (ce qui est discutable au vu des théories du récit et de la consigne proposée) ; c'est sans nul doute le cas pour la gestion des plans (en relation avec une moindre maîtrise des temps verbaux). C'est le cas pour les problèmes de compréhension sans que l'on puisse en induire un contrôle plus limité[31] puisque, à l'inverse, les marques d'explication sont plus nombreuses signalant, à mon sens, un véritable souci d'être compris par le lecteur.

De manière tout à fait intéressante, sur une catégorie de textes jugée habituellement moins clivante que les RSI (Lammertyn, 1999 et 2000), des différences se marquent selon le MTP. De surcroît, ici encore, le développement textuel ne se réalise pas sur le mode du « squelette » textuel par accumulation – juxtaposition d'actions de premier plan mais avec une véritable expansion du second plan (à l'exception des dialogues) *via* descriptions, explications et textualisation de l'intériorité psychologique des personnages (émotions, pensées…). Enfin, il me semble qu'on peut parler d'une véritable attention au texte, d'une position réflexive, si l'on considère respect de la consigne, moyens textuels employés et modalités d'organisation.

Les spécificités repérées dans les contenus et leur mode de mise en scène nécessitent d'être interprétées prudemment si on veut éviter les risques de la sur-interprétation. Ne pas le tenter exposerait en revanche à une dérive sous-interprétative avec le risque, trop fréquent à mon sens face à des textes d'élèves, de ne les considérer que sous un jour formel, excluant ainsi les contenus comme s'ils étaient secondaires, non articulés à la structuration textuelle et indépendants du mode de travail adopté. Je m'en tiendrai donc à

---

31. Il s'agirait ici, à mon sens, d'une moindre maîtrise de certaines normes textuelles à ne pas confondre hâtivement avec contrôle textuel ou position exotopique.

trois remarques. Ces écrits me paraissent d'abord témoigner, par le choix de leur thématique, d'une volonté de respect de la consigne (sélectionner de l'« extra-ordinaire »). Il en est sans doute de même avec la position du narrateur et le traitement plus marqué des émotions. Mais ces deux traits me paraissent en outre signaler une prise de risques plus importante *via* l'implication comme acteur principal (agent ou patient) et l'ostension de pensées, sentiments et émotions. Si l'on accepte cette approche, on peut alors considérer que, comme dans le cas des RSI, les élèves « Freinet » arrivent, plus que les autres, à concilier investissement et contrôle textuel.

4. LES DESCRIPTIONS

4.1. L'analyse des descriptions

En ce qui concerne la langue, j'ai cette fois-ci pris en compte, outre l'orthographe et la réussite syntaxique, la diversité verbale (avec comme indicateur la proportion de verbes différents de *être* ou *avoir* et la variation de certaines structures syntaxiques (avec la proportion de structures différentes de *il y a*[32]). Le respect de la consigne (description à l'école) a été intégré dans la structuration textuelle qui comprend les critères suivants : présence d'une description (même minimale), ancrage initial ou non, architecture (colonne ou texte), énumération[33] ou non, présence de plans (temporel, spatial, thématique...), « profondeur » des lieux (niveau global de l'école, composantes : classes, cour..., composantes des composantes), ampleur (nombre de dimensions évoquées : lieux, personnes, activités...).

Les contenus et leur mode de mise en scène (en fait la vision de l'école) a été appréhendée au travers de l'ampleur (nombre de catégories de lieux, de personnes, d'activités) et de la hiérarchie de ces dimensions, des formes d'exposition du travail (termes *travail* ou *apprendre*, mention d'activités précises et/ou d'objets liés au travail, évaluations positives ou négatives), du rapport à l'école (syntagmes possessifs : *ma* classe, *mon* maître ; évaluations positives ou négatives ; mode de textualisation du sujet : *Je, Nous, On, Je + Nous* et/ou *on,* aucune marque).

4.2. Comparaison des résultats du CP au CM2[34]

Au CP les productions des élèves d'HB s'avèrent sans commune mesure car, contrairement aux autres classes où leur proportion avoisine les 30 %, il y a beaucoup moins d'absence d'écrits ou de textes totalement illisibles. Même en n'en tenant pas compte dans les calculs liés aux indicateurs, la longueur est

---

32. Il s'agit cependant d'un indicateur à manier avec prudence car il peut participer, au moins au CP et au CE1, du développement de la textualité descriptive.
33. Entendue ici comme la succession de trois structures identiques.
34. Je rappelle que les comparaisons n'ont été effectuées ici qu'avec des élèves de milieu équivalent soumis à un MTP classique.

bien plus conséquente et les performances sont nettement meilleures que ce soit en matière de langue ou d'organisation descriptive. Pour le dire nettement, les élèves « Freinet » sont supérieurs aux autres sur *tous* les indicateurs pris en compte.

Au CE1, les productions demeurent meilleures sur la quasi-totalité des critères mais avec des écarts moindres et une infériorité sur l'ampleur des dimensions et sur l'orthographe la cinquième année (point sur lequel je reviendrai ultérieurement). Il me faut encore signaler que les plans n'apparaissent, quel que soit le mode de travail pédagogique, qu'à partir du CM1.

Au CE2, la situation est quasi-identique : supériorité sur presque tous les critères, exception faite d'une égalité sur les phrases complexes et la profondeur et d'une légère infériorité quant aux énumérations, mais avec des écarts réduits. En revanche, la longueur des écrits excède d'une trentaine de mots en moyenne celle des autres classes, ce qui est loin d'être négligeable.

On pourrait parler d'une « reprise marquée » au CM1 où des écarts nets touchent tous les critères, à l'exception d'une égalité sur la proportion de « il y a » et sur l'actualisation de la description (100% partout) et d'une plus forte proportion d'énumérations. Et, ici encore, ces résultats doivent être mis en relation avec la longueur moyenne des écrits : 245,50 mots pour HB, 80,2 ailleurs...

Les écarts sont maintenus au CM2 où la longueur moyenne est le double de celles constatées ailleurs (le quadruple, la quatrième année) : supériorité sur tous les indicateurs en langue et en matière d'organisation textuelle avec cependant une légère infériorité sur le niveau 3 de la profondeur (composantes des composantes de lieux), une variabilité quant aux plans selon les années et une égalité, déjà signalée, sur l'actualisation des descriptions.

4.3. La vision de l'école

Ici encore les contenus et leur mise en scène présentent un certain nombre de singularités.

La vision de l'école est plus ample et principalement centrée sur les activités[35] : c'est ici que les écarts avec les autres élèves sont les plus importants. À la différence de ces derniers, les élèves d'HB mentionnent moins les lieux extérieurs à l'école ou la cour mais plus les classes, les espaces spécialisés (musique, sport...) et les espaces de passage (couloirs, escaliers...) ou « de vie » (toilettes, cantine...) mais sans critique et sans crainte[36] (ce qui est loin d'être le cas ailleurs).

Ils mentionnent aussi plus les élèves que les maîtres à la différence des autres écoles et, complémentairement plus *leur* classe et moins *leur* maître[37].

---

35. Voir, de ce point de vue, la fréquence du verbe *faire*.
36. Il n'existe en revanche pas de différence quant à la salle des enseignants, peu mentionnée.
37. On a l'impression que les constructions identitaires scolaires passent, moins qu'ailleurs, par les maîtres et, plus qu'ailleurs, par les collectifs constitués par les élèves et la classe.

Au sein de ce lieu de vie, le travail est actualisé de manière bien plus importante qu'ailleurs (notamment au travers du signalement des matières, d'activités précises, d'objets liés au travail et des appréciations les accompagnant) à l'inverse du jeu. Et, de surcroît, il est appréhendé positivement, là aussi de façon plus nette que dans les autres classes. J'ajouterai encore que les élèves « Freinet » évoquent plus que les autres d'autres acteurs de l'école (aide-éducateur, parents, correspondants[38]...).

Leur exposition est en outre plus impliquée : par la quantité d'évaluatifs et par le poids des *Je, Nous, On, Je + Nous* et/ou *On* (à la différence des autres écoles, il n'y a ici quasiment pas d'absence de marques de personne).

Cette implication actualise et articule l'individuel et le collectif (*on, nous*). Enfin, elle est bien plus positive qu'ailleurs (proportion plus importante d'évaluations positives et quasi-absence de critiques).

4.4. Éléments de synthèse sur les descriptions

Ce bilan – trop cavalier sans doute – appelle quelques remarques complémentaires dans la mesure où, s'il n'autorise pas comme dans le cas des récits, des comparaisons avec des élèves de milieu plus favorisé, il permet en revanche d'éclairer certaines variations selon les classes et certaines évolutions au cours de la scolarité primaire.

Ainsi, on peut constater un lieu remarquable, le CP, avec une évolution très rapide des performances et une croissance qui va se maintenir avec des écarts marqués avec les élèves soumis à des fonctionnements pédagogiques plus classiques. Les différences sont aussi très sensibles au CM1 et au CM2, même s'il a parfois fallu attendre un peu plus longtemps (ans 3, 4, 5) certaines évolutions, ce qui renvoie à la nécessité d'une immersion temporelle conséquente dans ce MTP. Si la supériorité des élèves d'HB est aussi réelle en CE1 et CE2, elle est cependant, à mon sens, moins patente (plus d'évolutions en dents de scie, écarts moindres avec les autres classes, associés parfois à une vision moins spécifique). Comment en rendre compte ? Est-ce dû à la nécessité d'une décantation après un démarrage aussi fort en CP, à un effet maître, au temps de latence entre deux étapes importantes de l'école ? Faut-il même en rendre compte si l'on admet que ce constat n'est éventuellement déceptif qu'au regard de performances ailleurs remarquables ? En tout cas, les élèves d'HB entrent plus rapidement et plus nettement dans l'écrit (longueur, architecture textuelle...) et leurs performances en matière de description s'avèrent supérieures, pour toutes les classes, sur toutes les dimensions et la quasi-totalité des critères. De surcroît leurs écrits manifestent un contrôle textuel certain : ancrage initial, présence du niveau d'indexation global, organisation, traces d'explicitation...

Il me semble aussi que, comme dans le cas des récits, les spécificités des contenus et de leur exposition sont à mettre en relation avec des fonctionnements textuels particuliers tels le développement et la diversification

---

38. Mais, comme les autres, ils n'évoquent que très peu le personnel de service.

des moyens employés *via* les évaluations, les modalités de l'implication (articulant individu et collectif), les multiples explications (du travail effectué, des conseils, des responsabilités…), renvoyant aux modes de fonctionnement de l'école elle-même et à la manière dont ils sont intégrés par les élèves.

Il est en outre intéressant de constater que la supériorité en matière syntaxique (phrases simples et complexes réussies) est constante, du CP au CM2.

Je conclurai enfin, sur trois remarques en matière d'orthographe :
– ici aussi, la supériorité est quasi-constante du CP au CM2, même si elle est bien plus marquée au CP et qu'il faille attendre la cinquième année pour qu'elle se réalise au CM2 (la quatrième au CM1) ;
– ces résultats s'accompagnent d'une dispersion moindre des performances que dans les autres écoles (ce qui n'est pas le cas pour la longueur des écrits) ;
– ils sont d'autant plus intéressants au regard de la prise de risques, plus importante qu'ailleurs, quant aux termes employés (par exemple les désignations de matières, de notions ou d'activités).

5. ÉLÉMENTS DE COMPARAISON ENTRE LES CATÉGORIES D'ÉCRITS

À ce stade de l'exposition des résultats et avant d'en venir plus précisément à la dimension diachronique, j'aimerais effectuer trois remarques en guise d'approfondissement et de synthèse provisoires.

En premier lieu, on ne peut que constater des effets bénéfiques de ce mode de travail pédagogique, quelle que soit la catégorie d'écrits convoquée puisque les performances des élèves d'HB sont supérieures à celles des autres élèves de milieu équivalent et s'approchent souvent, voire dépassent parfois, celles d'élèves de milieux plus favorisés. Cela touche de surcroît la plupart des dimensions analysées : longueur, respect de la consigne, langue (au moins partiellement), structuration textuelle. Cela entre en congruence avec les analyses des évaluations nationales (CE2, 6e) dans le domaine du français (Hassan, 2005 et 2006) qui montrent des progrès pratiquement partout et, dans bien des cas, des performances supérieures au REP, à la circonscription, au département, voire au territoire national.

Ces performances sont co-occurentes au développement de spécificités dans l'actualisation des contenus et de leur exposition, spécificités partiellement communes, quelle que soit la catégorie d'écrits considérée : construction détaillée de l'univers, mise en scène du sujet, investissement… Ces dimensions, dont on peut penser qu'elles sont en relation avec le MTP instauré, me semblent non seulement favoriser la mise en place de certaines caractéristiques de ces écrits (longueur, diversité des moyens textuels employés…) mais encore ne s'opposent nullement à un contrôle textuel égal ou supérieur à ce qu'il peut être ailleurs, voire le favorisent (recherche de l'intérêt, souci de la compréhension…).

Enfin, j'ai déjà eu l'occasion de signaler (Reuter, 2006b) que, selon les catégories de récits, les élèves pouvaient modifier considérablement leur manière d'écrire (temps utilisé, longueur, procédés utilisés...). Dans cette perspective, je noterai ici que les élèves « Freinet » varient plus que ceux de milieu équivalent leurs récits et, en cela, s'approchent des façons de faire des élèves de milieu plus favorisé ; de la même manière, les différences entre leurs descriptions et leurs récits (longueur, langue...) sont bien plus fortes que pour les autres élèves. J'aurais tendance à interpréter cela – avec prudence – comme une marque de souplesse et d'investissement : s'adapter à une situation d'écriture spécifique plutôt que de répondre de manière uniforme à une demande non reconstruite comme singulière[39].

J'ajouterai encore, sans pouvoir en conclure quoi que ce soit mais pour ouvrir des pistes de recherche que, quel que soit le MTP, les performances phrastiques sont supérieures dans les descriptions (qui sont plus longues que les récits), ce qui n'est pas sans interroger, une fois de plus, certaines évaluations des compétences des élèves à partir d'une seule catégorie d'écrits.

6. REMARQUES SUR LA DIMENSION DIACHRONIQUE

Il est clair que les analyses présentées doivent être considérées avec prudence au regard des effectifs à chaque fois restreints d'HB et des variations qui concernent, entre autres, classes, niveaux, dimensions et années.

6.1. Variations selon les classes

Ainsi, certaines classes présentent quelques caractéristiques dont il n'est pas forcément facile de rendre compte mais qui affectent indéniablement les résultats. Je n'en prendrai ici que deux exemples. Les maîtresses s'accordent ainsi pour dire que les élèves du CP en 2004-2005, passés au CE1 en 2006, constituent une classe « difficile » et, de fait, cela se retrouve au travers d'une certaine régression des performances. À l'inverse, les performances ont « explosé » en CM2 la quatrième année, en raison, au moins en partie, de véritables leaders d'écriture, stimulant le collectif-classe.

6.2. Variations selon les niveaux

Il existe aussi – ce que les analyses des textes descriptifs ont permis de mettre au jour – des différences selon les niveaux : « explosion » au CP (démarrage rapide – majorité de progrès constants) attribuable aussi en partie aux maîtresses de maternelle ; bilan positif mais un peu moins net aux CE1 et CE2 ; bilan plus net au CM1 et au CM2, avec cependant des modifications plus accentuées les deux dernières années, manifestant ainsi l'importance de

---

39. Ou, pour le dire encore autrement, ces élèves prennent au sérieux la tâche demandée. Il ne s'agit donc pas pour eux, comme cela peut être le cas ailleurs, de « faire » (voire d'« expédier ») un exercice (au sens général que peut avoir ce terme au sein de l'école).

l'immersion temporelle (et aussi la fin de l'envoi d'élèves en grande difficulté par d'autres écoles en cours de scolarité). À cela, il convient d'ajouter qu'à la suite de notre rapport de 2005, l'accent porté de manière plus importante sur l'orthographe en CM2 a entraîné des progrès certains sur cette dimension... accompagnés d'une régression sur d'autres.

6.3. Variations selon les dimensions

Les évolutions sont encore fortement différenciées selon dimensions et critères[40]. J'ai ainsi pu distinguer cinq tendances principales : le maintien à un niveau faible (souvent commun à tous les élèves : fonctionnalité descriptive, plans..., parfois spécifique à HB : le dialogue dans les RSV) ; l'instabilité : c'est le cas, par exemple pour l'ampleur des dimensions, la tendance à l'énumération ou la proportion de *il y a* ; des progrès rapides suivis du maintien à un niveau identique (respect de la consigne, architecture, ancrage initial, phrases simples réussies...) ; des progrès lents mais continus (orthographe, proportion de verbes différents d'*être* ou *avoir*) ; un « bond » la première année suivi de progrès continus (la longueur).

6.4. Variations selon les années

Ces variations sont encore tributaires de grandes tendances selon les années :
– progrès nettement marqués la première année (attribuables, au moins en partie, à l'implication des maîtres dans la mise en place du MTP et au nombre restreint d'élèves) ;
– tendance à la régression la seconde année (arrivée d'élèves en grande difficulté envoyés par d'autres écoles, troubles sociaux et scolaires liés à la réforme des retraites, incidents dans le quartier...) ;
– nette remontée la troisième année avec des « pics » la quatrième et la cinquième années (effets temporels de l'immersion dans le MTP depuis le CP et/ou la maternelle).

6.5. Mais un bilan global net

Cependant, au delà de ces variations, le bilan demeure nettement positif sur cette dimension temporelle : progrès sur la majeure partie des dimensions et critères et surtout *aucune baisse* (le cas le pire est le maintien des performances antérieures). Cela dans toutes les classes (et avec des progrès plus réguliers entre les classes que dans d'autres écoles). Cela malgré une nette augmentation des effectifs depuis la première année...

---

40. Tenter d'en rendre compte excèderait largement les limites de ce chapitre.

7. L'ANALYSE DES ENTRETIENS

Complémentairement à l'analyse des écrits, des entretiens ont été menés afin d'évaluer les modes de réflexion des élèves sur les textes, sur l'activité même de production et sur les cadres pédagogiques au sein desquels ils s'inscrivaient[41].

Le corpus est composé de 145 entretiens passés essentiellement par des étudiants de Master (Deschildt, 2004 ; Humbert-Prudhomme, 2004 et 2006 ; Lammertyn, 1999 et 2000). Ils portent aussi bien sur les récits sollicitant le vécu que sur ceux sollicitant l'imaginaire. 67 ont été menés avec des élèves d'HB (lors de trois années différentes), 78 avec des élèves d'autres écoles de milieu équivalent ou plus favorisé. Si le caractère hétérogène de ce *document* (Delcambre et Lahanier-Reuter, 2004) impose sans nul doute de grandes précautions quant aux traitements effectués, il offre en retour l'avantage de fournir une base non négligeable de comparaison selon les élèves (de pédagogies et de milieux différents).

L'analyse de ces entretiens m'a permis de mettre au jour – à côté de points communs[42] – des singularités chez les élèves « Freinet » en termes de tendances ou de réponses remarquables (présentes nulle part ailleurs). Je m'arrêterai ici, trop succinctement encore, sur sept d'entre elles.

Ces élèves manifestent d'abord – et cela est confirmé par tous les entretiens menés par d'autres membres de l'équipe quel que soit le domaine concerné – une position plus autonome, plus assurée, au sein des interactions liées à l'entretien[43] : ils parlent et s'affirment plus, demandant par exemple des reformulations des questions, signalant qu'ils n'ont pas compris ou exprimant leur désaccord.

Leurs réponses sont, individuellement et collectivement, plus diversifiées que dans les autres classes.

Ils sont encore plus précis et détaillés dans leurs explications et justifications n'hésitant pas à recourir « spontanément » à des exemples. Il est clair qu'ils veulent se faire comprendre.

Leur rapport aux normes scolaires et à l'autorité du maître est, lui-aussi, assez spécifique. Ainsi, lorsqu'on leur demande de rappeler la consigne, ils n'ajoutent pas, comme le font souvent les autres, la nécessité d'être attentif à l'orthographe ou aux conjugaisons. S'ils manifestent un véritable respect de la consigne, celui-ci n'est cependant pas servile : certains élèves expliquent ainsi, en ce qui concerne les RSV qu'ils ont préféré restituer un souvenir qui ne se passait pas en soirée car, à leur sens, il était plus marquant, ce qu'ils ont donc

---

41. Je développe ces analyses à propos des RSV dans Reuter, 2006b.
42. Par exemple, les difficultés ressenties face aux normes langagières et, en ce qui concerne les RSV, le souci de la vérité, la crainte de l'exposition de l'intime, le rôle de la mémoire et le statut didactique problématique de tels écrits (ressentis trop privés, non modifiables, sans aides possibles…).
43. De fait, les entretiens avec ces élèves durent plus longtemps qu'ailleurs.

privilégié[44]. Quant au maître, il n'est pas posé, comme c'est souvent le cas ailleurs, comme un adulte détenteur d'un pouvoir absolu et arbitraire qu'il faut respecter même si on est en désaccord, mais comme un aide, dont la compétence est tributaire de conditions déterminées et, dans le cas du RSV, comme un partenaire avec qui on peut discuter, voire que l'on peut faire changer d'avis (idée qu'on ne retrouve *jamais* ailleurs).

Leur position évaluative est tout aussi singulière : les critères qu'ils mentionnent portent tendanciellement sur un plus grand nombre de dimensions (normes scolaires, textuelles, génériques, communicationnelles...), avec quelques accentuations particulières (la ponctuation, par exemple) ; leur discours auto-évaluatif manifeste plus de nuances : que le sentiment soit celui d'une réussite, d'une réserve ou d'un échec, il est toujours explicité avec, souvent, l'indication de ce qui est moins réussi et de ce qu'il aurait fallu faire[45] ; et cette appréciation est référée de surcroît à la consigne et au projet textuel – communicationnel (et non à ses propres goûts ou aux effets chez ses copains).

De fait, chez ces élèves, c'est la dimension communicationnelle qui s'avère fondamentale. Ainsi, ils sont particulièrement attentifs à produire des récits compréhensibles et intéressants ; lors de la relecture finale, ils ne s'attachent pas uniquement à l'orthographe mais tout autant à la cohérence et au sens[46] ; et ils sont les seuls à prêter aux chercheurs des intérêts autres que langagiers ou textuels (« mieux nous connaître ») et à déclarer avoir cherché à les intéresser (« faire partager notre plaisir » ; « il faut que ce soit une soirée extraordinaire pour intéresser les chercheurs »...).

Cette dimension communicationnelle est étayée dans leur discours par le renvoi à des dispositifs précis et diversifiés (textes libres, entretiens du matin, correspondance...) qui leur réservent une part importante d'autonomie (écrire ou non, montrer ou non, « publier » dans des instruments collectifs ou non) et donc de réflexion sur les choix possibles. Ces dispositifs intègrent encore des moments de négociation individuelle avec le maître, incluant des questions (pour mieux comprendre) et des suggestions portant de manière conséquente sur lisibilité, moyens textuels, cohérence (« pour que ça suive bien ») et informations nécessaires à la compréhension. Ils intègrent aussi des échanges avec les autres élèves et le maître dans des moments où le collectif-classe réagit à leurs écrits. Ce dispositif, fondamental à mon sens, explique au moins en partie qu'on ne rencontre pas ici, dans le rapport aux écrits, l'opposition adultes *vs* enfants ou la prééminence accordée aux réactions des copains, entrées très fréquentes ailleurs.

---

44. Ainsi, dans ce cas, l'irrespect apparent de la consigne repose sur une véritable réflexion quant à la meilleure manière de la respecter...
45. On ne trouve pas, en tout cas, comme ailleurs, de sentiment de réussite et d'auto-satisfaction absolu et non argumenté.
46. Ils rejoignent en cela les élèves de milieu plus favorisé et, de manière significative, ils raisonnent plus précocement en termes de texte et de sens global, plutôt que de mots ou de phrases (Giguère, 2005a).

Ces traits singuliers[47] constituent les élèves « Freinet », comparés aux autres, comme des élèves particulièrement *réflexifs* quant aux textes, à leur production et aux cadres scolaires : conscience des dispositifs, du travail nécessaire et de la *modifiabilité* de leurs écrits, liée aux apprentissages nécessaires et à l'aide du maître et de leurs pairs. J'ai ainsi pu montrer, dans mes analyses des RSV, qu'ils reconstruisaient la demande de tels récits de manière plus pertinente dans un cadre scolaire que les autres élèves (même si cela peut être gênant, c'est plus ou moins pratiqué déjà ; il existe des aides possibles ; on peut modifier ces écrits au regard de la compréhension et de l'intérêt...). Il convient encore de rappeler (à la suite de Deschildt, 2004) qu'ils sont les seuls à parler de l'utilité des remarques du maître pour s'améliorer. Cette dimension réflexive alliée à (portant sur) la modifiabilité des écrits, la recherche de l'amélioration, les aides des pairs et du maître, constitue, selon moi, un indicateur non négligeable d'un rapport aux apprentissages tout à fait intéressant.

Je dirais enfin volontiers que l'on retrouve dans ces entretiens, sous des formes qui leur sont propres, des modalités d'articulation entre implication et contrôle (ou distance réflexive), mises au jour dans l'analyse des productions de ces mêmes élèves.

8. LES RELATIONS À L'UNIVERS DE L'ÉCRIT

Sans sous-estimer les problèmes théoriques et méthodologiques attachés à la question de la mise en relation de phénomènes, reconstruits comme des *effets*, avec un MTP déterminé[48], il me semble que nombre de spécificités mises au jour dans les productions et les entretiens, peuvent être éclairées, au moins en partie, par les caractéristiques du MTP « Freinet », notamment en ce qu'il est actualisé dans ce que j'ai appelé (Reuter, 2003) un *univers de l'écrit,* c'est à dire le système de relations qui unit acteurs, objets et pratiques dans le domaine de l'écrit en classe. La construction de ces univers a été opérationnalisée méthodologiquement (Giguère et Reuter, 2004) au travers d'une grille d'analyse comprenant quatre catégories (écrits ; supports ; outils et activités), chacune d'entre elles étant détaillée à l'aide de multiples critères (sources, usages, fréquence...).

La reconstruction de l'univers de l'écrit instauré dans cette école repose sur deux sources principales : des observations ponctuelles (moins d'une journée) menées par divers membres de l'équipe pendant les cinq années écoulées et des observations de moyenne durée (une semaine en continu) menées essentiellement par Jacinthe Giguère (2005) dans cinq classes (CE2 et CM2)

---

47. Auxquels il conviendrait d'en ajouter encore d'autres tels une différenciation plus forte des écrits étudiés et pratiqués en classe, une pratique plus déclarée d'écrits extrascolaires avec, ici aussi, une différenciation plus marquée des manières d'écrire en classe et à la maison.
48. Voir sur ces questions, Baudelot et Leclercq, dir. 2005 ; Bru, Altet et Blanchard-Laville, 2004, et Reuter et Carra, 2005.

pratiquant des pédagogies différentes (« classique », « de projet » et « Freinet »). Pour des raisons d'économie, je m'en tiendrai ici à l'exposition de ce qui m'apparaît à la fois comme spécifique de l'univers de l'écrit à HB et le plus à même d'éclairer les résultats mentionnés.

8.1. Un univers riche et co-construit

En premier lieu, comparé à d'autres, cet univers de l'écrit apparaît bien plus stimulant. Il est quantitativement important (plus de documents partout dans l'école et dans les classes) ; diversifié dans ses sources (nombre de documents proviennent des élèves), dans sa composition (tous types d'écrits)[49], dans les supports et outils mis à la disposition des élèves, dans les pratiques mises en œuvre (cf. ci-après). Il est renouvelé plus fréquemment, fonctionnalisé (voir la multiplicité de pratiques, ainsi que son activation-appropriation par les élèves, notamment en tant qu'aide ou recours, et l'intérêt que suscitent les nouveaux affichages). Il est encore historicisé plus qu'ailleurs : il existe à HB des instruments collectifs liés à la pédagogie Freinet (cahier de vie, journal de classe...), ainsi qu'un archivage minutieux des productions des élèves. Ainsi, la tâche de l'élève ne s'épuise pas dans l'immédiateté d'une situation qui condamne son produit à une obsolescence rapide : elle est inscrite dans son histoire individuelle (où elle pourra, par exemple, lui servir de repère ou de ressource) et dans l'histoire collective de l'école (puisqu'elle pourra, par exemple, fournir un support ou un recours pour des élèves plus jeunes ou pour d'autres élèves à venir).

8.2. Des pratiques singulières

Les pratiques qui actualisent cet univers sont régulières, fréquentes (les élèves écrivent – et lisent – une multitude de textes[50] et diversifiées fonctionnellement : ainsi, outre les fonctions classiques de l'écrit à l'école, on trouve ici, de manière importante la régulation de la vie collective ou du travail, le recours pour ses recherches... mais moins qu'ailleurs les fonctions de contrôle ou de répression. En d'autres termes, la dimension *d'outil* de l'écrit est concrétisée de multiples façons qui tendent à éviter certaines contradictions présentes ailleurs.

Elles sont principalement « ouvertes » (non réduites à la rédaction limitée d'une réponse – solution unique), moins imposées par le maître (laissant dans de nombreux cas la place à l'initiative et à l'autonomie des élèves y compris dans leur choix des outils et des supports) et d'une durée plus longue et ajustée à chacun : il ne s'agit pas de faire le plus rapidement possible ou sur un rythme unique, pré-déterminé par le maître, il s'agit de prendre le temps nécessaire pour aller jusqu'au bout d'un projet de travail, en pouvant réfléchir, décanter, reprendre, modifier...

---

49. Et pas seulement les règles à appliquer.
50. Ce qui est, *de facto*, beaucoup moins fréquent dans un MTP classique.

De surcroît, ces pratiques ne sont pas simplement juxtaposées, elles sont mises en interaction (lecture-écriture, écrit-oral, scolaire-extrascolaire, production-recherche-structuration linguistique…) de manière diversifiée, explicitée (notamment par les remarques du maître) et active par les renvois incessants des pratiques entre elles.

Elles articulent en outre une véritable stimulation (voir les exigences des maîtres) et un étayage sécurisant[51] : absence de stigmatisation des erreurs, coopération entre les acteurs, choix d'écrire ou non, de dire/lire à tous ou non, de « publier » ou non, absence de risque de désappropriation de son écrit (on en est l'*auteur* et on le signe ; on garde le pouvoir de le modifier ou non), évaluation formative et personnalisée, normes explicites, co-construites, révisables…

8.3. Six principes remarquables

Six principes, organisant la mise en œuvre de ces pratiques, me paraissent à souligner dans la mesure où on ne les retrouve que rarement ailleurs, en tout cas ainsi réunis et avec une telle constance. Les pratiques langagières, notamment scripturales, sont systématiquement associées à la construction des savoirs (co-élaboration au tableau, recherches individuelles, exposés…) dans toutes les disciplines et en laissant une large place aux projets, modifications, prolongements après questionnements, reprises… Je parlerais volontiers ici d'une mise en exercice de la fonction heuristique de l'écriture.

Les élèves sont appelés à assumer, au travers des dispositifs mis en place, de multiples rôles : auteur, chercheur, aide, questionneur, critique, évaluateur, enseignant… Cela favorise sans doute des modes d'appropriation (de l'écriture et des savoirs) différents, la conscience des divers points de vue possible, la réflexion sur la nécessaire articulation entre valorisation et critique…

Le travail de construction des savoirs et savoir-faire, en particulier dans le domaine de l'écrit, passe par la constitution d'une culture commune de la classe (textes écrits par les élèves, documents amenés, archivage des entretiens…) qui constitue une médiation entre cultures extrascolaires et culture scolaire et dote le collectif-classe d'une identité, d'une histoire et d'une base de travail spécifiques.

L'articulation entre individu et collectif (incluant maître et élèves) dans une communauté de vie, de travail et de recherche est fondamentale. Elle s'effectue *via* des dispositifs (cahier de vie, coévaluation, socialisation, élaboration collective, retours sur les présentations…) et des modes de travail privilégiés[52] (individuel, collectif-élaboratif, collectif-singularisé…) qui favorisent coopération et sécurisation en évitant les oppositions récurrentes dans d'autres

---

51. Cela rejoint les analyses effectuées dans tous les autres domaines par les membres de l'équipe et notamment la plus grande sérénité dans l'entrée dans l'écrit (cf., *infra*, la contribution de M. Fialip-Baratte).
52. Au détriment donc du magistral, du collectif-uniforme (tout le monde fait la même chose en même temps) et des groupes restreints.

MTP (élèves entre eux, copains *vs* autres élèves ; maîtres *vs* élèves ; adultes *vs* enfants). De manière tout à fait remarquable, l'individu peut trouver et prendre sa place, s'exprimer d'autant plus en tant que tel, que le collectif l'aide à se constituer ainsi et qu'il enrichit en retour le collectif, sur le plan des apprentissages et du travail, grâce à des dispositifs qui étayent cette articulation.

La dimension communicationnelle se trouve au cœur des pratiques langagières : multiplicité des destinataires « réels » (maître, groupe classe, élèves d'autres classes, correspondants, parents, usagers du site Internet...) qui effectuent de véritables renvois sous de multiples formes[53], variation des situations et des enjeux. Cela explique le souci des élèves quant à la lisibilité, à la présentation, à la personnification graphique, au sens, à la compréhension, à l'intérêt... Cela favorise sans doute la conscience de la fonctionnalité et de la contextualisation des écrits.

Enfin – et cela m'apparaît fondamental – l'articulation entre *faire* et *réflexion sur le faire* est incessamment stimulée. Cela passe par les dispositifs et pratiques évoqués, par les multiples moments de discussion des projets, de programmation des tâches, d'esquisse, d'explications, de justification, de discussion, d'évaluation, de retour critique, de bilan...

Ainsi, à l'opposé de nombre de discours doxiques sur les pédagogies alternatives, faire et distance réflexive sur le faire sont encouragés, activés, mis en interactions... expliquant, au moins en partie, le contrôle textuel et la réflexivité de ces élèves, tels que nous avons pu les décrire précédemment et, sans doute aussi, l'équilibre entre investissement et contrôle, vécus ici de manière non antagonique.

8.4. Un univers de l'écrit solidement constitué

Ainsi, l'univers de l'écrit tel que nous avons pu le reconstruire est singulier, différent aussi bien des univers classiques que de ceux soumis à certaines formes de préconisation en vogue chez certains didacticiens (accent porté sur les types de textes ou la construction explicite de genres formels, priorité accordée aux activités de systématisation linguistique ou textuelle, modalités de réécriture...). Sa force tient sans doute à sa cohérence : il s'agit d'un véritable système complexe (et non d'un agglomérat de composantes), fonctionnalisé et en harmonie avec des principes pédagogiques fondamentaux. Elle tient encore à la pertinence de ses dispositifs, établis mais ajustables, garantissant à la fois étayage et autonomie.

---

53. Voir, par exemple, les « échos », réactions du maître à des écrits des élèves sous forme d'autres écrits ou d'images.

9. RETOUR SUR LA LANGUE

Revenir sur des questions de langue à la fin d'un tel chapitre mérite sans nul doute quelques justifications. J'en invoquerai ici quatre : nombre de discours théoriques et/ou médiatiques postulent que les pédagogies alternatives sont moins efficaces en ce domaine ; ces questions préoccupent tous les maîtres de primaire, maîtres « Freinet » y compris ; j'ai pu, moi-même, dans un rapport précédent (Reuter, 2005b) m'interroger sur ce point ; certains résultats, enfin, manifestent des progrès plus lents et/ou des écarts plus faibles avec les performances des autres élèves.

Il convient cependant, avant tout interprétation, de ne pas mésestimer la complexité des problèmes posés. En effet, comme j'ai pu l'exposer précédemment, la configuration est différente selon les niveaux : ainsi, en ce qui concerne l'orthographe, on peut constater des progrès lents en CM2 avec un dépassement des élèves de milieu équivalent la cinquième année, alors que les progrès sont rapides et les écarts importants en CP et que, dans les autres classes, les situations sont variables. La situation est encore différente selon les dimensions prises en compte : en matière de phrases réussies, en CM2, les élèves « Freinet » sont immédiatement très supérieurs à ceux de milieu équivalent et leurs résultats avoisinent (ou sont égaux) à ceux de milieux plus favorisés ; la supériorité existe aussi pour un certain nombre de dimensions que j'ai intégrées dans les problèmes textuels mais sans que le démarrage soit aussi rapide ou sans que les résultats avoisinent ceux des élèves de milieu plus favorisé (erreurs liées aux « plans » textuels). Les résultats sont enfin différents selon les catégories d'écrits (récits sollicitant le vécu ou l'imaginaire, descriptions ou exercices) et selon les situations : courantes, mises en place par les chercheurs, attachées aux évaluations nationales... On voit bien comment toute approche globalisante défierait la plus élémentaire prudence.

Je m'en tiendrai donc à quelques remarques à prendre plus comme des propositions de débats et de recherches à approfondir, que comme des conclusions définitives. J'avancerai ainsi que les performances en matière de syntaxe me paraissent un point fort dans les effets de cette pédagogie (en relation sans doute avec l'insistance des maîtres sur la ponctuation, l'usage de l'ordinateur, les publications...), ce que confirment les évaluations institutionnelles avec cependant une supériorité dans l'usage en situation de production d'écrits par rapport aux situations plus classiques d'exercices (cf. Daunay, 2006, et Hassan, 2006). Cela peut donc, selon les cadres théoriques de chacun et au vu des exigences institutionnelles et/ou des conceptions de la discipline, être estimé plus ou moins satisfaisant.

Il est aussi net que l'orthographe des élèves « Freinet » s'améliore même si, en CM2, cela a pris plus de temps, que les écarts avec les autres élèves de milieu équivalent sont plus réduits et qu'en cinquième année cela s'est fait au détriment d'autres dimensions. Il est donc indéniable que, dans ses fonctionnements « normaux », ce MTP arrive, avec de tels élèves, à développer la production d'écrits dans toutes ses dimensions, y compris l'orthographe, même si c'est selon des rythmes différents. C'est, en l'occurrence, d'autant plus remarquable que la longueur des écrits s'accroît et tend à excéder celle des autres écoles, que le nombre des élèves augmente, que les risques pris dans les choix lexicaux et syntaxiques sont importants et que ces progrès s'accomplissent avec une dispersion moindre des résultats que dans d'autres classes[54].

Par voie de conséquence, si l'on peut sans doute dire que, par certains côtés, les effets du MTP sont moindres (ou plus lents) sur cette dimension que sur d'autres, on pourrait également avancer, en rapportant ces résultats à la durée pendant laquelle l'enseignement de l'orthographe est isolé des autres activités, que ce MTP s'avère réellement efficace sans que ce soit au détriment d'autres dimensions ou d'autres activités comme c'est le cas dans des fonctionnements plus classiques. Et, pour ajouter encore de la complexité aux réflexions proposées, je noterai que c'est peut-être en matière d'orthographe que les principes pédagogiques de base de ce MTP (cf. *infra*, le premier chapitre) sont le moins mis en œuvre, au moins en ce qui concerne créativité, recherches et individualisation[55]. Dès lors, même si on est plutôt sur des positions critiques, la question se pose de savoir si les résultats que l'on estime mitigés sont dus à un excès ou à un déficit de pédagogie « Freinet ».

Comment conclure un tel chapitre, si ce n'est en réaffirmant le caractère positif des résultats présentés : progrès dans toutes les situations et pour toutes les catégories d'écrits prises en compte, performances dépassant sur la quasi-totalité des indicateurs retenus celles des élèves de milieu équivalent et réduisant les écarts, voire dans certains cas égalant les performances des élèves de milieux plus favorisés. Ces résultats sont d'autant plus remarquables qu'ils manifestent la résolution de problèmes récurrents dans les productions de milieu populaire, tels qu'ils sont analysés dans la littérature théorique existante. Ainsi, le développement des écrits ne s'effectue pas au détriment du second plan textuel ou l'implication ne se réalise pas en défaveur du contrôle textuel. De surcroît, les entretiens confirment la réflexivité de ces élèves. S'il existe sans doute des variations, selon les années, les classes ou les dimensions, cela n'oblitère en rien ce bilan : ce MTP, *tel qu'il est mis en place dans cette école et pour ces élèves,* produit des effets indéniablement intéressants.

On peut sans doute, ainsi que je le signalais dans la partie consacrée à la méthodologie, discuter ces résultats en critiquant les choix ayant présidé à leur production. Il n'en demeure pas moins que les analyses ont porté sur six ans, ont concerné 1268 écrits et 145 entretiens, ont pris en compte cinq dimensions textuelles au travers de plus d'une centaine d'indicateurs et entrent en congruence avec les analyses de recueils de données institutionnels et les

---

54. Ce qui peut être interprété, entre autres, comme un effet de la coopération et du fait qu'aucun élève n'est laissé pour compte.
55. Cela demeure en revanche le cas pour la coopération et la réflexivité (voir, par exemple, la dictée coopérative).

études menées dans d'autres domaines que celui de l'écrit. Ceci ne garantit rien mais prévient au moins toute critique trop hâtive.

J'ai enfin tenté de montrer en quoi les performances analysées peuvent être mises en relation avec l'univers de l'écrit instauré, pris comme actualisation spécifique de ce MTP, et notamment en quoi cela pouvait éclairer non seulement les dimensions « formelles » mais aussi la sélection des contenus et leur mode de mise en scène ainsi que la fécondité de leurs interactions. Ainsi en est-il, par exemple dans le cas de la description, pour l'articulation entre sujet individuel ou collectif ou, dans le cas des récits sollicitant le vécu, pour la position d'agent autonome privilégiée par les élèves « Freinet ».

Tous ces éléments me paraissent en tout cas confirmer que l'on est bien en présence d'un MTP cohérent et puissant. En cela réside sans doute à la fois sa force et sa faiblesse puisqu'il semble difficile d'envisager le maintien de tels effets en isolant telle ou telle dimension pour l'intégrer dans un autre MTP, même si nombre de principes (fréquence, diversification fonctionnelle, dispositifs évaluatifs, traitement de l'erreur...) seraient susceptibles d'améliorer certains fonctionnements classiques et ne paraissent pas impossibles à être mis en œuvre indépendamment de ce système, comme c'est d'ailleurs attesté par ailleurs.

Mais cela reste, sans nul doute, à étudier plus précisément...

RÉFÉRENCES BIBLIOGRAPHIQUES

BAUDELOT C., LECLERCQ F., dir. (2005), *Les Effets de l'éducation,* Paris, La Documentation française.

BISHOP M.-F. (2004), *Les Écritures de soi à l'école primaire de 1850 à 2004. Place, fonctions et enjeux,* Thèse de Doctorat, Université Charles-de-Gaulle – Lille 3.

BRU M., ALTET M., BLANCHARD-LAVILLE C. (2004), « À la recherche des processus caractéristiques des pratiques enseignantes dans leurs rapports aux apprentissages », *Revue Française de Pédagogie,* n° 148, *Évaluer et comprendre les effets des pratiques pédagogiques,* juillet-août-septembre, 75-87.

CLANCHÉ P. (1987), « Le monde à l'envers : pédagogie du Français et traitement de la consigne en classe de seconde », *Revue Française de Pédagogie,* n° 81, 43-51.

CLANCHÉ P. (1988), *L'Enfant écrivain. Génétique et symbolique du texte libre,* Paris, Éditions du Centurion.

CLANCHÉ P. (1992), « L'enfant de neuf ans, le réel et l'imaginaire », *Cahiers Binet-Simon,* n° 632, *Lire et écrire l'imaginaire à l'école,* Toulouse, ERES, 21-35.

DAUNAY B. (2006), « Langue et métalangage : comparaison des compétences dans deux écoles aux modes de travail pédagogique différents », dans REUTER Y. dir. (2006), *Effets d'un mode de travail pédagogique*

« *Freinet* » *en REP*, Rapport de recherche (2004-2006), remis à l'IUFM du Nord – Pas-de-Calais, Université Charles-de-Gaulle – Lille 3, 87-103.

DELCAMBRE I., LAHANIER-REUTER D. (2004), « Propositions pour une étude sur les méthodes de recherche en didactique », *Les Cahiers THEODILE*, n° 4, Université Charles-de-Gaulle – Lille 3, 123-142.

DESCHILDT S. (2004), *L'Écriture de récits sollicitant l'imaginaire au CM2*, Mémoire de DEA en Sciences de l'Éducation, Université Charles-de-Gaulle – Lille 3.

FAYOL M. (1984), « La distanciation dans le langage : l'exemple du calcul de l'origine dans le récit d'expériences », *Enfances*, n° 1, 5-19.

FAYOL M. (1985), *Le Récit et sa construction*, Lausanne, Delachaux et Niestlé.

GIGUÈRE J. (2003), « Les cahiers et classeurs et la construction de l'image de la discipline à l'école primaire », Actes du Colloque *Construction des connaissances et langage dans les disciplines d'enseignement*, Bordeaux, 3-5 avril 2003, CD Rom.

GIGUÈRE J. (2005a), « Influence de la pédagogie Freinet sur les conceptions des relations lecture-écriture chez les élèves du CP au CM2 », dans REUTER Y. dir. (2005b), *Démarches pédagogiques et lutte contre l'échec scolaire*, Rapport de recherche de l'ERTe 1021, 2002-2005, remis à la direction de la recherche du Ministère de l'Éducation Nationale, Université Charles-de-Gaulle – Lille 3, 159-176.

GIGUÈRE J. (2005b), « L'univers de l'écrit à l'école primaire : comparaison de trois modes de travail pédagogique (pédagogie Freinet, pédagogie par projet, pédagogie "classique") », dans REUTER Y. dir., *Démarches pédagogiques et lutte contre l'échec scolaire*, Rapport de recherche de l'ERTe 1021, 2002-2005, remis à la direction de la recherche du Ministère de l'Éducation Nationale, Université Charles-de-Gaulle – Lille 3, 177-211.

GIGUÈRE J. et REUTER Y. (2004), « Présentation d'une grille d'analyse de l'univers de l'écrit à l'école primaire », *Les Cahiers THEODILE*, n° 4, 103-121.

HASSAN R. (2005), « Évaluations nationales en CE2 et 6e : évolutions, mises en perspectives, problèmes », dans REUTER Y. dir. (2005b), *Démarches pédagogiques et lutte contre l'échec scolaire*, Rapport de recherche de l'ERTe 1021, 2002-2005, remis à la direction de la recherche du Ministère de l'Éducation Nationale, Université Charles-de-Gaulle – Lille 3, 365-374.

HASSAN R. (2006), « Protocoles d'évaluations nationales en CE2 et 6e et évolution des résultats des élèves de l'école Hélène Boucher » dans REUTER Y. dir. (2006), *Effets d'un mode de travail pédagogique « Freinet » en REP*, Rapport de recherche (2004-2006), remis à l'IUFM du Nord – Pas-de-Calais, Université Charles-de-Gaulle – Lille 3, 57-73.

HUMBERT-PRUDHOMME C. (2004), *Écrire des récits imaginaires au CM2. Analyse de productions et d'entretiens*, Mémoire de maîtrise, Sciences de l'Éducation, Université Charles-de-Gaulle – Lille 3.

HUMBERT-PRUDHOMME C. (2006), *Les Récits sollicitant le vécu. Analyse de productions d'élèves au CM2*, Mémoire de Master 2, Sciences de l'Éducation, Université Charles-de-Gaulle – Lille 3.

KAÏCI A. (1991), *La Pratique de la rédaction au cycle d'observation des collèges. Analyse des effets de quelques modes de sollicitation à l'écriture des élèves en échec*. Thèse de Doctorat, Université de Bordeaux 2.

KAÏCI A. (1992), « L'histoire d'un enfant perdu », *Cahiers Binet-Simon*, n° 632, *Lire et écrire l'imaginaire à l'école*, Toulouse, ERES, 9-19.

LABOV W. (1978), *Le Parler ordinaire*, Paris, Éditions de Minuit.

LAHIRE B. (1993), *Culture écrite et inégalités scolaires*, Lyon, Presses Universitaires de Lyon.

LAMMERTYN P. (1999), *Écrire un récit imaginaire au CM2. Analyse des difficultés et des stratégies des élèves*, Mémoire de Maîtrise, Université Charles-de-Gaulle – Lille 3.

LAMMERTYN P. (2000), « La sollicitation de l'imaginaire dans l'écriture des récits : intérêts et problèmes », *Repères*, n° 21, *Diversité narrative*, Paris, INRP, 53-77.

LESNE M. (1979), *Travail pédagogique et formation d'adultes*, Paris, Presses Universitaires de France.

REUTER Y. (1997), *Le Roman policier*, Paris, Nathan, réed. Armand Colin, 2006.

REUTER Y. (2000), *La Description. Des théories à l'enseignement apprentissage*, Paris, ESF.

REUTER Y. (2003), « Les représentations de la discipline ou la conscience disciplinaire », *La Lettre de la DFLM*, n° 32, 18-22.

REUTER Y. (2005a), « Les principes de fonctionnement de l'école "Freinet" » dans REUTER Y. dir., *Démarches pédagogiques et lutte contre l'échec scolaire*, Rapport de recherche de l'ERTe 1021, 2002-2005, remis à la direction de la recherche du Ministère de l'Éducation Nationale, Université Charles-de-Gaulle – Lille 3, 9-22.

REUTER Y. (2005b), « La production de textes », dans REUTER Y. dir., *Démarches pédagogiques et lutte contre l'échec scolaire*, Rapport de recherche de l'ERTe 1021, 2002-2005, remis à la direction de la recherche du Ministère de l'Éducation Nationale, Université Charles-de-Gaulle – Lille 3, 212-237.

REUTER Y. (2006a), « La production textuelle : cinq ans d'analyse », dans REUTER Y. dir., *Effets d'un mode de travail pédagogique « Freinet » en REP*, Rapport de recherche IUFM du Nord – Pas-de-Calais, 2004-2005, Université Charles-de-Gaulle – Lille 3, 105-120.

REUTER Y. (2006b), « Les récits sollicitant le vécu au CM2. Éléments d'analyse et de comparaison », *Repères*, n° 34, *Écritures de soi et enseignement*, Paris, INRP.

REUTER Y. dir. (1998a), *La Description. Théories, recherches, formation, enseignement*, Villeneuve d'Ascq, Presses Universitaires du Septentrion.

REUTER Y. dir. (1998b), *Pratiques*, n° 99, *La Description*, septembre.

REUTER Y. dir. (2005a), *Pédagogie du projet et didactique du français. Penser et débattre avec Francis Ruellan,* Villeneuve d'Ascq, Presses Universitaires du Septentrion.

REUTER Y. dir. (2005b),), *Démarches pédagogiques et lutte contre l'échec scolaire,* Rapport de recherche de l'ERTe 1021, 2002-2005, remis à la direction de la recherche du Ministère de l'Éducation Nationale, Université Charles-de-Gaulle – Lille 3.

REUTER Y. dir. (2006), *Effets d'un mode de travail pédagogique « Freinet » en REP,* Rapport de recherche (2004-2006), remis à l'IUFM du Nord – Pas-de-Calais, Université Charles-de-Gaulle – Lille 3.

REUTER Y., CARRA C. (2005), « Analyser un mode de travail pédagogique "alternatif" : l'exemple d'un groupe scolaire travaillant en pédagogie "Freinet" », *Revue Française de Pédagogie,* n° 153, *Décrire, analyser, évaluer les pédagogies nouvelles,* octobre-novembre-décembre, 39-54.

RUELLAN F. (2000), *Un Mode de travail didactique pour l'enseignement – apprentissage de l'écriture au cycle 3 de l'école primaire,* Thèse de Doctorat en Sciences de l'Éducation, Université Charles-de-Gaulle – Lille 3.

Revue française de pédagogie (2004), *Évaluer et comprendre les effets des pratiques pédagogiques,* n° 148, Paris, INRP.

ENSEIGNEMENT ET APPRENTISSAGES DE L'ORAL

Isabelle DELCAMBRE

Les pratiques de l'oral sont un enjeu important dans la pédagogie Freinet : apprentissages de la parole publique, responsabilisation et construction de l'autonomie, actualisation d'un « idéal démocratique » (Reuter, 2005) dans la construction collectivement assumée des règles de vie et l'institution du groupe comme lieu de régulation des problèmes, etc. Ces grands principes étant constamment confrontés à leur mise en œuvre dans la quotidienneté des situations scolaires, les situations et les pratiques d'oral sont un des objets de travail fondamentaux dans les classes Freinet pour les enseignants aussi bien que les élèves. L'oral, en effet, dans le groupe scolaire Concorde, est pris au sérieux ; il est l'objet d'analyses et de prises de conscience, l'occasion de diverses formes d'institutionnalisation, même dans des fonctions que l'on pourrait considérer comme véhiculaires ou instrumentales, le lieu de développement de compétences tant interactionnelles que langagières et cognitives.

Ce sont ces diverses dimensions de l'oral que je tenterai d'exposer en m'appuyant sur les recherches qui ont été menées par divers membres de l'équipe THÉODILE dans ce groupe scolaire. Certes, les méthodologies mises en œuvre sont diverses. Si elles ne permettent pas d'unifier les résultats et de dresser un panorama complet des apprentissages et des pratiques d'oral de la petite section de maternelle au CM2, elles permettent de multiplier les angles d'attaque, de mettre en évidence des phénomènes semblables à des niveaux différents, de pointer des formes de cohérence, ce qui n'est pas non plus inintéressant.

Sur le plan méthodologique, il faut en effet préciser que l'on trouvera dans les recherches présentées ici, une diversité dans le recueil de données (observations directes, avec enregistrement ou prise de notes, accompagnées ou non d'interviews des enseignants ; interviews d'élèves), dans la structure du dispositif de recherche (la plupart sont comparatives, mais pas toutes) et dans les traitements de données. Ainsi, mes recherches visent essentiellement à mettre en évidence des formes d'enseignement, plus qu'à évaluer des compétences d'élèves. J'ai recueilli vingt corpus d'entretiens du matin (soit sept heures d'enregistrements), dans quatre classes Freinet et deux classes non Freinet. Les dimensions comparatives de ce travail mettent en évidence les différences de structure et de fonction des entretiens du matin, les modalités des dialogues pédagogiques et leurs variations. Il permet d'approcher les formes de travail oral qui sont offertes aux élèves. Je me suis peu centrée sur les élèves et leur engagement dans les situations de parole (une exception cependant, les recherches que j'ai menées avec C. Cohen-Azria, dont il sera rapidement fait état ici) ; par contre en croisant les analyses des activités de classe avec le discours des acteurs, ces recherches permettent de décrire la part de réflexivité des pratiques enseignantes et leur rapport avec certains principes pédagogiques.

La recherche d'Élisabeth Nonnon (2006) décrit les comportements communicationnels des élèves engagés dans des tâches d'exposé ou de présentation de livres dans deux classes de l'école élémentaire, les aspects cognitifs et langagiers de leurs prises de parole, sans les quantifier mais en indiquant des tendances de comportements. Les observations dans le contexte de la classe, ayant permis de suivre les élèves de CE2 au CM1, permettent de tracer des formes d'évolution sur les deux années, de différencier aussi les pratiques des enseignants et la progression des apprentissages à ces deux niveaux scolaires. Mais la grande spécificité des situations d'apprentissage à l'école Freinet et les difficultés de l'évaluation des compétences orales (Nonnon, 2005) rendent la comparaison externe relativement difficile.

Après la présentation de quelques-unes des dimensions spécifiques des pratiques d'oral dans les classes du groupe scolaire Concorde, seront exposés les résultats les plus marquants concernant les compétences des élèves, que ce soit en élémentaire ou en maternelle.

1. L'ORAL, UNE PRATIQUE FRÉQUENTE ET DIVERSIFIÉE

À l'école élémentaire, les observations centrées sur les pratiques d'oral dans les classes montrent qu'elles sont beaucoup plus fréquentes dans l'école Freinet que dans d'autres écoles aux populations équivalentes. En mathématiques, les élèves parlent plus longuement et plus librement que dans d'autres classes (Lahanier-Reuter, dans cet ouvrage). En ce qui concerne les exposés en CE2 et CM1, le statut accordé aux activités orales et le temps qui leur est consacré sont nettement en rupture avec les pratiques ordinaires à l'école élémentaire (Nonnon, 2006). Ainsi, deux plages hebdomadaires au moins sont réservées aux exposés et notées à l'emploi du temps. Aucun élève de ces deux classes n'est resté en dehors de l'activité d'exposé, et même ceux qui se sont moins souvent proposés ont eu plus d'occasions de prise de parole que dans la plupart des classes de cycle 3. À côté de ces situations où l'activité orale est visée en tant que telle, on observe d'innombrables situations de travail (explicitation de démarches, comptes rendus, conseils, etc.) où sont intégrées des activités d'exposition ou d'argumentation orale (Nonnon, 2006).

Une comparaison effectuée en 2002-2003 entre le CP de l'école Anne Franck et celui d'une autre école proche a montré que l'oral (des élèves et du maître) occupe plus de 50% du temps à l'école Freinet, et seulement un tiers du temps dans l'autre classe (Escher, 2003)[1] : l'observation s'est déroulée en continu dans ces deux classes, au cours du mois de décembre, et s'est attachée à noter tous les moments où les élèves étaient engagés dans une activité orale, de type monologique, ou dans un dialogue collectif. On constate une grande diversité des activités dans le CP Freinet : outre les réponses aux questions du maître qui sont liées au dialogue pédagogique et que l'on observe dans toutes les classes (l'oral est alors l'outil de la communication scolaire), on trouve dans cette classe de CP diverses formes de prise de parole : des prises de parole individuelles au tableau liées à des apprentissages disciplinaires (lecture oralisée d'un texte produit en dictée à l'adulte par un élève de la classe ; explication et justification des procédures mises en œuvre dans un exercice de mathématiques) ; des présentations individuelles dans l'entretien (« le quoi de neuf ») ; des rappels, sollicités par la maîtresse, des règles de l'entretien. Brèves, ces interventions d'élèves, sollicitées ou non, sont de type monologique : même si elles sont étayées par la maîtresse, elles mettent les élèves en situation de produire une forme d'oral dont ils sont responsables. Dans l'autre classe, on n'observe jamais de prise de parole individuelle des élèves, même de leur place. L'activité de lecture oralisée est collective ; les élèves répètent en chœur des syllabes écrites au tableau après le maître. En mathématiques, les élèves sont invités à lire la consigne de l'exercice, jamais à expliquer leurs procédures ; les règles de vie sont rappelées par l'enseignant, l'observation d'un phénomène scientifique (développement d'un bulbe) est guidée par les questions du maître. Des demandes de prises de parole impromptues, même en cohérence avec le sujet traité, ne sont pas accordées.

L'importance du temps global attribué à la parole en classe, le nombre d'occasions de prise de parole individuelle, la diversité des genres d'oral dans lesquels entrent les élèves caractérisent l'école Freinet, et sont à considérer comme une des originalités de la pédagogie Freinet (Nonnon, 2006), en comparaison de ce qui se fait d'ordinaire à l'école élémentaire.

2. L'ORAL, UNE PRATIQUE INSTITUTIONNALISÉE ET RITUALISÉE

Les formes d'oral pratiquées à l'école Freinet sont marquées par une institutionnalisation et une ritualisation forte, et cela dès l'école maternelle.

2.1. Les entretiens du matin en maternelle

En maternelle, les entretiens du matin peuvent être décrits comme un genre scolaire, en relation avec ce qu'on appelle communément les rituels

---

1. Escher ne distingue pas l'oral du maître de l'oral des élèves, son propos étant de mettre en évidence les diverses formes de relations oral/écrit dans la classe : à partir d'une observation en continu sur une semaine (15 h), elle globalise les moments où l'oral prédomine pour les comparer aux moments d'écrit.

(Delcambre, 2006), entre autres à cause du scénario codifié qu'ils mettent en place et de leur régularité dans les activités scolaires.

Les quatre maîtresses Freinet organisent les entretiens du matin de la même manière : des élèves « s'inscrivent » auprès de la maîtresse, au moment de l'accueil ou au début de la séance, pour faire une présentation à l'ensemble de la classe regroupée devant le tableau. Ils présentent un objet apporté de la maison ou un travail réalisé pendant l'accueil ou les ateliers ; ils sont installés par la maîtresse dans un rôle de locuteur principal (ils viennent s'installer à la place de la maîtresse) que la maîtresse par ses questions aide à investir, y compris pour des élèves très petits parleurs (voire non-parleurs dans cette situation). L'élève est l'interlocuteur principal de la maîtresse : c'est à lui qu'elle s'adresse, c'est à lui qu'elle pose les premières questions pour l'aider à développer son discours de présentation. Puis les élèves auditeurs sont sollicités pour parler à leur tour sur le travail ou l'objet présenté et à questionner le locuteur principal : ils sont également aidés par la maîtresse à remplir ce rôle de locuteur secondaire. Ces rôles, décrits dans Delcambre (2005 a), sont construits dans l'énonciation répétée de règles ou d'interdictions dont une des plus surprenantes peut-être est le refus de l'enseignante de donner la parole à un élève qui ne se serait pas préalablement « inscrit ».

Ce rituel se distingue assez nettement de ce qu'on peut observer généralement dans les classes de maternelle et que l'on trouve souvent dans les études consacrées ces dernières années à cette activité (Leclaire-Halté, 2005 ; Garcion-Vauthor, 2002 ; Amigues et Zerbato-Poudou, 2000) ou dans les Documents d'accompagnement des Programmes (2006). Dans une des classes non Freinet que j'ai observée, les élèves, lorsqu'ils arrivent en classe, placent leur étiquette-prénom sur un tableau magnétique situé derrière les bancs en face du tableau noir. Le rituel commence donc par une activité de numération menée collectivement (combien d'élèves sont absents aujourd'hui), puis par l'établissement de la date du jour, à l'aide d'étiquettes à placer/déplacer sur une frise placée au bas du tableau (nom et date du jour, nom du mois, travail énonciatif sur le repérage dans le temps). Cette activité est menée par un élève différent chaque jour, dont le nom est inscrit sur un tableau, et qui peut, de ce fait, s'y préparer. Le rituel se termine sur la présentation des ateliers qui vont suivre. Ces trois temps sont réellement ritualisés.

Cela dit, cette maîtresse organise des activités langagières qui diffèrent d'un jour à l'autre : un élève, assis devant le groupe, expose comment son anniversaire va être fêté dans la classe et dans sa famille ; un autre raconte une histoire à partir de dessins collés dans son cahier ; ou bien la maîtresse organise un travail collectif (à l'aide de documents issus d'un fichier conçu à cet effet) visant le repérage de différences entre deux dessins. Dans l'interview, la maîtresse dira qu'il arrive que les élèves apportent de chez eux un livre, un jouet, « quelque chose à montrer ou à raconter », mais que cela dépend des années. L'ouverture que cela traduit signifie également une absence ou un refus d'institutionnaliser une telle pratique.

Cette autre classe de maternelle présente une caractéristique intéressante en ce qu'elle révèle par contraste une spécificité des classes Freinet : parfois, les élèves se lancent dans des micro-récits (la fête des rois dans les familles ; le cadeau reçu à Noël ; une scène familiale « se préparer pour aller faire des courses », etc.) dans une forme de prise de parole qui semble être instituée, mais qui reste implicite. Les prises de parole des élèves paraissent spontanées : la maîtresse sollicite tel ou tel, au vu de ses demandes non-verbales, il lui suffit souvent de nommer l'élève pour qu'il commence à parler, et les élèves enchaînent dans une succession de prises de paroles rapides, avec une apparente reconnaissance de ce qui se joue dans ces moments, sans qu'aucune règle soit énoncée. Les récits, parfois longs, sont la plupart du temps adressés à la maîtresse et aucun élève n'est sollicité pour réagir à ce qui a été présenté. Ce fonctionnement est à l'opposé de ce que l'on peut observer dans les classes Freinet qui visent à institutionnaliser les prises de parole en énonçant des règles qui définissent et articulent différents rôles de locuteurs, leurs droits et leurs devoirs. L'institutionnalisation est ainsi liée à l'explicitation des fonctionnements rituels, des rôles de locuteurs, voire des objectifs poursuivis.

2.2. Les conférences à l'école élémentaire

Les conférences présentent une importante ritualisation du travail et des rôles. Les élèves proposent à l'avance un sujet à traiter et une forme d'organisation (travail individuel ou à deux) ; puis ils préparent leur présentation (recherche documentaire, réalisation d'une affiche) dans des séances en semi autonomie. Lorsqu'ils pensent être prêts, ils s'inscrivent au tableau à l'avance. Le déroulement de la séance est lui-même organisé en temps différents : la présentation, accompagnée de documents affichés, est suivie de questions ou de commentaires à l'initiative des auditeurs et elle se termine par un vote sur la mention à attribuer à la présentation. Chacun de ces temps est minuté (les présentations durent six minutes), et des rôles sont confiés aux élèves : l'un contrôle le temps imparti aux différentes phases ; un autre anime la séance : il présente celui qui va parler, maintient l'ordre et l'écoute, signale les phases successives et donne la parole aux questionneurs à tour de rôle. Les élèves chargés de ces tâches changent d'une séance sur l'autre. Lors du vote (selon un code couleur), l'enseignant a une voix comme les élèves.

La ritualisation des conférences se construit dans la répétition du déroulement de l'activité ainsi que dans le partage des rôles impartis aux uns et aux autres. L'institutionnalisation est, quant à elle, liée à l'inscription dans l'emploi du temps de ces moments d'apprentissage et à la prise en compte des présentations dans l'évaluation du travail de chaque élève. Ces deux aspects font des conférences ou présentations de livres des moments d'apprentissage explicites, qui ont une forte légitimité aux yeux des élèves et dans lesquels ils s'impliquent avec un grand sérieux.

3. L'ORAL, UNE PRATIQUE AUTONOME ET CONTRÔLÉE

3.1. Autonomie du côté des élèves

Que ce soit en maternelle ou en élémentaire, les présentations orales sont libres : le choix des sujets d'exposés ou de l'objet à présenter dans l'entretien du matin est lié aux intérêts des élèves. En élémentaire, les sujets sont souvent ancrés dans l'expérience personnelle (récit d'un voyage, d'une maladie, description d'un animal familier) ou liés à un intérêt personnel (les scorpions, la fabrication des voitures, les bijoux, les maisons au Moyen Âge, le Japon, etc.) (Nonnon, 2006). En maternelle, les élèves présentent des jouets (des petites voitures, un magnétophone pour enfant, des peluches, une poupée qui pleure, etc.), des livres, des cassettes vidéos. Les maîtresses n'interviennent que pour solliciter la présentation d'une réalisation faite au moment de l'accueil (jeux de construction, objets en pâte à modeler, etc.)[2].

En élémentaire, les élèves choisissent également le moment de la présentation, lorsqu'ils se sentent prêts à l'issue de leur travail d'élaboration. Cette liberté laissée aux élèves a pour conséquence l'impossibilité de planifier les contenus des exposés ou d'organiser une progression pour approfondir un domaine ou une question. La très grande variété des sujets va de pair avec, à long terme, un retour de sujets semblables (Nonnon, 2006). Ce que l'on gagne en investissement dans l'activité, on le perd d'une certaine manière en construction de connaissances ou en intégration des sujets traités dans des notions plus générales comme les grandes fonctions de la vie, les liens avec l'environnement, etc., qui seraient le fait d'un apprentissage davantage dirigé par le maître, inscrivant ces processus dans des formes et des discours collectifs. De même, la relative autonomie dans laquelle les élèves font leurs recherches documentaires entre en contradiction avec les conseils de préparation, relativement exigeants qui leur sont donnés (cf. ci-dessous) et qui nécessiteraient probablement un accompagnement important pour être bien mis en œuvre.

Cette liberté laissée aux élèves impose aux enseignants de savoir réagir vite pour transformer les éléments apportés par les élèves en quelque chose d'intéressant pour tous, ce que les maîtresses de maternelle reconnaissent à la fois comme un défi et comme une réelle difficulté de leur travail. Elles disent les stratégies qu'elles mobilisent en situation (créer des analogies avec des situations déjà rencontrées, solliciter des savoir-faire en construction comme nommer les couleurs, comparer les tailles, etc.) mais elle insistent surtout sur la difficulté de « rebondir » sur ce que proposent les élèves et à quoi elles ne peuvent pas se préparer (Delcambre, 2005c, p. 83).

---

2. Il arrive qu'un objet soit délibérément écarté pour des raisons éthiques (un portrait de Ben Laden). Mais cette dimension de l'entretien n'a pas fait l'objet d'une observation systématique et je ne peux que faire état ici d'un événement particulier saisi par hasard.

3.2. Contrôle du côté des enseignants

L'autonomie dans le travail des élèves ne signifie pas laisser-aller et absence de contrôle du côté des enseignants. Au contraire. De nombreux phénomènes montrent que le contrôle de l'enseignant sur la situation orale et le travail des élèves est important.

3.2.1. En maternelle : règles et formes du dialogue collectif

Dans les entretiens en maternelle, l'énoncé de règles institue un contrôle collectif sur les formes de prise de parole. Les règles de planification permettent aux maîtresses de refuser une demande de parole non inscrite, elles contribuent pour les élèves à la compréhension du rôle de locuteur principal. Les règles de gestion de l'espace accompagnent les déplacements des locuteurs principaux (du groupe vers le tableau et vice versa). L'ouverture et la clôture des séquences de présentation sont marquées par ces déplacements et l'accompagnement qu'en fait la parole de la maîtresse. Les règles explicitant les rôles des différents locuteurs portent sur les principes que les maîtresses souhaitent voir intériorisés par les élèves. D'abord, le principe selon lequel chaque locuteur principal n'a le droit de montrer qu'un seul objet ; ensuite le principe selon lequel les auditeurs ne doivent pas répondre aux questions que la maîtresse pose aux locuteurs principaux, ce qui construit ainsi le premier temps de la présentation comme un dialogue particulier (cf. ci-dessous les séquences dialoguées) ; ils doivent demander la parole pour intervenir ; et surtout, ils doivent diversifier leurs questions : de fréquents commentaires des maîtresses signalent ce qui est de l'ordre de la reprise ou de la répétition, pour inciter les élèves à varier leurs interventions. Pour finir, les règles concernant la communication avec le groupe apprennent aux élèves les rudiments de la présentation à autrui (mettre le livre à l'endroit, le tourner vers le groupe) et de la prise de parole en public (parler fort, s'adresser à l'auditoire et non à la maîtresse).

Ces règles à la fois instituent des fonctionnements et des rôles et les font évoluer grâce aux exigences sur les présentations : on peut dire que, dès la petite section de maternelle, on assiste dans cette école à l'apprentissage des gestes matériels et des conduites langagières de l'exposé et de la discussion collective. L'exigence de varier les questions renvoie à celle d'un approfondissement ou de changements de points de vue sur ce qui a été présenté, elle va de pair avec le refus que ces moments de dialogue soient de simples occasions d'expression pour les élèves.

La description de la répartition des prises de parole entre maîtresses et élèves (Delcambre, 2005 b, 2005 c) montre que, dans toutes les classes observées (sauf une, non Freinet), le contrôle de la parole collective par les interventions des enseignantes est important et que les interventions entre élèves sont peu abondantes[3], ces deux phénomènes augmentant au fur et à mesure des observations. Cependant la productivité des échanges entre élèves est variable, quelles que soient les formes de contrôle des maîtresses[4]. Dans trois classes Freinet sur quatre, on constate régulièrement des échanges entre élèves plutôt productifs dans le développement du dialogue (globalement, on observe peu d'échanges entre élèves de type répétitif), alors que les autres classes présentent des variations importantes sur ce critère d'une séance à l'autre (Delcambre, 2006).

L'importance du contrôle peut sembler paradoxal par rapport aux objectifs de construction de l'autonomie, mis en évidence ci-dessus. Le paradoxe est d'ailleurs présent dans le discours des maîtresses de maternelle.

> C'est la question des échanges maître/élèves qui est la plus représentée dans le discours des trois maîtresses[5]. Toutes les trois attendent que les élèves s'expriment, interviennent, participent. Seule la maîtresse B [Freinet] attend qu'il y ait aussi davantage d'échanges entre enfants. La question des interventions magistrales est formulée sous forme de paradoxe : à la fois, regret de trop parler et reconnaissance de la nécessité de l'intervention de l'adulte pour gérer un dialogue « naissant ». (Delcambre, 2005 c).

Mais la comparaison avec une des classes non Freinet observée au début de cette recherche, qui présente, au fil des observations, une diminution du contrôle de l'enseignante et une augmentation de la coopération entre élèves, permet de le résoudre, notamment en prenant en compte les valeurs attribuées au silence et à la parole (voir ci-dessous).

3.2.2. En élémentaire, règles collectives et fonctions des interventions des enseignants

En élémentaire, des observations issues de différentes recherches vont dans le même sens. M. Pagoni (2006) souligne la présence verbale relativement importante des enseignants Freinet dans les conseils (CM1/CM2) par rapport à d'autres classes mettant aussi en pratique les conseils. Elle montre que les interventions de l'enseignant en CM1 ont essentiellement « une fonction d'éclaircissement [...] puisqu'il intervient souvent pour reformuler les propositions soumises au vote ou les prises de décision effectuées par les

---

3. Il s'agissait de voir si le module de base du dialogue pédagogique (question du maître/réponse de l'élève/validation du maître), où la parole de l'élève est prise en sandwich entre deux interventions de l'enseignant, peut laisser place à une autonomisation des échanges entre élèves.
4. Il s'agissait de voir ce que les élèves font langagièrement dans ces espaces de parole où l'étayage de l'enseignant est implicite (François, 1993, p. 132). Peut-on observer des formes de construction du dialogue, par reprise, ajout, reformulation, déplacement, etc., ou au contraire s'agit-il d'énoncés parallèles, répondant dans la même forme et de manière successive à la question de la maîtresse (*ibid.*, p. 110) ?
5. Il s'agit de deux maîtresses Freinet et une non Freinet, interviewées la première année de la recherche.

élèves, ou encore pour donner des explications et formaliser une notion et ses propriétés » et que les interventions de l'enseignant en CM2 sont

> partagées entre les fonctions d'éclaircissement et les fonctions de gestion des procédures. Il n'effectue aucune intervention de formalisation mais il intervient très souvent au moment des prises de décision pour rappeler une règle ou une responsabilité susceptible de donner une solution par rapport au problème soumis à la discussion (*ibid.*).

Ces interventions, au-delà de leurs différences, poursuivent le même but, celui de manifester la « fonctionnalité des règles de la classe [...] pour résoudre les problèmes rencontrés » (*ibid.*). Les analyses de F. Bertot (2004) montrent également que l'enseignant de CM1 observé dans cette même école, intervient dans le débat essentiellement comme « garant de son bon déroulement et de son avancée » et « pour faire progresser la parole vers une meilleure formulation », même s'il intervient relativement peu (environ 18%), à la différence d'un autre enseignant observé dans le même type de débat, qui intervient essentiellement pour cadrer les thèmes de discussion et « forcer l'implication » des élèves dans la prise de parole par des questions insistantes (Bertot, 2004, p. 62-66).

Ces constats permettent de comprendre l'importance que revêtent l'énonciation et le rappel des règles qui régissent la vie de la classe comme les situations de parole. Loin d'être des rituels formels, les règles donnent du sens au travail effectué à l'oral dans ces situations (débats ou conseils) ; elles peuvent être liées, sur les questions du rapport à la loi, à des « intentions didactiques implicites qui s'explicitent quand le moment pertinent arrive » (Pagoni, 2006) ; elles obligent les élèves à aller plus loin dans l'appréhension des questions débattues ou soumises à la décision collective. De ce fait, elles vont de pair avec une présence verbale de l'enseignant qui, sans être étouffante, n'en est pas moins à souligner.

De la même manière, les enseignants, dans la gestion des exposés, sont amenés à poser un certain nombre d'exigences (Nonnon, 2006) qui recadrent la liberté laissée aux élèves quant aux choix des sujets, mise en évidence ci-dessus. Sur presque chacune des tâches de la conduite d'exposé, ils formulent des objectifs ou proposent des procédures de travail qui aboutissent à complexifier le travail des élèves. Ainsi, des conseils sont donnés en CM1 pour le travail documentaire et la préparation de l'exposé (préciser une question à laquelle l'exposé est censé répondre, distinguer les faits qui constituent le point de départ de la recherche et les questions qu'ils soulèvent, inventorier les sources possibles d'information en vue d'un approfondissement) ; des contrats de travail sont proposés aux conférenciers pour améliorer leurs présentations (s'enregistrer pour apprendre à contrôler son débit, ne pas lire son papier) ; l'élève animateur est chargé de faire des rappels à l'ordre et de pénaliser ceux qui n'écouteraient pas avec attention celui qui expose ; le maître de CM1 a tenté de faire évoluer ce rôle de celui de distributeur de la parole vers celui d'un animateur de la discussion qui écarterait les questions trop anecdotiques ou éloignées du thème principal, de manière à garantir des formes d'approfondissement de la discussion collective (Nonnon, 2006).

Les exigences des enseignants d'élémentaire, qui rejoignent les efforts des maîtresses de maternelle pour amener les élèves à varier les questions posées, sont les signes d'un travail des enseignants pour donner aux activités de parole des objectifs renouvelés et lutter contre les risques de la routinisation de ces situations. L'énoncé répété des règles peut produire en effet une satisfaction minimaliste du contrat didactique, une reproduction du rituel sans prise de risque, sans réel investissement (Nonnon, 2006), que seule une modification du contrat initial peut permettre d'éviter. La présence verbale ou le contrôle de l'enseignant, dans ces moments où l'on pourrait s'attendre à ce que la place de l'élève soit ménagée au maximum, est alors le signe d'intentions pédagogiques ou didactiques qui font justement de ces situations des occasions d'apprendre plus, des occasions de constituer la prise de parole comme un objet d'apprentissage, au niveau de la communication avec autrui ou dans les aspects cognitifs de l'élaboration de contenus de discours ou d'évaluation de leur pertinence.

4. L'ORAL, C'EST AUSSI L'ÉCOUTE

Les situations d'entretiens du matin en maternelle ou de conférences à l'école élémentaire reposent sur des rôles de locuteurs, qui exposent ou présentent, et d'auditeurs, qui à leur tour prendront la parole pour questionner ou commenter ce que le locuteur a exposé. Les recherches menées en maternelle comme à l'école élémentaire montrent que ces rôles d'auditeurs sont construits, dans le discours ou les pratiques des maîtres, comme un des lieux d'apprentissage de la parole en classe, voire travaillés explicitement quand le niveau scolaire des élèves le permet.

Les maîtresses de maternelle qui ont été interviewées dans une situation de visionnement des rituels enregistrés dans leur classe, ont exposé de manière très explicite la construction des rôles, la fonction du dispositif spatial dans l'appropriation des rôles par les élèves, la difficulté de développer les sujets de discours proposés par les élèves de manière à en faire un sujet d'apprentissage pour le groupe, l'importance des liens entre les entretiens et les autres activités de la classe, ou entre les familles et l'école qu'ils occasionnent, etc. Elles confirment ainsi par leur discours les éléments identifiés dans l'analyse externe effectuée par le chercheur.

Par contre, elles ajoutent des éléments que cette analyse externe n'a pas pris en compte : le cas le plus manifeste est celui du rôle d'écouteur qui est très longuement évoqué par les deux maîtresses dont le discours est analysé dans Delcambre, 2005 b et 2005 c. Écouter, et produire les signes de l'écoute (être attentif, ne pas bouger, avoir les yeux « grands ouverts »), c'est être présent et actif dans la situation (« être dedans »). Ce rôle apparaît comme l'antichambre du rôle de locuteur. À l'opposé, une des maîtresses non Freinet, interviewée dans les mêmes circonstances, attribue une valeur négative au silence des élèves, elle dit ne pas comprendre « ce qui se passe dans leur tête » : « est-ce qu'ils ont vu des choses ? Est-ce qu'ils sont restés là en s'embêtant à mourir ? ». C'est dans cette classe que j'ai mis en évidence une diminution du contrôle de l'enseignante et une augmentation de la coopération entre élèves, donnant l'impression que les élèves ont une plus grande latitude d'expression, la maîtresse laissant, au fil des observations, libre cours à l'expression, à une participation au dialogue collectif plus autonome (Delcambre, 2005 b).

L'apparent paradoxe pointé plus haut trouve ici une forme de résolution. Deux modèles pédagogiques de la parole collective s'opposent ici. Le premier articule autonomie des élèves et contrôle par l'enseignant, prise de parole et écoute, modèle où l'oral est vu comme un travail dans ses différentes composantes et où l'intervention de l'enseignant est effectivement garant de ce travail. Le second repose sur l'idéologie de l'expression spontanée, toute entrave à l'expression étant perçue comme élément négatif, que ce soit l'interventionnisme de l'enseignant ou le silence des élèves.

Interrogeant les savoirs professionnels des enseignants (Delcambre, Daunay, 2005 ; Daunay, Delcambre, 2006), nous avons montré que des savoirs explicites pour l'enseignant (liés à sa conscience didactique), mais non explicités aux élèves, sont en relation avec un faire que nous avons appelé également didactique[6]. L'enseignant actualise des savoirs, non comme objet d'apprentissage pour les élèves, mais comme guide de son action dans la classe, pour orienter les élèves vers des apprentissages en actes ou la mise en œuvre de savoir-faire spécifiques. Il construit une situation didactique dont l'enjeu est la mise en œuvre d'un savoir qui n'apparaît pas en tant que tel dans son discours mais qui est actualisé dans l'activité des élèves. Ainsi il ne s'agit pas de faire dire/apprendre aux élèves les règles de la communication scolaire, mais de les leur faire mettre en pratique.

Ainsi, si l'on considère l'action des enseignantes Freinet, le placement/ déplacement de l'élève-locuteur principal est représentatif d'un faire didactique. L'enseignante est parfaitement consciente des implications de cette action :

> Je trouve important de laisser ma place à ce moment là / parce que c'est une place stratégique je crois pour les enfants /et // quelque part ils prennent la place de la maîtresse / c'est eux qui sont acteurs et qui mènent le groupe / c'est pour ça moi je préfère faire ça / plutôt que de les laisser à leur place et qu'ils soient interrogés (Maîtresse Freinet dans Delcambre, 2005 b, p. 254).

L'organisation de la parole repose sur des savoirs théoriques qui catégorisent les dispositifs de prise de parole en fonction de leurs effets sur les apprentissages des élèves. Il est clair qu'ici ce ne sont pas des savoirs disciplinaires (qui seraient de type métacommunicationnel) à faire construire

---

6. Ce que nous appelons *faire didactique* n'est pas éloigné de ce que Brousseau désigne avec le concept de situation didactique d'action : le savoir visé est mis en jeu dans une situation qui ne le laisse pas voir directement aux élèves.

par les élèves mais des savoirs pour l'enseignant sur les conditions de l'apprentissage d'une parole monologique.

De même, la capacité d'écoute est construite par les maîtresses, qui perçoivent intuitivement des évolutions, des formes d'écoute différentes, des investissements différents des élèves dans l'écoute, etc. :

> Moi je trouve que les enfants/*il y a quand même eu des moments d'écoute*/même si les moments d'écoute ne sont pas les mêmes pour tous les enfants il y a des moments où des enfants écoutent et d'autres non/mais c'est jamais les mêmes/donc je pense que ce qui est important c'est qu'ils prennent des choses/donc là je pense que ça a bien marché/c'est vrai que la participation orale des enfants par contre elle est assez pauvre il n'y a pas beaucoup de participation mais bon/*quand tu regardes les yeux des gamins tu vois qu'il y a des choses qui sont prises et qu'il y a des enfants qui sont intéressés* donc c'est tout/enfin il n'y a pas non plus une obligation de toujours parler et d'avoir un langage oral [...] enfin *quand il y a des yeux qui sont grands ouverts* c'est déjà quelque chose qui passe (Maîtresse Freinet, dans Delcambre, 2005b, p. 258).

C'est probablement parce que ces savoirs sont une condition et une contrainte pour l'apprentissage que le contrôle verbal des enseignantes Freinet est fort. La variété des rôles langagiers à tenir par les élèves constitue le travail que les maîtresses donnent aux élèves. À l'opposé, la maîtresse non Freinet observée cette année-là donne comme travail aux élèves de deviner « juste »[7], en faisant des hypothèses intéressantes.

En caricaturant, dans le premier cas, l'activité langagière est investie de plus d'importance que le contenu thématique du propos, dans le second, à l'inverse, c'est ce que les élèves ont à dire qui importe, d'où le poids du dispositif matériel (les objets dissimulés) qui doit provoquer ou entraîner la parole, mais qui peut aussi la bloquer. La situation construite par la maîtresse non Freinet met en œuvre l'objectif de faire s'exprimer les élèves : ainsi, les moments forts sont ceux où un élève devient un « élément moteur, mais qui ne soit pas non plus mobilisateur de la parole, disons pour qu'il incite les autres », c'est-à-dire un élève qui fasse ce que fait l'enseignant, d'où peut-être la diminution du contrôle de l'enseignante dans cette classe. D'où également sa déception[8] face à l'observation des élèves silencieux dont elle postule qu'ils ne font rien :

> J'ai de la *frustration* quand même de voir qu'il y en a certains qui sont restés vingt minutes assis sur le banc sans parler/bon/*je ne sais pas du tout ce qui c'est passé dans leur tête*/est ce qu'ils ont vu des choses ? est-ce qu'ils sont restés là en s'embêtant à mourir/qu'est-ce qu'on fait là ? qu'est-ce qu'il se passe ? [...] c'est vrai que pour moi c'est une *frustration* (Maîtresse non Freinet, dans Delcambre, 2005b, p. 258).

---

7. Cette séance de langage (qui ne se présentait pas comme un rituel *stricto sensu*) plaçait les élèves dans une tâche de formulation d'hypothèses à propos d'objets emmaillotés qu'ils devaient identifier.
8. Les mots *frustrant/frustration* apparaissent trois fois dans ce très bref entretien (42 tours de parole).

Pour cette maîtresse, ce qui compte c'est la parole exprimée, l'intervention ; le silence n'est que l'indice de l'ennui, de l'absence de sens.

La comparaison de ces classes permet de mettre en évidence deux conceptions opposées des apprentissages langagiers dans les situations de parole collective à l'école maternelle qui sous-tendent la conception des dispositifs de parole, l'observation et l'évaluation des comportements langagiers des élèves, la formulation des objectifs à atteindre et l'organisation de progressions d'apprentissage. Ainsi, chez les maîtresses Freinet, la concordance entre l'observation externe des activités de classe et leurs discours permet de dire que les rôles langagiers sont des objectifs d'apprentissage (même si ce n'est pas dit comme cela par les enseignantes elles-mêmes) et non seulement des conditions de la prise de parole, puisqu'ils peuvent s'expérimenter sans même produire du langage, et qu'ils sont liés à diverses formes d'interaction, entre les deux types de locuteur, mais aussi entre les locuteurs et les auditeurs silencieux.

Dans les classes élémentaires, l'écoute est également un objectif des maîtres, travaillé explicitement, pour le coup, grâce notamment aux tâches confiées à l'élève animateur qui distribue la parole. E. Nonnon (2006) constate qu'au niveau de l'intégration des règles de communication (respect des tours de parole), les résultats sont spectaculaires et rapides, de même au niveau de l'écoute dans le silence (peu d'occupations parasites), du contrôle de l'envie de parler (capacité à différer sa prise de parole) et de l'apprentissage du questionnement, avec, en CM1, une attention aux questions déjà posées. Elle a constaté peu de redondances dans les temps de questionnement suite aux exposés, ce qui peut s'interpréter comme un progrès dans la conscience métacommunicative. Les élèves sont habitués à réfléchir sur les discours tenus et à adapter leur propre parole à ce qui s'est dit jusque là. Elle souligne « le sérieux du climat de travail oral [qui] est à cet égard impressionnant » (*ibid.*) même si l'analyse des formes et des contenus des questions révèle des difficultés à se détacher de questions auto-centrées, (même en CM pour certains élèves), et des changements thématiques rapides d'une question à l'autre qui empêchent l'approfondissement du thème de réflexion. « La reconnaissance par les élèves du sérieux de l'oral se fonde sur cette reconnaissance par l'enseignant. Il ne s'agit pas seulement d'une bienveillance tolérante, mais de la conviction que leur parole est riche et constructive, au moins potentiellement » (Nonnon, 2004, p. 83), dont on a vu des signes dans les entretiens avec les maîtresses de maternelle, et qui, n'en doutons pas, est aussi le fait des maîtres de l'élémentaire.

5. CONTINUITÉ DES APPRENTISSAGES ET CONSTRUCTION D'UNE CULTURE COMMUNE

La construction d'une culture commune n'est pas spécifique à l'oral dans les classes Freinet. C'est une des dimensions générales du fonctionnement de l'école (Reuter, *infra*, chap. 1) qui prend forme, entre autres, dans les situations d'oral. Elle est fortement liée à la continuité des apprentissages sur l'ensemble du cursus primaire, aspect qui donne aux apprentissages institués en maternelle une dimension non contingente.

5.1. La continuité des apprentissages

De la maternelle à l'élémentaire, la présentation orale à tous, la prise de parole publique est un objectif d'apprentissage clair : on voit, dès la petite section, se construire des situations d'oral public, des comportements communicationnels, des exigences d'apprentissage, etc., que l'on retrouve en élémentaire, complexifiés, à la fois par les enjeux des sujets présentés (moins liés à l'expérience personnelle), par les formes de travail préparatoire (temps long, recherche documentaire, élaboration d'un questionnement), par la présence de l'écrit (réalisation d'affiches), par la responsabilité des élèves dans la gestion de la situation de parole (rôle d'animateur).

Cette continuité des apprentissages autorise, je pense, à considérer, rétroactivement, les présentations dans les entretiens du matin en maternelle comme des exposés oraux, même s'il n'y a pas de production d'un discours monologique au sens strict (Daunay, Delcambre, 2006). C'est parce que l'élève qui est engagé dans la présentation fait face aux autres (et quitte sa place de membre du groupe, interlocuteur collectif de la maîtresse) qu'il est confronté à des problèmes langagiers nouveaux qui constituent les objectifs didactiques de ces séances (dire et non montrer, parler en regardant le groupe et non la maîtresse, construire un discours quasi-monologique[9], face à un groupe constitué en auditeur et futur interlocuteur).

La maternelle n'étant pas définie dans les textes officiels par un programme disciplinaire, c'est souvent en préfiguration d'apprentissages disciplinaires qu'on peut la situer. La présence dès la maternelle de situations de parole publique réalise cette préfiguration, même s'il s'agit ici peut-être plus d'apprentissages paradisciplinaires que d'apprentissages disciplinaires au sens strict[10]. La cohérence des objectifs d'apprentissage dans un temps long (toute la scolarité primaire), telle qu'elle est actualisée dans ce dispositif de parole, est, dans le cas de cette école, remarquable.

5.2. Une culture commune

De nombreuses études, menées par l'équipe THÉODILE dans le groupe scolaire Freinet, ont mis l'accent sur la culture commune qui y est construite et

---

9. Quasi-monologique car la maîtresse doit accompagner de son étayage la production langagière de l'élève, peu capable encore, à trois ans, de développer seul et longtemps un discours oral, mais l'institution d'un locuteur principal tend vers la pratique orale monologique.
10. L'opposition savoirs disciplinaires/paradisciplinaires est construite par Y. Chevallard (1985/1991).

notamment les deux aspects suivants, qui seront développés à propos des situations d'entretiens ou d'exposés.

En premier lieu, la culture scolaire ne se construit pas contre ou à la place des cultures extrascolaires mais avec ce que sont les enfants avant d'être élèves, c'est-à-dire avant le moment où ils pénètrent dans l'espace spécifique de la classe qui les constitue comme élèves.

Ainsi, en maternelle, les entretiens du matin sont pour les maîtresses des occasions importantes de lien entre la famille et l'école (Delcambre, 2005 c). La prise de parole est censée être préparée par l'enfant avec l'aide de ses parents, il doit avoir pensé à ce qu'il va dire. L'apport par les enfants d'objets familiers, issus des univers culturels familiaux, est l'occasion de liens entre famille et école, il rend sensible l'interaction entre univers culturels distincts, non pensés comme conflictuels. L'objet qui vient de la maison crée une circulation de la famille vers l'école, le cahier de vie de la classe (où sont collées les photos des objets présentés) fonctionne comme un retour de l'école à la famille (Delcambre, 2005b, p. 260). On peut regarder sous cet angle également le choix non contraint des sujets d'exposé en élémentaire qui donne l'occasion aux élèves de parler/réfléchir sur des expériences ou des intérêts personnels, des événements de la vie familiale, etc., même si on peut regretter un ancrage trop fréquent, y compris en CM1, dans des anecdotes au détriment de sujets plus épistémiques (Nonnon, 2006).

En second lieu, les entretiens permettent de construire des relations entre l'élève et la classe, entre l'élève et les apprentissages : les productions individuelles orales sont l'occasion d'alimenter le travail collectif. En maternelle, les photos prises lors des entretiens et collées dans différents cahiers (le cahier journal de l'élève et mais aussi des cahiers thématiques élaborés par la maîtresse) apparaissent comme des objets pédagogiques[11] utiles pour faire comprendre aux élèves le sens de certaines activités : cela les aide à mémoriser les présentations effectuées, à faire des comparaisons, lors de pré-apprentissages mathématiques, etc. (Delcambre, 2005b, p. 253). L'entretien du matin prend ainsi une autre signification, liée à la chronogenèse spécifique à la maternelle. Le même phénomène de mémoire collective est actualisé en élémentaire par l'archivage des affiches supports des exposés. La classe est un lieu de « constitution et conservation des expériences vécues, des discours, des écrits, des dessins, des sculptures, etc. » qui, à la fois, forge une culture commune et sert de patrimoine pour de nouveaux apprentissages (Reuter, 2005, p. 11).

---

11. Nous avons défini l'objet pédagogique comme un objet ayant peu d'existence ou de pertinence en dehors de la classe (voire pas du tout, parfois) ; il est souvent construit par l'enseignante pour des activités d'apprentissage spécifiques (Cohen-Azria, Delcambre, 2006). En ce sens la photo de trois petites autos rouges est un objet pédagogique ; elle est produite avec un outil issu du monde social (l'appareil photo), mais sa fonction pédagogique la distingue des usages sociaux de la photographie : construire la mémoire d'un évènement commun, certes, mais pour permettre une comparaison avec une photo de deux autos bleues ou de trois poupées rouges, etc.

On ne peut que mettre en relation ces deux aspects avec ce que nous avons appelé plus haut la conscience didactique des enseignants : ce sont les discours tout autant que les pratiques des enseignantes de maternelle qui rendent visibles les fils qui unissent les différents niveaux d'enseignement, les différents univers culturels, les différentes activités scolaires. Cette conscience didactique, qui s'articule aux choix politiques propres au mouvement Freinet et à l'extraordinaire investissement personnel de chaque enseignant dans le travail collectif, est le garant des différentes formes de cohérence ici examinées.

6. LES APPRENTISSAGES EN MATERNELLE ET EN ÉLÉMENTAIRE

6.1. L'engagement dans le dialogue en maternelle : forme inattendue des relations entre l'individuel et le collectif

La comparaison effectuée entre les classes Freinet et des classes non Freinet montre que les situations des classes Freinet offrent plus d'occasions d'apprentissage aux élèves de maternelle que les situations des classes non Freinet, à cause probablement de l'explicitation de règles et de rôles caractérisant la situation de parole et à la mise en œuvre de ces règles et de ces rôles dans des dispositifs de parole contraignants, mais articulés à des intentions pédagogiques excédant de beaucoup la seule mise en œuvre des dites situations de parole (apprentissage de et par l'alternance des rôles, mise en cohérence de différents mondes culturels, de différentes temporalités d'apprentissage, etc.).

Les entretiens du matin à Freinet durent en moyenne près de 30 minutes (sauf dans une classe où l'on observe des entretiens courts), avec un allongement perceptible en fin d'année scolaire et à partir de la seconde année de fonctionnement de l'école. Ils ne dépassent jamais les 30 minutes, à la différence de ce qui a été observé dans les autres classes où les maîtresses valorisent l'expression spontanée des élèves ou justifient la longueur de l'entretien par une forme de complaisance envers ce que les élèves ont envie de dire. Les entretiens Freinet, au contraire, sont cadrés dans le temps. On trouve dans les classes Freinet des variations de rythme de parole selon les séances (alternance plus ou moins rapide de tours de parole, échanges brefs ou longs) comme dans les autres classes, avec cependant un ralentissement du rythme des échanges dans les séances de fin d'année ou dans la deuxième année de l'expérience. Ces phénomènes, ténus, peuvent difficilement discriminer les classes Freinet à eux seuls ; de même, l'importance du contrôle de l'enseignant sur le dialogue et la productivité des échanges entre élèves à l'intérieur des formes contraintes du questionnement magistral se retrouvent dans d'autres classes. Ce qui distingue les classes Freinet est essentiellement la ritualisation des prises de parole et l'institutionnalisation des rôles de locuteur (Delcambre, 2006, p. 7).

Cependant, l'observation des classes montre que le dialogue scolaire peut prendre des formes singulièrement différentes de celles qui sont traditionnellement décrites. Les modes d'organisation du dialogue scolaire (« polylogue inégal ritualisé », selon Bouchard, 1999) ne sont pas figés et peuvent donner lieu à des modifications sensibles des modalités d'interlocution, ce qui interroge les critiques que de nombreuses recherches aux frontières de la didactique (Florin, 1991 ; Florin, Véronique 2003 ; Perrenoud, 1991 ; Sirota, 1988) ont contribué à porter sur le fonctionnement classique du dialogue maître-élève : exclusion des élèves petits ou moyens parleurs, rôles fixés et peu évolutifs (l'enseignant pose les questions, l'élève répond), pas de dialogue suivi avec un élève, surreprésentation de la parole de l'enseignant par rapport à celle des élèves, etc. L'une des questions que pose l'analyse détaillée des corpus recueillis est l'identification de ces variations et la recherche des raisons qui peuvent les expliquer.

Si les rituels ou les entretiens du matin sont investis, entre autres, d'une fonction d'apprentissage du dialogue scolaire (écouter, poser des questions, développer un thème, répondre aux incitations de la maîtresse, etc.), voire d'une fonction de développement cognitivo-langagier (apprentissage du discours monologique), on peut se demander comment les moments collectifs de parole peuvent remplir ces fonctions. Autrement dit, il s'agit de se demander si le polylogue peut laisser place au développement d'un dialogue maître/élève, au sens précis d'un dilogue (ou échange à deux) qui permettrait des formes d'étayage langagier, visant le développement de la parole d'un élève isolé du groupe, mais en présence et en direction du groupe. Le polylogue scolaire est peut-être plus souple qu'on ne le pense.

Un dilogue est un moment où une micro-interaction entre la maîtresse et un élève particulier se développe au-delà de deux prises de parole consécutives du même élève. On peut considérer en effet qu'un échange constitué de trois à cinq tours de parole maître-élève (question-réponse-demande de confirmation ou reformulation-réponse-clôture) est ordinaire et fréquent dans le dialogue scolaire et non représentatif d'un effet de séquentialisation du dialogue ou d'une intention de la part de la maîtresse de prolonger l'interaction avec un élève particulier. Les dilogues sont des moments où l'enseignante instaure une interaction à deux devant le groupe-classe, comme une variation interne du dialogue collectif. Je les nomme Séquence Dialoguées (SD). Cette variation du polylogue scolaire réalise une forme inattendue des relations entre l'individuel et le collectif, qui sont une des caractéristiques de cette école Freinet, mise en évidence par A.-M. Jovenet (2006) à partir d'autres questions de recherche.

Dans le corpus recueilli, les dilogues apparaissent comme un phénomène présent dans toutes les classes, mais surtout dans les classes Freinet : plus de la moitié des séances observées dans ces quatre classes présentent une fréquence importante de séquences dialoguées. Ce phénomène n'est pas lié à la durée de la séance : la moitié des séances (quelle que soit la classe) présentant un nombre important de SD sont des séances courtes. Cependant, les séances où les dilogues sont fréquents sont plus nombreuses à en faire profiter les mêmes élèves ; au contraire, lorsque les SD sont moins fréquentes, les maîtresses ont plutôt une tendance à changer d'interlocuteur à chaque nouvelle séquence dialogale. Plus il y a d'occasions, donc, d'entrer dans cette forme d'échange dialogal, plus certains élèves s'en emparent. C'est une dérive de cette structure d'interaction, lorsqu'elle se multiplie. Cependant cette dérive se constate moins souvent dans les classes Freinet que dans les autres ; les maîtresses attribuent plus équitablement le droit d'intervention dans cette forme particulière de dialogue scolaire aux élèves, elles contrôlent davantage la répartition entre les élèves. Ce phénomène peut être de nouveau rapporté à la conscience chez les maîtresses des enjeux d'apprentissage propres aux dilogues.

Les SD à Freinet sont plutôt courtes (de 7 à 17 tours de parole) ; mais elles occupent une proportion importante du temps total de la séance (du quart à la moitié selon les cas). On peut penser qu'il y a une relation entre la relative brièveté de ces séquences dialoguées et le changement régulier d'interlocuteur élève à chaque nouvelle séquence : ces deux phénomènes conjugués instituent un rythme interactionnel plutôt rapide ; mais, le temps global consacré aux SD dans les classes Freinet tempère cette impression de morcellement de l'interaction. Ce ne sont pas des événements aléatoires, liés à des occasions, plus ou moins saisies au vol par les enseignantes.

Ces dilogues sont en général des moments où l'interaction, avec l'aide de la maîtresse, présente une qualité particulière. Pour la décrire, j'ai choisi d'identifier dans les séquences concernées le nombre d'échanges « pleins » (EP), c'est-à-dire des échanges où quelque chose se passe sur le plan interactionnel dans la prise de parole de l'élève, même très modestement : l'élève répond à une question par une information nouvelle, il pose lui-même une question, il apporte un élément d'information nouveau, il reprend en ajoutant un élément, il déplace le thème, etc.[12]. On s'aperçoit que chez presque toutes les maîtresses, une séance sur deux présente une certaine qualité interactionnelle (plus de trois échanges pleins par SD), et cela quel que soit le nombre de séquences dialoguées dans la séance. L'objectif que l'on peut attribuer aux SD (donner l'occasion à un élève de développer des formes de construction d'un dialogue autres que la simple réponse à une question ou que la répétition) semble également réparti entre les différentes classes, ce qui est intéressant à souligner et confirme l'intérêt langagier de cette variation interne au dialogue collectif.

Enfin, si l'on considère les tâches langagières effectuées dans les SD, deux grandes catégories apparaissent : les séquences dialoguées communes à toutes les classes et celles qui différencient les classes selon l'ancrage pédagogique. Les SD partagées sont celles qui visent l'organisation du groupe ou de la parole dans le groupe (faire redire les règle de prise de parole ou réguler des petits conflits entre élèves) et celles qui visent le développement d'un thème initié

---

12. J'exclus donc des « échanges pleins » les répétitions simples, de même que toutes les interventions inaudibles, ou tellement inachevées que l'on a du mal à identifier le début d'un énoncé.

soit par la maîtresse (question réitérée, reformulée, transformée, etc.), soit par un élève (thème en rupture avec le propos antérieur).

D'autres catégories de séquences différencient nettement les classes. Dans les classes Freinet, les SD sont liées aux présentations, au questionnement adressé au locuteur principal, à des ajouts (la maîtresse saisit l'occasion d'aider un élève à développer le thème antérieur), aux réponses à la question d'un auditeur. Les classes non Freinet présentent des SD liées à l'établissement de la date, aux micro-récits ou descriptions d'images.

Les séquences dialoguées sont donc des moments spécifiques de travail langagier entre l'élève et l'enseignante qui l'accompagne, et ce sont aussi les moments où les formes particulières du rituel s'actualisent. D'une part, elles révèlent les spécificités pédagogiques de ces moments collectifs de parole, et d'autre part elles sont la preuve de la souplesse du polylogue scolaire, qui peut ménager une place à des formes duelles d'interaction. Cette plasticité du dialogue permet d'envisager que la situation collective de parole, loin d'être seulement le lieu d'un apprentissage du métier d'élève, est un lieu où peuvent se développer des compétences langagières, grâce à l'étayage de l'enseignant. Et cela se retrouve au-delà de la maternelle : D. Lahanier-Reuter (dans cet ouvrage, chap. 7) a observé, dans les recherches mathématiques, que les prises de parole d'un même élève sont caractérisées par une plus grande continuité que dans d'autres classes.

Certes, le rythme rapide des SD lié au changement fréquent d'interlocuteur interdit probablement un approfondissement du dialogue. E. Nonnon, dans ses observations en élémentaire fait un constat identique sur la rapidité des séquences de questionnement après les exposés. Mais d'une part, ce rythme rapide est une conséquence de la répartition des prises de parole la plus égalitaire possible entre tous les élèves, et d'autre part il est le produit d'une tension, impossible à résoudre, entre la gestion individuelle du dilogue et le contexte collectif du polylogue, autrement dit entre la forme de travail individuel consacré à un élève et la situation collective où ce travail est publiquement mené.

D'autres variations internes au polylogue peuvent être encore mises en évidence : dans les classes Freinet, et uniquement dans ces classes, et de manière récurrente, la séquence dialoguée peut se transformer en un trilogue : deux élèves sont engagés dans un échange avec la maîtresse sur un objet de discours commun. Il est difficile de ne pas interpréter ce phénomène comme une trace de l'attention portée à la prise de parole des élèves par les maîtresses Freinet dans des configurations variées, et non seulement dans la relation privilégiée à la parole magistrale. On peut aussi l'interpréter comme un indice de la liberté de parole des élèves, ou de leur aisance dans la prise de parole[13] : ils ne craignent pas de s'insérer dans un dialogue maître/élève pour participer à

---

13. A.-S. Rivault (2006) montre, par des entretiens avec les élèves de grande section de l'école Freinet, que ces élèves manifestent à la fois une conscience des rôles et les tâches langagières qui y sont associés dans les entretiens du matin, et un plaisir d'y intervenir, qui ne se rencontrent pas chez les élèves d'une autre école.

son développement. Cet indicateur est, pour l'instant, plus important à mes yeux que celui de l'autonomie des élèves, relativement formel : même si plusieurs élèves interviennent entre deux prises de parole de l'enseignant, il apparaît souvent qu'ils ne se parlent pas, mais reproduisent des échanges verticaux en adressant chacun à leur tour à l'enseignant des réponses variées. Intervenir dans un trilogue est d'une autre dimension.

Ainsi, les modulations du dialogue scolaire traditionnel contribuent dans les classes Freinet à donner à l'individu élève non seulement une place particulière par l'apprentissage des rôles communicationnels institués mais aussi des occasions de développer des expériences de la construction d'un dialogue avec l'adulte sur des sujets qui sont souvent les siens mais dans des formes interactionnelles publiques qui transforment la nature des comportements langagiers.

Pour terminer, il convient de rappeler que ce fonctionnement n'est pas la caractéristique exclusive des classes observées dans le groupe scolaire Hélène Boucher. Il se pratique également dans une des deux classes « autres » qui font partie des données recueillies, mais à un degré moindre : en effet, la ritualisation des rôles de locuteurs est, d'après moi, un critère de différenciation central des séances observées. Elle oblige à faire porter l'attention des élèves (et des maîtresses) sur la communication scolaire, sur ce qui l'institue comme rituel social et dispositif cognitif (Amigues, Zerbato-Poudou, 2000, p. 109), ce qu'on peut considérer comme un des apprentissages centraux de l'école maternelle, et non seulement à faire pratiquer de manière intégrée et non explicite des formes de communication, en espérant que de cette pratique naisse un développement langagier. Cette ritualisation permet aussi de mettre l'accent sur la réflexivité liée à l'apprentissage, dès l'école maternelle, dans les classes Freinet.

6.2. La mobilisation de ressources langagières dans des situations d'entretiens scientifiques

Le recueil de productions langagières dans des situations d'activités scientifiques décrochées, autour de la notion de trace (Cohen-Azria, Delcambre 2005, 2006, *à par.*)[14], nous a permis de comparer les productions d'élèves issus de classes différentes (quant au niveau et à la pédagogie) et de mettre en relation ces comparaisons avec les démarches scientifiques mises en œuvre. Je n'en retiens ici que quelques faits saillants.

Certains de nos résultats traduisent les effets du développement langagier de l'enfant entre 3 et 5 ans : augmentation de la quantité de langage et du lexique disponible, entrée dans des tâches cognitivo-langagières complexes, comme la lecture des empreintes.

---

14. La situation oblige l'élève à décrire les traces produites ou non sur des supports divers (sable, argile, bois), à produire des jugements sur les phénomènes observés (argumentation et justification) et à expliquer le processus qui transforme une trace produite par un animal dans un milieu naturel en un objet qui ressemble à une pierre.

Cependant, en moyenne section, nous avons constaté que les élèves non Freinet sont davantage silencieux et formulent davantage de réponses non-verbales que les élèves Freinet. Devant une situation inédite pour eux, les premiers prennent peu de risques par rapport aux seconds qui ont peut-être moins peur de se tromper. Et cela peut être mis en relation avec la nature du questionnement des maîtresses (Cohen-Azria, Delcambre, 2006) : les premiers sont, en classe, dans une position de répondeurs, voire de bons répondeurs (celui qui a trouvé la réponse attendue), au contraire des seconds qui sont mis dans une position de chercheur d'idées et de solutions ou qui sont abondamment sollicités pour décrire ce qu'ils font ou ce qu'ils voient, de manière ouverte.

La comparaison entre les deux écoles (Freinet/non Freinet) met en évidence des différences dans le traitement des tâches langagières qui modulent le seul effet du développement. Dès la MS, les élèves Freinet sont caractérisés, comparativement, par l'abondance de leurs productions langagières et leur capacité à verbaliser dans des tâches complexes (comparaison des qualités de la matière, verbalisation par anticipation, indépendante de l'action, productions de récits explicatifs ou d'hypothèses sur la trace animale). Les élèves de l'école traditionnelle progressent dans ces domaines, de la MS à la GS, mais ne dépassent pas les élèves Freinet. En effet, la plupart des élèves Freinet en GS manifestent des compétences de haut niveau, y compris dans la tâche de lecture d'empreinte[15].

Comparativement, le développement lexical semble caractériser l'école traditionnelle, qui dépasse sur ce plan les élèves Freinet : la production moyenne d'adjectifs s'inverse entre les écoles de la MS à la GS. Ceci doit être cependant pondéré par le fait que, pour l'identification des compétences lexicales, nous n'avons relevé que les adjectifs, à l'exclusion des autres ressources langagières (énoncés verbaux, par exemple). Ce choix focalise l'observation sur une zone lexicale et restreint donc la portée de nos conclusions sur l'évolution du développement lexical de ces élèves.

La double focalisation sur niveaux scolaires et pédagogies différentes permet de mettre en évidence un effet de la pédagogie Freinet, pratiquée dans cette école, sur le développement langagier des élèves, surtout en ce qui concerne l'entrée dans des démarches complexes de raisonnement scientifique (voir dans cet ouvrage l'étude de C. Cohen-Azria).

6.3. Les apprentissages dans les situations d'exposés en élémentaire

Différents plans d'analyse sont à prendre en compte pour décrire les apprentissages et le développement du langage oral (Nonnon, 2005) : développement des attitudes sociales et du positionnement dans le groupe, développement des connaissances, développement des ressources langagières

---

15. Presque les 2/3 (60%) des élèves Freinet de GS utilisent une échelle comparative et produisent un récit explicatif ; plus des 2/3 (73%) verbalisent sans manipuler ; presque tous (93%) lisent l'empreinte en tenant compte du support et du contexte.

et discursives. Mais deux difficultés théoriques (au moins) compliquent la tâche du chercheur qui tente d'évaluer les apprentissages à l'oral au-delà des premiers temps du développement langagier : l'identification de ce qui reviendrait spécifiquement à l'oral (qui ne serait pas parallèlement construit à l'écrit) et la pondération des résultats obtenus selon le rapport à l'oral des élèves et leur situation scolaire. La prise de risque, le coût individuel d'investissement dans une tâche orale ne sont pas les mêmes selon les élèves : certains ont besoin d'apprendre à développer, d'autres à être concis...

Les résultats établis par E. Nonnon (2006) sont donc très prudents, mais aussi très intéressants. La spécificité des démarches mises en œuvre dans l'école Hélène Boucher rend difficile la comparaison avec d'autres classes, par contre la présence de la chercheure pendant deux ans consécutifs dans les classes permet de déceler des évolutions ou des résistances qui durent.

C'est sur le plan de la socialisation que les progrès sont les plus spectaculaires : outre l'engagement dans l'activité d'exposé déjà signalée plus haut, les élèves sont « tous devenus capables de prendre en charge un discours monologique relativement long » (Nonnon, 2006), avec une disparition tendancielle des blancs dans l'exposé, une augmentation de la longueur, du soin apporté aux écrits supports, de la maîtrise du regard, de la voix et du souffle, du rapport à l'auditoire (dans ses dimensions proxémiques). Il reste cependant que les élèves, en CM1, manifestent encore pour certains une difficulté à se détacher de l'écrit, à justifier un jugement personnel de manière non stéréotypée ou tautologique (mais ces aspects ne sont guère pertinents en eux-mêmes, ils dépendent fortement de la familiarité du locuteur avec le contenu du discours), et surtout à faire place dans l'exposé au dialogisme (prise en compte de l'auditeur par des définitions de mots nouveaux, par exemple) ou à la polyphonie (faire référence à des propos tenus par autrui). Pour les auditeurs, de même, l'intégration des règles de communication est spectaculaire (voir ce qui a été dit plus haut sur l'écoute) et la rareté des questions redondantes indique un progrès dans la conscience métacommunicative, même si on constate encore en CM1 une difficulté à se détacher de questions auto-centrées et une certaine routinisation des questions ou des remarques.

Les apprentissages cognitifs se manifestent dans la qualité des contenus présentés. Ainsi, les présentations de livres révèlent des progrès nets dans la longueur des résumés, la mémorisation des épisodes et la construction de la référence (situation, personnages, actions), et pour certains, seulement, un progrès au niveau de l'enchaînement narratif (relations de causalité, intentionnalité des personnages). Les règles de présentation sont bien comprises et respectées par tous (informer sur l'auteur et l'éditeur, poser des questions à l'auditoire pour tester la compréhension des camarades). En ce qui concerne les exposés, les progrès se voient surtout à l'évolution du choix des sujets (moins anecdotiques en CM1 qu'en CE2), mais des difficultés demeurent, y compris en CM1 au niveau de la construction de la recherche documentaire (documents choisis au hasard, sans réelle stratégie de recherche) et de l'exposition (organisation accumulative, de type inventaire, ou simple commentaire des images affichées). Ces difficultés sont normales en cycle 3 ; cependant, malgré le temps important passé à ces activités et l'accompagnement des enseignants, c'est le domaine où il y a le moins de progrès visibles. Du côté des auditeurs, les présentations de livres suscitent (surtout chez certains élèves) davantage de propos enchaînés dans une forme argumentative que les exposés où l'on observe rarement des enchaînements entre questions : la référence au discours d'autrui pour situer le sien peut être un indicateur de la conscience de registres différents de traitement (par exemple, présenter des faits ou des débats à propos des faits, interroger le statut d'une information, etc.), mais cela ne se fait pas encore en dehors de l'étayage de l'enseignant.

Au niveau discursif, les progrès les plus manifestes se situent dans l'organisation textuelle du propos : tous les élèves débutent par une formule d'introduction présentant et justifiant le sujet de l'exposé ; certains annoncent les rubriques qu'ils vont traiter ; quelques-uns posent des questions pour introduire les parties de l'exposé. De même, dans les présentations de lecture, pratiquement tous terminent leur résumé par une reformulation synthétique, un essai d'avis personnel. Quant aux auditeurs, ils ont appris à annoncer l'organisation de ce qu'ils ont à dire. Les difficultés demeurent au niveau de la formulation d'un jugement esthétique (présentation de livres) et, pour les exposés, au niveau des genres discursifs adoptés, dans l'articulation de registres différents du discours (données, questions, commentaires).

Pour conclure, on peut dire que

> [...] les aspects locutoires sont ceux sur lesquels la pratique régulière de la prise de parole produit les progrès les plus nets et les plus généralisés, compte tenu du niveau de départ des élèves. Pratiquement tous les élèves (même si tous n'ont pu être observés) ont appris au cours des deux années à soutenir devant un grand auditoire un discours monologique d'au moins cinq minutes audible, relativement articulé, sans déclarer forfait et sans rupture majeure du fil du discours. Il subsiste évidemment de grandes inégalités dans l'aisance, les qualités communicatives, la capacité de capter l'intérêt, mais en fonction du niveau de départ, tous ont progressé dans le contrôle de l'émotion, du débit, de l'élocution, et dans une certaine capacité de faire face à l'auditoire sans se réfugier dans son écrit. Même s'il reste difficile de s'abstraire de son écrit, surtout pour les exposés, tous ont appris à ne pas lire leur texte, et même à parler sans support écrit, pour les résumés de livres. Il s'agit d'un résultat rarement observé dans la plupart des classes de cours moyen. (Nonnon, 2006).

Les progrès dans la pertinence des présentations orales par rapport aux contenus abordés (hiérarchiser le détail *vs* l'important, problématiser en intégrant des informations dans des connaissances plus larges, changer de registre énonciatif, modaliser, etc.) sont moins nets :

> De par les tensions liées à la complexité du projet, et par l'ambition de ces objectifs de haut niveau (sur lesquels butent en général la majorité des élèves de cycle III), ces compétences malgré la pratique répétée se

construisent lentement et de façon moins bien partagée que d'autres compétences acquises rapidement par l'ensemble des élèves (*ibid.*)

L'intérêt du dispositif Freinet, selon E. Nonnon, est de confronter élèves et enseignants à des exigences importantes de pratiques orales scolaires non simplement formelles, ce qui entraîne aussi la mise en évidence de leurs difficultés, qui peuvent passer inaperçues dans d'autres pratiques pédagogiques.

J'ajouterai que l'intérêt porté par les élèves et les maîtres aux pratiques orales fait du groupe scolaire Concorde un lieu d'observation d'un grand intérêt, un lieu où l'on peut comprendre, d'un point de vue didactique, les contraintes et les paradoxes qui définissent les pratiques de l'oral dans les classes, au-delà des descriptions de type sociologiques, comme celles de P. Perrenoud, un lieu qui permet de décrire, sans les réduire, les difficultés de l'évaluation des compétences orales, un lieu où l'on peut isoler, dans les formes les plus classiques de l'oral scolaire, des variations qui en montrent la souplesse et la productivité.

RÉFÉRENCES BIBLIOGRAPHIQUES

AMIGUES R., ZERBATO-POUDOU M.-T. (2000), *Comment l'enfant devient élève. Les apprentissages à l'école maternelle*, Paris, Retz.

BERTOT F. (2004), « Éducation à la citoyenneté et débat : analyse comparative de deux pratiques pédagogiques », *Spirale,* n° 34, *Citoyenneté et rapport à la loi*, 55-74.

BOUCHARD R. (1999), « Le dialogue pédagogique : unités pragmatiques et procédés énonciatifs », dans BARBÉRIS J.-M. dir., *Le Français parlé. Variétés et discours*, Praxiling, Université Paul Valéry, Montpellier 3, 69-89.

BOURDIEU P. (1982), « Les rites comme actes d'institution », *Actes de la Recherche en Sciences sociales,* n° 70, 58-63.

BROUSSEAU G. (1998), *Théories des situations didactiques en mathématiques*, Grenoble, La Pensée Sauvage.

CHEVALLARD Y. (1985/1991), *La Transposition didactique*, Grenoble, La Pensée Sauvage.

COHEN-AZRIA C., DELCAMBRE I. (2005), « Pratiques langagières et activités scientifiques en maternelle » dans REUTER Y. dir., *Démarches pédagogiques et lutte contre l'échec scolaire*, Rapport de recherche de l'ERTe 1021, 2002-2005, remis à la direction de la recherche du Ministère de l'Éducation Nationale, Université Charles-de-Gaulle – Lille 3, 266-296.

COHEN-AZRIA C., DELCAMBRE I. (2006), « Activités scientifiques et conduites langagières » dans REUTER Y. dir., *Effets d'un mode de travail pédagogique « Freinet » en REP*, Rapport de recherche (2004-2006), remis à l'IUFM du Nord – Pas-de-Calais, Université Charles-de-Gaulle – Lille 3, 211-234.

COHEN-AZRIA C., DELCAMBRE I. (à par.), « Toucher, observer, dire : conduites langagières et scientifiques en maternelle » dans GIORDAN A., MARTINAND J.-L., RAICHVARG D., dir., *Actes des XXVIIe Journées Internationales sur la Communication, l'Éducation et la Culture Scientifiques et Industrielles*.

DAUNAY B., DELCAMBRE I. (à par.), « Les rituels en maternelle : genre scolaire ou disciplinaire ? » *Les Cahiers THÉODILE*, n° 7, Université Charles-de-Gaulle – Lille 3.

DELCAMBRE I. (2005a), « Construction de rôles discursifs en petite/moyenne section de maternelle », dans HALTÉ J. F., RISPAIL M., dir., *L'Oral dans la classe. Compétences, enseignement, activités*, Paris, L'Harmattan, 119-136.

DELCAMBRE I. (2005b), « Dispositifs d'oral en maternelle (et au CP) », dans REUTER Y. dir., *Démarches pédagogiques et lutte contre l'échec scolaire*, Rapport de recherche de l'ERTe 1021, 2002-2005, remis à la direction de la recherche du Ministère de l'Éducation Nationale, Université Charles-de-Gaulle – Lille 3, 238-265.

DELCAMBRE I. (2005 c), « Apprendre à prendre la parole en petite section de maternelle », *Spirale*, n° 36, *Les Apprentissages à l'école maternelle*, 77-86.

DELCAMBRE I. (2006), « Les entretiens du matin en maternelle : données complémentaires » dans REUTER Y. dir., *Effets d'un mode de travail pédagogique « Freinet » en REP*, Rapport de recherche (2004-2006), remis à l'IUFM du Nord – Pas-de-Calais, Université Charles-de-Gaulle – Lille 3, 121-133.

DELCAMBRE I., DAUNAY B. (2005), « Les rituels en maternelle : comment décrire les pratiques des enseignants ? », 5e Colloque International, IUFM de Nantes, *Former des enseignants-professionnels : savoirs et compétences*, CD-ROM.

ESCHER C. (2003), *L'Oral, reflet des pratiques pédagogiques ?* Mémoire de Maîtrise, sous la dir. de DELCAMBRE I., Université Charles-de-Gaulle – Lille 3, UFR des Sciences de l'Éducation.

FLORIN A. (1991), *Pratiques du langage à l'école maternelle et réussite scolaire*, Paris, Presses Universitaires de France.

FLORIN A., VÉRONIQUE D. (2003), « Apprentissages de la communication en milieu scolaire » dans KAIL M., FAYOL M., dir., *Les Sciences cognitives et l'école. La question des apprentissages*, Paris, Presses Universitaires de France, 259-303.

FRANÇOIS F. (1993), *Pratiques de l'oral*, Paris, Nathan.

JOVENET A.-M. (2006), « Changement d'école et pratiques pédagogiques » dans REUTER, Y., dir., *Effets d'un mode de travail pédagogique « Freinet » en REP*, Rapport de recherche (2004-2006), remis à l'IUFM du Nord – Pas-de-Calais, Université Charles-de-Gaulle – Lille 3, 37-55.

GARCION-VAUTOR L. (2002), « L'entrée dans le contrat didactique à l'école maternelle. Le rôle des rituels dans la construction d'un milieu pour apprendre », *Recherches en Didactique des Mathématiques*, vol. 22, 285-308.

LECLAIRE-HALTÉ A. (2005), « Pourquoi Denzel parle-t-il si peu ? Analyse d'une séquence ordinaire : la date en grande section de maternelle », dans HALTÉ J. F., RISPAIL M., dir., *L'Oral dans la classe. Compétences, enseignement, activités*, Paris, L'Harmattan, 190-204.

Ministère de l'Éducation Nationale, de l'Enseignement supérieur et de la Recherche, DESCO (2006), *Le langage à l'école maternelle. Documents d'accompagnement des programmes*, Paris, CNDP.

NONNON E. (2004), « Écouter peut-il être un objectif d'apprentissage ? », *Le Français Aujourd'hui*, n° 146, *Oral : le rapport à l'autre*, 75-84.

NONNON E. (2005), « Entre description et prescription, l'institution de l'objet : qu'évalue-t-on quand on évalue l'oral ? » *Repères*, n° 31, *L'Évaluation en didactique du français : résurgence d'une problématique*, 161-188.

NONNON E. (2006), « Conférences, comptes rendus de lecture : compétences d'écoute et d'exposition », dans REUTER Y. dir., *Effets d'un mode de travail pédagogique « Freinet » en REP*, Rapport de recherche (2004-2006), remis à l'IUFM du Nord – Pas-de-Calais, Université Charles-de-Gaulle – Lille 3, 141-152.

PAGONI M. (2006), « Construire des apprentissages en éducation civique et morale » dans REUTER Y. dir., *Effets d'un mode de travail pédagogique « Freinet » en REP*, Rapport de recherche (2004-2006), remis à l'IUFM du Nord – Pas-de-Calais, Université Charles-de-Gaulle – Lille 3, 235-262.

PERRENOUD P. (1991), « Bouche cousue ou langue bien pendue ? L'école entre deux pédagogies de l'oral », dans WIRTHNER M., MARTIN D., PERRENOUD P., dir., *Parole étouffée, parole libérée*, Neuchâtel, Paris, Delachaux-Niestlé, 15-40.

REUTER Y. (2005), « Les principes de fonctionnement de l'école "Freinet" » dans REUTER Y. dir., *Démarches pédagogiques et lutte contre l'échec scolaire*, Rapport de recherche de l'ERTe 1021, 2002-2005, remis à la direction de la recherche du Ministère de l'Éducation Nationale, Université Charles-de-Gaulle – Lille 3, 9-22.

RIVAULT A.-S. (2006), *Ce que disent les élèves de maternelle au sujet des apprentissages effectués lors des entretiens du matin*, Mémoire de Master, sous la dir. de DELCAMBRE I., Université Charles-de-Gaulle – Lille 3, UFR des Sciences de l'Éducation.

SIROTA R. (1988), *L'école primaire au quotidien*, Paris, Presses Universitaires de France.

ENSEIGNEMENT ET APPRENTISSAGES MATHÉMATIQUES

Dominique LAHANIER-REUTER

1. MÉTHODE DE RECHERCHE : PRINCIPES D'ANALYSE

Tout au long de cette recherche, notre but a été d'approcher les effets d'un dispositif pédagogique du point de vue de l'enseignement et des apprentissages en mathématiques (« mathématiques » étant entendu ici au sens de discipline scolaire). Si le terme de « dispositif » peut renvoyer aussi bien à des principes revendiqués régissant des modes d'enseignement et d'apprentissage qu'à l'actualisation de modes d'enseignement et d'apprentissages, nous avons pris le parti de l'entendre au second sens. Pour le dire autrement, nous avons surtout cherché à reconstruire, au travers des données recueillies, certaines caractéristiques des pratiques des enseignants et des élèves et à évaluer, autant que faire se peut, quelques-uns de leurs effets. Or, faire émerger des singularités ou des caractéristiques suppose que soient possibles certaines opérations de comparaison. Il nous a donc fallu réfléchir aux modes de comparaison non seulement souhaitables mais aussi possibles. Notre étude comporte trois temps d'analyse. Nous avons tout d'abord comparé les manières de faire des mathématiques des élèves du groupe Concorde avec celles d'autres élèves, en leur proposant, aux uns et aux autres, des tâches s'inscrivant dans cette discipline et en analysant leurs modes d'activités et leurs résultats. La mise en évidence de particularités des activités des élèves de ce groupe scolaire nous a fourni des éléments d'attentes des spécificités des pratiques effectives dans les classes de mathématiques : les caractéristiques des compétences, des manières de faire et des comportements des élèves Freinet lors de la résolution de tâches nous ont permis d'émettre des hypothèses quant aux singularités des modes d'enseignement et d'apprentissage dans les classes fréquentées par ces élèves. Dans un deuxième temps, la confrontation de l'étude de plusieurs séquences de mathématiques, observées à l'école Freinet et dans d'autres établissements scolaires a pour objectif de mettre en lumière des modalités spécifiques d'enseignement et d'apprentissages. Enfin, un troisième temps de l'analyse a consisté à rendre compte des relations entre les spécificités des comportements des élèves observés lors de la réalisation des tâches et celles des pratiques d'enseignement et d'apprentissages, en confrontant les hypothèses émises et les résultats de l'étude des pratiques.

Les documents recueillis et analysés sont par conséquent de types différents. Si le second temps de la recherche s'appuie exclusivement sur des documents recueillis dans l'espace de la classe (cahiers d'élèves, retranscriptions de séances de mathématiques...), nous avons différencié les expérimentations correspondant au premier temps de la recherche. Les raisons de la multiplication des documents recueillis et analysés et des situations de recueil sont de plusieurs ordres. Nous avons procédé à des entretiens individuels mais aussi à des réalisations de travaux écrits organisés dans l'espace de la classe, afin de recueillir des productions tant orales qu'écrites. Les tâches proposées se différencient également en raison de la diversité des contenus mathématiques à enseigner à l'école maternelle et à l'école primaire puisqu'il s'agit autant par exemple d'élaborer des savoirs numériques que géométriques. Elles se déclinent aussi selon la diversité des registres à articuler, puisque les activités mathématiques des élèves peuvent être différenciées selon ces articulations (Duval, 2005) : registre de l'écriture numérique et registre de la droite graduée, registre tabulaire et registre des figures géométriques, registre du langage naturel et registre des figures géométriques. Enfin nous avons tenté de mettre les élèves dans des situations différentes, en suivant les propositions de Guy Brousseau (Brousseau, 1998). Ce dernier différencie les situations problématiques soumises à l'élève selon qu'elles exigent de lui d'élaborer des actions individuelles, non communiquées, avec pour seule visée l'apport d'une réponse satisfaisante à la question posée, les situations qui exigent d'élaborer des discours communiquant ces résolutions et enfin des situations dites de validation au cours desquelles la tâche de l'élève, plus réflexive encore, consiste à user de ses connaissances pour apporter des justifications aux actions entreprises.

Au total, nous présentons dans un tableau récapitulatif les différents documents suscités, recueillis et traités, dans le but de décrire et d'appréhender des effets du dispositif particulier sur les enseignements et apprentissages mathématiques des élèves Freinet dans une perspective comparative.

Situations de recueil	Niveaux scolaires	Objets spécifiques d'enseignement	Écoles
Entretiens individuels Tâche délivrée par le chercheur sur trois ans	CP, CE1, CE2, CM1, CM2 116 entretiens	Symétrie axiale Argumentation	Hélène Boucher Une école de la banlieue Lilloise
Tâche délivrée par l'enseignant, conçue par le chercheur Sur deux ans	CE2, CM1, CM2 205 productions	Décimaux Lecture, écriture de tableaux Lecture de figures géométriques Écriture de programme de construction	Hélène Boucher Deux écoles de la banlieue Lilloise

Tableau 1 : Documents recueillis et analysés

Les hypothèses sur les spécificités des comportements, des connaissances engagées et des manières de faire face à une tâche inhabituelle ont été ensuite éprouvées par l'étude et l'analyse de différentes séances de mathématiques observées.

2. DES PARTICULARITÉS DES ÉLÈVES DU GROUPE CONCORDE

Avant de mettre en avant les particularités des élèves Freinet interrogés, nous commencerons par souligner ce qui ne les différencie pas des autres élèves.

2.1. Des apprentissages disciplinaires comparables sur certains points particuliers...

L'étude des productions d'élèves peut être envisagée sous l'angle seul de la validité disciplinaire. Or, les catégories d'erreurs décrivant les productions des élèves Freinet sont, le plus souvent communes. Comme les autres, certains élèves de Freinet inversent l'ordre de 5,15 et 5,9, ne font pas de correspondance univoque entre des traits symétriques, ne rendent pas compte des contraintes structurelles des éléments d'une figure géométrique... et, comme les autres, certains d'entre eux produisent des réponses exactes, font appel à des arguments valides. Certes les distributions des effectifs de ces catégories diffèrent, mais il n'en demeure pas moins que les élèves de Freinet sont susceptibles de connaître les mêmes types de dysfonctionnements et de réussite que les autres élèves interrogés.

2.2. ... mais différenciés sur d'autres

Nous n'avons pris en compte que l'apparition de catégories. Mais les répartitions sont différentes selon les classes et le niveau scolaire. Ces différences de répartition sont parfois favorables aux élèves Freinet. Ainsi, le nombre de figures symétriques exactes produites par ces élèves dans une situation où l'élève compose autant de figures qu'il le souhaite, sous le regard d'un adulte, est supérieur à celui produit par les élèves des autres classes. Certaines erreurs apparaissent moins fréquemment, comme par exemple celle de l'absence de prise en compte de la droite graduée ou encore la production d'arguments tautologiques. Certaines stratégies peu efficaces apparaissent également moins souvent, comme celle qui consiste à détruire systématiquement toute trace d'une production au lieu de chercher à l'enrichir. De fait, les élèves Freinet semblent se démarquer par l'absence d'évitement des tâches proposées et par des regards réflexifs plus marqués.

Cependant certaines erreurs sont plus massivement relevées chez les élèves Freinet. Il en est ainsi de l'inversion de 5,15 et 5,9. Il s'agit là d'erreurs « normales », qui semblent diminuer avec le niveau scolaire mais plus fréquemment observées à Freinet qu'ailleurs. Nous avançons l'hypothèse selon laquelle les exercices « traditionnels » (au sens d'exercices construits par le maître) offrent peut-être davantage d'occasions d'éprouver les règles spécifiques aux classements des écritures décimales des nombres : ces règles de classement sont d'une part à faire fonctionner avec des décimaux quelconques, en particulier avec des décimaux dont les parties décimales comportent un nombre « important » de chiffres, d'autre part à faire fonctionner avec des décimaux dont les écritures ne comportent pas *a priori* le même nombre de chiffres dans la partie décimale. Or, dans les situations de travail mathématique, en particulier lors des recherches mathématiques, qui font intervenir des décimaux, les élèves ne rencontrent pas forcément ces problèmes. Cette hypothèse est corroborée par l'apparition, plus fréquente à Freinet elle aussi, d'erreurs que nous avons attribuées à une défaillance dans la maîtrise du vocabulaire technique disciplinaire et du codage symbolique. Par exemple, les élèves concernés dénombrent avec beaucoup plus d'erreurs le nombre d'angles droits d'une figure géométrique où ces éléments sont repérables par le code approprié. Nous avancerons encore, toujours avec prudence, que cette défaillance peut être expliquée par des choix didactiques des enseignants, qui mettraient moins l'accent sur l'apprentissage des codes et conventions que dans les autres écoles.

Cependant le rapport à la discipline mathématiques est marqué de façon différente. Ces élèves ont bien davantage conscience des contraintes qui régissent ces savoirs disciplinaires et en particulier l'exigence de la cohérence des résultats. Nous en voulons pour preuve les marques de ces exigences dans les discours des élèves recueillis ainsi que le taux élevé de cohérence entre les ordres produits dans deux registres différents sur une série de nombres.

2.3. Des différences marquées dans les stratégies individuelles, et moins de conformité à la prudence scolaire

Les élèves de Freinet font montre individuellement d'une plus grande mobilité. Ils ne sont pas figés dans une et une seule stratégie efficace : ainsi ils multiplient les arguments pour prouver que deux traits sont symétriques et ils ont recours à des moyens diversifiés pour engendrer de nouvelles figures. Cette indifférence à la prudence qui exigerait de l'élève de maintenir une réponse minimale dont l'efficacité a pu être éprouvée se manifeste également dans la relation à l'autre et dans le rapport à l'erreur. De façon très significative, et toutes les tâches observées permettent d'obtenir le même résultat, les élèves de Freinet se refusent à la non-réponse. Nous interprétons ce fait très caractéristique comme étant la trace soit d'une absence de crainte face à l'erreur, soit d'une entrée consentie dans une démarche interrogative. Il semble que les dispositifs d'enseignement et d'apprentissage autorisent un rapport à l'erreur non traumatisant. Il en est de même pour l'aveu d'ignorance, non perçu comme une marque de faiblesse.

2.4. Des différences marquées dans les conduites et positions d'écriture

Deux des trois classes de Freinet se distinguent significativement des autres par la longueur importante des textes produits. Comme Yves Reuter le signale dans l'analyse des textes écrits par les élèves dans le cadre de la classe de français, nous observons aussi une très nette tendance à *écrire longuement*. Une deuxième caractéristique est celle de l'adoption d'une *une écriture « aidante » ou encore coopérative* : les élèves de Freinet indiquent au lecteur, qu'ils construisent plutôt comme un pair, les instruments à prendre, l'accompagnent de conseils (« tiens bien ta pointe »), etc. Enfin, les élèves de Freinet reconstruisent comme il vient d'être dit un lecteur qui est un pair bien plus qu'un lecteur qui serait un enseignant-évaluateur.

2.5. Des différences marquées dans les comportements d'élèves : l'autonomie et la coopération

Nous avons pu souligner précédemment certains comportements très spécifiques des élèves Freinet observés : notamment un rapport particulier à l'erreur, constante que nous avons pu mettre en évidence tout au long des analyses menées, et une prise de distance réflexive marquée. À ces comportements, nous ajoutons des attitudes de coopération dans les situations d'échange langagier avec les adultes (écoute attentive, reformulations des questions posées lors des entretiens) et des comportements qui marquent l'autonomie de ces élèves. Par exemple, ces élèves prennent en charge bien plus que les autres les délimitations temporelles de la tâche, signalent son aboutissement, mais aussi se démarquent plus volontiers de l'exemple de l'interviewer dans leurs productions.

Comme nous l'avions annoncé dans l'introduction de cette étude, il s'agit à présent de constituer en hypothèses de recherche les singularités ou les caractéristiques ainsi mises en évidence. Nous allons par conséquent étudier les pratiques des acteurs dans des classes de mathématiques en nous attachant tout particulièrement à certains événements didactiques. Ainsi, nous scruterons les apparitions d'erreurs, leur gestion (ou absence de gestion) et leur devenir. Nous serons attentive aux entrées dans la tâche et aux moments où cette dernière se suspend. De même nous examinerons si la gestion de la classe permet aux élèves des retours fréquents sur leurs productions ainsi que des instants de mise à distance ou de posture plus réflexive. Enfin, nous porterons une attention toute particulière aux formes disciplinaires du langage en usage dans cet espace.

3. MODES D'ÉTUDE ET PRATIQUES LANGAGIÈRES DANS LA CLASSE

3.1. Les objets d'étude et les modes d'études dans les temps plutôt individualisés

La première caractéristique à souligner est la diversité des objets d'étude construits, dans un même temps, dans les classes de mathématiques à l'école « Freinet » (avec sans doute une restriction sur cette diversité à l'école maternelle, où il semble que les élèves soient davantage confrontés, en même temps, à un même objet). Cette diversité est manifeste lorsque l'on prend en compte les situations que l'élève dit étudier : « comment construire le symétrique d'un triangle précisément », « peut-on construire des figures de périmètres "très grands" », « l'invention d'un code secret », etc. Elle peut même apparaître déroutante, tant certains d'entre eux sont éloignés des objets d'étude disciplinaires inscrits dans les programmes officiels et de leur mode d'étude.

Cependant, les maîtres ne reconnaissent pas toujours cette diversité. En effet, ils disent discerner d'autres objets d'étude possibles que ceux que les élèves déclarent *a priori*. Leur travail consiste par conséquent à faire émerger cet objet d'étude rendu accessible à la fois par la question que l'élève se donne et par les interventions de l'enseignant et celles des autres élèves. En conséquence, nous avançons que les objets d'étude présents dans les classes de mathématiques de Freinet sont des objets qui se construisent dans cette tension entre plusieurs « désirs », entre plusieurs positions, celle de l'élève et celle du maître et celles des autres élèves.

Est-ce que la position du maître est entièrement définie et identifiée comme position de celui qui sait (avant les autres), qui sait différemment (des autres) ? Nous répondrons que cela ne semble pas toujours être le cas, mais nous avons surtout des exemples de moments collectifs et non pas de moments individuels (maître et élève en tête à tête). Nous prendrons pour exemple les séquences en CE2 au cours desquelles un objet d'étude apparaît : la règle d'ajout de zéros dans une multiplication par 10,100... Durant ces séquences, l'étude et sa progression est entièrement assurée / dévolue à trois élèves. Le maître ne manifeste à aucun moment le fait qu'il sait (la place que peut représenter cette étude dans le cursus, le fait que d'autres ont déjà étudié ce moyen de faire des opérations à moindre frais, etc.).

Comment intervient le maître pour faire émerger les objets d'étude qu'il « souhaite » voir apparaître ? Il nous semble que c'est surtout par des planifications du travail de l'élève : « je te propose de recommencer », « tu vas en faire des centaines », « non, tu n'as pas fini » qui consistent essentiellement en des demandes d'ajouts, de reprises, d'expansions du travail et non pas, comme cela peut apparaître dans d'autres classes, par des travaux distincts. La *continuité* est la marque de l'école Freinet. Cette continuité dans le travail entrepris, la durée de la « recherche entreprise » parfois sur plusieurs semaines, est un point essentiel de ce dispositif pédagogique. En effet, s'inscrire dans la durée permet à l'élève de tisser des liens entre les différents moments d'activité dans la classe de mathématiques, c'est-à-dire de développer une certaine *clarté cognitive*, en empruntant ce concept à Michel Brossard (Brossard, 1994). Même si les questions du maître, ses exigences, et les remarques des autres élèves remodèlent l'étude de l'élève, il n'en reste pas moins que l'activité de l'élève n'est pas une suite de tâches sur lesquelles il n'exerce aucun contrôle, et dont il a la charge implicite de reconstruire les liens.

Ces demandes ou exigences planificatrices ne sont pas les seuls moyens dont le maître use. Les conseils, aides apportées... dans une gestion plus immédiate du travail de l'élève contribuent également à l'émergence des questions : « tu vas commencer par une feuille de papier quadrillé », « tu vas te mettre devant le calendrier », etc.

3.2 Légitimités des objets d'études et des travaux des élèves

Caractérisés par leur construction conjointe par l'enseignant et l'élève dans ces moments individuels, par leur diversité, par leur éloignement parfois des études programmées par l'Institution, les objets d'étude à Freinet sont spécifiés aussi par les *légitimités* qu'ils reçoivent. L'étude commence invariablement (en primaire) par de l'écrit individuel. Cette production d'écrit est immédiatement considérée comme un travail (les désignations sont explicites « c'est un joli travail », les rappels à l'ordre aussi), *volontaire, signifiant, intéressant pour l'élève et la collectivité*. L'intérêt que revêt le travail entrepris, la légitimité de l'étude, sont attestés également par le maître : c'est lui qui dit – en « privé » : « ça c'est intéressant », « je passerai bien ma matinée à ça, veinard » – mais aussi par les élèves, cette fois en public : « c'est bien ce que tu as essayé », etc.

La signification de l'étude portée par un élève en particulier est aussi attestée à l'oral par le maître, qui insiste plus qu'ailleurs, sur le partage du sens, à la fois en privé : « tu iras voir Hassan », et en public : « on reprend l'idée de... ». Enfin, ce sens et cette légitimité sont accrédités par la publication des recherches mathématiques sous forme de recueils diffusés auprès des parents d'élèves.

Les situations de légitimité du travail individuel mené, de l'étude poursuivie par l'élève, les moyens utilisés pour attester du sens accordé à ceux-ci sont par conséquent diversifiés. Selon ces situations et ces moyens (essai de compréhension *a priori*, intérêt marqué par l'enseignant, par les élèves, identification de l'élève et de sa recherche, identification de l'expertise d'un élève sur une question, personnalisation des idées et des questions, diffusion des textes dans la sphère familiale), les ordres et les sources de la légitimité sont diversifiés également : le premier ordre de légitimité est celui du travail écrit, le second celui de la communauté des pairs, le troisième celui de l'enseignant, le quatrième celui des savoirs et des savoir-faire de référence, le cinquième celui de lisibilité du travail scolaire dans l'espace familial, de la reconnaissance extérieure de ce travail.

On peut comprendre dès lors que l'évaluation (sous forme de note ou d'appréciation) n'est pas le but ou la seule source de légitimité de la production de l'élève. On voit également que des postures de coopération entre élèves peuvent se développer, que des échanges entre élèves (et non pas seulement entre élèves et enseignant) sont encouragés, puisque les écrits ou les paroles d'un élève peuvent devenir des références pour les autres.

3.3. Les productions écrites individuelles de recherche des élèves

Ces écrits sont signifiants pour l'élève : à Freinet, les écrits sont signés (à l'école maternelle « on va mettre ton prénom pour voir qu'il est à toi ») ce sont des écrits *d'auteur* et non d'*exécutant*. Si nous reprenons cette distinction comme Jack Goody (1979) la construit, cela permet d'interroger les formes standardisées que revêtent ces écrits scolaires. Si nous analysons les prescriptions orales de l'enseignant, nous constatons qu'à Freinet, c'est la planification ou l'organisation contrainte de l'activité, du travail qui formate avant tout les écrits produits : « il faut mettre un titre, se donner un défi », « sur les feuilles on marque ce que l'on a appris », « il faut s'organiser sur son cahier ». Au contraire, dans d'autres classes, c'est davantage le respect de l'orthographe, la forme du résultat (« la phrase pour indiquer le résultat ») qui formate les écrits produits individuellement par les élèves.

Ajoutons que ces écrits ne sont pas uniformes pour l'ensemble des élèves : ils sont retravaillés sans cesse, produits sur des supports différents des autres classes (des feuilles de papier vierge et non pas des cahiers réglés), ils peuvent être déchirés, jetés à la poubelle s'ils sont insatisfaisants... Cette caractéristique du dispositif pédagogique est importante, et rejoint celle que nous avons soulignée plus haut, de la continuité du travail de l'élève. Les possibilités de réécriture, d'essais successifs contribuent selon nous à la responsabilisation de l'élève et à une construction du statut de l'erreur qui nous était déjà apparue comme très différenciée dans cette école.

Enfin, et c'est peut être un des points les plus importants, ces écrits ne sont pas notés. Certes ils sont évalués au sens de validés ou rejetés, mais la différence reste essentielle. L'écrit de l'élève reste « intact » ou plutôt n'est modifié ou déchiré que par l'élève lui-même, ce qui contribue également au statut de l'erreur, au sens que ces écrits prennent dans le travail de l'élève.

Le travail « individuel » de l'élève est en conséquence un travail continu, signifiant. Les productions écrites sont personnalisées, reprises, légitimées.

Cependant, une interrogation demeure au regard de la diversité (apparente) des études menées : comment se fait-il que les élèves que nous avons interrogé dans cet établissement, sur des thèmes scolaires mathématiques divers, fassent preuve de savoirs et de savoir-faire comparables à ceux de leurs condisciples d'autres établissements ? En effet, si l'on peut supposer qu'un élève qui a travaillé longuement sur le thème de la symétrie orthogonale par exemple, construit des connaissances sur cet objet, on peut s'étonner qu'il en manifeste à propos d'un autre objet. Comment est assurée, dans ce dispositif particulier, la rencontre avec d'autres thèmes d'étude, comment des savoirs communs (et des savoir-faire) peuvent-ils se constituer ? La diffusion et l'élaboration de tels savoirs et savoir-faire est très largement dévolue aux situations collectives de travail, que nous allons explorer à présent.

4. LES OBJETS D'ÉTUDE ET LES MODES D'ÉTUDE COLLECTIFS

Les caractéristiques des manières de faire que nous venons d'évoquer étaient plutôt attachées aux interactions « privées » entre le maître et l'élève. Nous essayons maintenant de caractériser les modes d'étude lors des moments collectifs, afin de comprendre comment ces dispositifs pédagogiques permettent l'identification de savoirs et savoir-faire communs, comment des études collectives peuvent être menées. En effet, il est prévu des séquences dans la classe de mathématiques où tous travaillent le même objet. Ces séquences débutent en règle générale par l'exposé d'un élève qui vient rendre compte de l'avancée de sa recherche. Selon les cas, les autres élèves et le maître interviennent, font des remarques, posent des questions. Durant un temps qui peut être très variable, l'élève qui expose a un statut différent des autres, et a une position différente par rapport à l'objet d'étude. Cependant, cette position peut aussi être changée, lorsque, par exemple, une question problématique apparaît et lorsque le maître décide que le travail est désormais collectif « ce n'est plus ta recherche maintenant ».

Nous avons analysé sept séquences en détail, quatre à Freinet, trois à P., six en CE2, une en CM1, à quelques semaines d'intervalle[1]. Le découpage en séquences a été effectué selon le thème de travail et l'organisation du travail collectif. Décrivons les rapidement :

---

1. Nous avons pu travailler à partir des retranscriptions effectuées par Laure Bridoux, dans le cadre de son mémoire de recherche de M2 sous la direction d'Anne-Marie Jovenet. Qu'elle trouve ici l'expression de notre reconnaissance pour la mise à disposition de l'équipe de ce travail si précieux.

1) « La règle des zéros », Freinet, CE2 : le thème de l'étude est celui de la règle des zéros (qui consiste à trouver le résultat d'un produit d'un entier par 10, 100,1000... en ajoutant à l'écriture du premier nombre 1, 2, 3... zéros). Cette séquence de classe est organisée autour de l'exposé par un élève de sa « recherche mathématique » puis des questions et demandes du maître et des autres élèves.

2) « La recherche de Yasmina I : les équivalences », Freinet, CE2 : le thème de l'étude est celui des équivalences entre objets : un pull pour trois chaussettes, etc. Yasmina est absente, c'est donc une séance immédiatement collective de travail qui s'instaure.

3) « La recherche de Yasmina II : les calculs », Freinet, CE2 : le thème de l'étude est celui de l'écriture de certaines sommes en tenant compte des équivalences entre objets : combien de chaussettes représente la somme d'un pull et d'une jupe ? Il s'agit, comme la précédente, d'un travail collectif.

4) « Calcul avec les jours », Freinet, CM1 : le thème de l'étude est celui des calculs (produit, somme, différence) rendus possibles par la correspondance entre un jour de la semaine et les représentants numériques de son ordre d'apparition dans la suite : lundi, mardi, etc.[2]

5) « Correction d'additions », P., CE2 : le thème de l'étude est celui des techniques opératoires de l'addition sur des nombres entiers à trois chiffres. La séquence se déroule de la façon suivante : un élève va au tableau et écrit son résultat.

6) « Calcul mental », P., CE2 : le thème de l'étude est celui des tables de multiplication ainsi que celui de la règle des zéros (produit de 40 par 5, par exemple) limitée aux dizaines. La séquence se déroule sous la forme de questions et de réponses individuelles « en levant l'ardoise ».

7) « Travail sur la lecture d'énoncé », P., CE2 : le thème de l'étude est celui de la lecture d'un énoncé de problème additif avec recherche des informations nécessaires. La séquence est celle d'un travail collectif, piloté par le maître.

4.1. Références de ces objets d'études, institutionnelles, mathématiques, locales, règles des contrats didactiques

Pour chacune de ces séquences, nous allons essayer de décrire quelles sont les références qui peuvent légitimer ces études, dans le monde scolaire et dans le monde mathématique. Il s'agit donc de voir comment les prescriptions de l'institution peuvent être satisfaites, si des savoirs mathématiques peuvent être des références à ces objets d'étude scolaires. Nous allons également tenter de comprendre comment ces objets d'étude collectifs peuvent s'insérer, pratiquement, dans le temps didactique de la classe particulière observée. Il est en effet important de voir si, dans les classes Freinet, les prescriptions disciplinaires, les références scolaires sont satisfaites. Dans un deuxième

---

2. Comme nous l'avions fait dans le rapport de l'ERTe, (Lahanier-Reuter, 2005) nous nous sommes donnée comme contrainte d'utiliser uniquement le vocabulaire de la classe. Ainsi, nous ne parlerons pas de congruence, puisque le terme n'est pas apparu.

temps, nous essayerons, pour chacune des séquences analysées, d'identifier les règles du contrat didactique – c'est-à-dire les règles liées à la spécificité de l'objet d'étude – que l'enseignant cherche à instaurer au cours de ces situations.

4.1.1. La règle des zéros

La règle des zéros est un contenu scolaire explicitement désigné dans les programmes de mathématiques de CE2. Méthode de calcul, elle représente une économie de temps et se base sur la numération décimale. L'étude qu'expose l'élève a pour origine une remarque (lorsque l'on effectue une liste d'opérations 11x100, 12x100, etc. on s'aperçoit que l'écriture du produit peut s'anticiper par cet ajout de deux zéros au premier facteur). Cette méthode n'est pas, durant la séquence, validée ou fondée, mais admise. Le travail collectif a pour objectif d'expliquer et de faire fonctionner cette règle sur des exemples « périlleux » (nombres à plusieurs chiffres). Du point de vue de l'élève qui présente cette recherche, elle s'inscrit dans une perspective plus large : Anthony travaille régulièrement sur les multiplications, avec un attrait particulier pour les « grandes et longues » opérations. Cet attrait ne s'est pas démenti, puisqu'en CM1, il a poursuivi son exploration de très grandes et complexes multiplications. Du point de vue de l'ensemble de la classe, la règle des zéros, dont c'est la première apparition, sera travaillée dans les séquences suivantes, toujours sous la « direction » du même élève. En revanche, l'extension de cette règle à des produits moins extraordinaires (60x4 ou 45000x7, par exemple) ne sera pas abordée immédiatement mais différée.

Les règles du « contrat didactique » à établir reposent donc sur la prise en compte de la surprise devant des agencements d'écriture ainsi que sur la recherche du gain de temps dans la menée des calculs. Il s'agit donc, dans la classe de mathématiques, de reconnaître que les connaissances à établir sont des connaissances, des savoir-faire qui permettent ce gain de temps (en maths, on cherche à aller plus vite). Mais il s'agit aussi de « voir », de « remarquer » des régularités d'écriture et de les interpréter en tant que règles générales. Les listes écrites par Anthony au tableau (et qui sont longues et répétitives, ordonnées par lui) constituent un des éléments du milieu pour appréhender la vision du phénomène d'écriture ; les propositions de calcul « périlleux » en constituent un autre pour faire éprouver l'économie de temps que cette règle représente.

4.1.2. La recherche de Yasmina I

La recherche de Yasmina s'inscrit dans une gamme d'exercices que nous pourrions dénommer « exercices d'échanges ou de conversions » : « un jeton rouge pour deux jetons verts, un jeton vert pour trois jetons bleus, combien de jetons bleus pour cinq jetons rouges, etc. » Ces exercices sont présents également dans les manuels scolaires dès la classe de CP. Leur programmation s'inscrit dans l'exploration des principes de la numération décimale (et même plus largement dans les principes de numération), dans les premières études de structures et plus tardivement dans l'étude de la proportionnalité. Encore une fois, la recherche de Yasmina n'est donc pas décalée par rapport aux instructions officielles du CE2. Le travail collectif, durant cette séquence, va consister en la compréhension des relations choisies par l'élève entre des objets (une jupe est égale à deux pulls, un pull vaut trois chaussettes, etc.). Le contexte de la recherche de Yasmina fait que les élèves vont commencer par explorer ces relations en fixant des prix aux différents objets. L'objectif du maître est de convaincre les élèves que, même si les prix initiaux choisis varient, les relations entre les divers prix trouvés demeurent. Du point de vue de l'élève (absente) qui présente cette recherche, l'intérêt est de former des opérations « bizarres » : que valent, en chaussettes, trois jupes plus un pull ? Nous retrouvons ici une origine importante des recherches Freinet, la formation et l'exploration d'opérations non-conformes, inspirées par les opérations habituelles (multiplication, addition, soustraction). Dans le cas présent, se mêle peut-être le désir du code secret, bref le plaisir de jongler avec des écritures mystérieuses et codées. Cet attrait pour les codes et l'élaboration d'opérations étranges a pour effet ici de conduire l'élève à l'établissement de relations entre objets, bref à la description d'une structure, qui reste très simple : les relations entre objets ne sont pas exactes, constatées entre des prix réels. Ce jeu et le contrôle du jeu que se donne l'élève sont des éléments du sens de la situation. Dans la classe, cette première séquence se poursuit lors de la deuxième séance analysée.

Les règles du contrat didactique que l'enseignant cherche à mettre en œuvre au fil de la séquence sont les suivantes : le travail doit être organisé de façon chronologique. Un premier temps doit être consacré à la compréhension des règles de conversion, des correspondances entre objets. Un second temps est réservé à la manipulation des opérations[3]. Une deuxième règle concerne la forme argumentative que doivent prendre les résultats obtenus (« Si une jupe est égale à 10... »), règle que le maître tente d'établir en demandant systématiquement aux élèves « Pourquoi ? ». Enfin, la dernière règle est celle de la prise en compte de la marque, en tant que phénomène mathématique, de la persistance des relations numériques.

4.1.3. La recherche de Yasmina II

Durant cette séquence, les opérations mystérieuses sont abordées. Cependant l'étude antérieure conduit les élèves à remplacer encore les objets par des prix. L'objectif initial du maître qui est d'explorer les liens entre objets et d'en user pour établir des conversions ne se réalise pas « on peut essayer de remplacer les vêtements qui sont là par d'autres vêtements [...] sans passer par les nombres ». En revanche, une partie de la séquence va être consacrée à l'écriture multiplicative d'une somme et à une approche de la division (« 220

---

3. Le maître, durant la première séance, déboutera plusieurs fois des élèves qui tentent de proposer des résultats aux opérations mystérieuses de Yasmina « on s'occupe pas des opérations ».

c'est combien de chaussettes orange ? »). Les élèves résistent par conséquent aux injonctions et aux conseils du maître. Il semble que les élèves inscrivent cette séquence dans la continuité de la séquence précédente, basée sur des correspondances numériques et n'acceptent pas la rupture proposée par le maître.

Les règles du contrat didactique que l'enseignant échoue à mettre en œuvre sont les suivantes : l'usage des correspondances numériques peut être abandonné avec profit ; la connaissance des relations entre objets permet de définir des opérations entre ces objets. Les règles qu'il parvient plus ou moins à établir sont : la recherche du gain de temps (à l'écrit) que représentent les écritures multiplicatives (« pour aller plus vite, on connaît l'opération ») et la prise en compte de la marque, en tant que phénomène mathématique, de la persistance des relations numériques.

4.1.4. Le calcul avec les jours (CM1)

La séquence est initialisée par l'exposé de la recherche de Mélanie, qui effectue des opérations avec les jours. Pour ce faire, elle établit une correspondance entre l'écriture d'un jour (Lundi) et les nombres qui indiquent la place de ce jour dans les semaines (1, 8, 15, etc.). Ce type de correspondance qui, à une liste d'objets organisées en associe un seul (1, 8, 15... sont associés à Lundi) est étudié en mathématiques (il s'agit de rassembler différents objets selon une *relation d'équivalence*[4] et de désigner chacune des *classes d'équivalence* par un représentant. Ce type de correspondance a été un objet d'enseignement au collège durant la réforme des mathématiques modernes, il a ensuite disparu des programmes. Cependant, il reste un objet implicite, puisqu'il soutient par exemple en classe de quatrième le travail sur les vecteurs. En conséquence, nous sommes confrontés à une étude qui ne s'inscrit pas dans les prescriptions officielles de la discipline scolaire, mais qui ne peut pas être considérée comme illégitime. Néanmoins, nous pouvons considérer l'activité durant cette séquence comme une activité d'organisation de données, de lecture et d'écriture de tableaux (les nombres associés aux différents jours vont être organisés de cette façon). Dans ce cas, elle s'inscrit dans le programme de ce niveau d'étude. Durant la séquence de travail observée, le maître va s'attacher dans un premier temps au calcul (en proposant et en faisant proposer des calculs complexes), aux règles d'écriture des calculs complexes, pour ensuite travailler sur l'usage du tableau, en faisant chercher les « représentants » – les jours – de nombres importants. C'est une élève qui va faire surgir le nom de représentant et l'intérêt de cette notion en substituant dans les calculs, des nombres par des jours. L'intérêt et le sens de l'objet d'étude, pour l'élève qui a initié la recherche, sont encore une fois l'attrait que représentent les opérations mystérieuses.

---

4. Dans ce cas, deux nombres entiers sont équivalents si le reste de leur quotient par 7 est le même.

Les règles du contrat didactique sont les suivantes : l'attention aux formes de l'expression (« je ne comprends pas, tu n'es pas assez claire ») ; la prise en compte, en tant que phénomène mathématique cette fois, d'un résultat surprenant (dimanche est élément neutre) et son explication (« je sais pourquoi parce que ça va de 7 en 7 ») ; la recherche des applications extrêmes (on peut prendre 3647 et même trois millions) ; les différentes façons de lire un tableau possibles (en colonnes ou en lignes).

4.1.5. Les corrections d'additions

La séquence est consacrée à la correction d'additions de nombres entiers à trois ou quatre chiffres posées en ligne. Il s'agit dans un premier temps de décompositions additives (milliers, centaines dizaines…2000+500+7) puis d'additions systématisées dans lesquelles seul le deuxième terme de la somme change (4519+30, 4519+300, 4519+3000). Ces exercices s'inscrivent tout à fait dans le programme de ce niveau scolaire, il s'agit de travailler sur la numération décimale et l'organisation unités, dizaines, centaines… C'est le maître qui écrit l'énoncé au tableau, à partir du manuel. Il s'agit d'un exercice de routine – le maître n'a pas remarqué que deux des opérations proposées sont identiques. En conséquence, il s'agit bien de comprendre que le résultat n'a aucun intérêt en lui-même, et qu'il ne s'agit que de s'exercer.

Les règles du contrat didactique sont : il faut repérer la place et la désignation de chaque chiffre des nombres pour additionner milliers avec milliers, centaines avec centaines, etc. ; une partie du travail est un jeu d'écriture qui ne nécessite pas de verbalisation.

4.1.6. Le calcul mental

La séquence est consacrée à la vérification de la connaissance des tables de multiplication, puis à une mise en œuvre de la règle des zéros sur des produits du type 20x8. Ceci est en parfaite concordance avec les instructions officielles. Le lien entre les deux parties de la séquence est délicat à négocier car il est à la charge des élèves. L'enseignant insiste sur la rupture entre ces deux parties, mais confie à certains le soin de produire les multiplications à calculer.

Les règles du contrat didactique sont : les connaissances sur les tables de multiplication servent à aller le plus rapidement possible (« dépêche toi !! ») et doivent être automatisées. Dans les produits proposés ensuite, il faut que figure un nombre à deux chiffres « terminé » par un zéro. Il existe une méthode pour trouver rapidement les résultats de telles multiplications, autre que le calcul « posé », reposant sur des déplacements de chiffres.

4.1.7. Travail sur la lecture d'un énoncé de problème additif

Le travail collectif est consacré au rappel des règles instituées sur la conduite de lecture et de réécriture d'un énoncé de « problème mathématique ». Ces règles sont celles qui figurent dans les programmes officiels de mathématiques (données inutiles, etc.). Une seconde phase de travail est consacrée à la mise en œuvre de ces règles, à partir d'un énoncé donné par l'enseignant. Cette séquence de travail fait suite à une première séance, qui a lieu quelques jours plus tôt. Lors de cette séance initiale, l'enseignant avait choisi un énoncé de problème additif dans lequel les données surabondantes (à supprimer) concernaient le nombre de voyageurs dans un métro, tandis que les données importantes (à conserver) concernaient les durées des transports. Cette fois, l'enseignant propose aux élèves un énoncé de problème où les rôles sont inversés : les durées des transports sont à négliger, tandis que les nombres des passagers sont les données à conserver. L'un des objectifs de l'enseignant est, semble-t-il, de montrer l'influence de la question posée sur le choix des données à conserver.

Les règles du contrat didactique que l'enseignant cherche à instaurer sont les suivantes : il existe des indices, élaborés par le rédacteur de l'énoncé, qui permettent de discerner données inutiles et données à conserver. La lecture d'un énoncé en mathématiques suppose une stratégie de lecture guidée par la question posée. La « réécriture du texte de l'énoncé » peut s'effectuer en barrant les informations inutiles. Enfin et surtout, les élèves ne doivent pas entreprendre immédiatement les calculs : l'activité des élèves doit suivre une planification strictement fixée.

4.1.8. Comparaison des différentes séquences

Sur ces quelques séquences, nous voyons effectivement se dessiner des caractéristiques des études en mathématiques menées à l'école Freinet. Tout d'abord, les objets étudiés ont une référence dans le champ scientifique mathématique. Nous soulignons ensuite qu'ils sont souvent explicitement désignés comme objets d'enseignement dans les programmes officiels, que les compétences travaillées le sont également. Enfin, si certains d'entre eux ne sont pas des objets d'enseignement ou ne le sont plus, leur apparition dans la classe est induite par des élèves. Ces objets ont également une source spécifique, qui est le travail antérieur individuel de chaque élève. Nous avançons que les choix des questions des élèves sont des choix effectués selon des attirances, du plaisir à faire : ainsi, plusieurs sources de légitimité de ces études peuvent se mêler dans la classe. Nous ne savons pas comment ces sources différentes peuvent être identifiées et démêlées par les élèves.

En ce qui concerne les règles des contrats didactiques que les différents enseignants cherchent à établir, deux éléments persistent dans plusieurs séquences observées à Freinet : la première règle est celle qu'il existe des phénomènes mathématiques, c'est-à-dire des faits surprenants dans cette discipline, dont les apparitions sont à comprendre ou à anticiper ou à utiliser. La seconde règle est celle de la recherche de l'économie de temps. Ces règles ne sont pas négociées dans les autres classes observées. Deux différences nous paraissent en conséquence caractériser l'étude dans les classes de mathématiques à Freinet. La première est que l'enseignant tente de faire construire des lois à partir de régularités inattendues ou imprévues plutôt que d'énoncer ces lois, la seconde est que le gain de temps, la rapidité d'exécution au cours d'une activité mathématique est plutôt à Freinet un objectif à atteindre qu'une injonction à respecter.

4.2. Énoncés et consignes, supports du travail collectif

Les activités mathématiques à l'école sont largement tributaires des énoncés de problèmes, questions et consignes données, qui formatent plus ou moins le travail des élèves. Pour chacune des séquences analysées, nous avons relevé les caractéristiques des énoncés, leur mode d'élaboration ou leur origine.

4.2.1. La règle des zéros

Les énoncés collectifs sur lesquels les élèves travaillent au cours de cette séquence sont : 25x100, 112x100. Ils sont proposés par le maître et leur résolution s'effectue et à l'écrit et à l'oral. Leur succession traduit une augmentation de la difficulté à dire le résultat obtenu par simple déplacement des zéros. Ils ne sont donc pas choisis au hasard, mais dans l'intention de faire avancer le temps didactique.

4.2.2. La recherche de Yasmina I

Les énoncés travaillés collectivement sont les énoncés écrits par Yasmina (qui est absente) : des codes ou des dessins stylisés marquent les relations : une jupe vaut un pantalon, une jupe vaut deux chaussettes orange, un pull vaut une chaussette verte, un pull vaut trois jupes. En dessous figurent des opérations : trois chaussettes vertes plus deux pantalons (en chaussettes orange), quatre pantalons (en chaussettes orange). Les relations entre objets sont simples et « surabondantes » : les égalités entre la jupe et le pantalon d'une part et le pull et la chaussette verte d'autre part complexifient la description sans véritablement apporter des contributions à la structure. Le texte de l'énoncé est en fait plus complexe que ceux des manuels sur le même sujet.

4.2.3. La recherche de Yasmina II

L'énoncé initial est le même que précédemment. Même si on ne comprend pas le choix de Yasmina, même si on peut supposer qu'elle a écrit plus ou moins au hasard les relations et les opérations à effectuer, il n'en reste pas moins que cet énoncé sera intangible, parce que c'est le travail d'une élève.

4.2.4. Les calculs avec les jours

L'énoncé initial est celui de Mélanie : « Lundi + Jeudi x Dimanche ? ». D'autres énoncés vont ensuite être construits et travaillés. C'est le maître qui demande aux élèves de proposer un énoncé : Mardi x Dimanche + Dimanche – Samedi + Lundi – Mercredi (deux élèves y participent), puis chacun va contribuer pour un terme à : DxJ+D-S+Me-Ma-LxMa-V, puis une élève va énoncer un « défi » : « trouver le jour d'un nombre » et de même les élèves vont proposer 40, 75, 92, 100 auxquels le maître ajoute 157. Ces énoncés traduisent la volonté du maître de construire des énoncés extraordinaires par leur longueur et d'étendre le champ numérique des énoncés proposés. Le maître se charge donc de la tâche de repousser les limites des applications, d'étendre ce que l'on est capable de traiter.

4.2.5. Les corrections

Les énoncés, comme nous l'avons dit plus haut, sont cette fois extraits du manuel en usage dans la classe (voir en annexe). Les six premiers ne nécessitent pas de mises en œuvre de connaissances de tables d'addition, mais des traitements d'écriture (2000+500+7 s'effectue en plaçant, à la place adéquate les chiffres 5 et 7 dans l'écriture de 2000). Les neuf suivants requièrent des connaissances de tables d'addition et des appariements des chiffres selon leur position dans l'écriture des nombres : 4519+30 s'effectue en identifiant les chiffres appariés 1 et 3 et en effectuant 1+3. Il n'y pas de retenue à effectuer. Seule la dernière opération soulève le problème de l'écriture d'un résultat dont le nombre de chiffres est supérieur à celui du premier terme de la somme. Enfin, pour les quinze opérations, l'ordre des termes des sommes donne une place prépondérante dans les traitements au premier terme qui est celui à transformer. L'exercice est donc bien un exercice de routine, auquel correspond une technique scolaire identifiée. La systématisation des écritures proposée permet d'objectiver cette technique. Ces énoncés, produits par un maître qui détient le savoir sont regroupés, réunis selon le principe de l'identité de la technique à mettre en œuvre. À charge à l'élève de comprendre le principe de ce rassemblement/regroupement.

4.2.6. Le calcul mental

Les différents énoncés sont : 6x5, 6x4, 6x8, 6x3, 6x6, 6x9, 6x7, 20x4, 6x4 (rejeté), 20x8, 20x9 (rejeté), 30x9, 40x6. Les premiers – posés par l'enseignant – portent sur la table de 6. Une rupture est organisée par l'enseignant lorsqu'il propose 20x4. Le maître demande alors aux élèves de construire eux-mêmes les énoncés, mais en rejetant certains. Le premier (6x4) l'est parce qu'il n'exige pas la mise en œuvre de la même technique que 20x4, le troisième parce qu'il est trop régulier. Là encore, les énoncés sont réunis selon le principe de l'identité de la technique qui permet de les traiter. Leurs variations sont contrôlées par le maître afin que les limites de la technique soient perçues et dépassées.

4.2.7. Travail sur la lecture d'un énoncé de problème additif

L'énoncé est extrait du manuel en usage dans la classe :
« L'avion Paris-Athènes s'est envolé de l'aéroport d'Orly à 8h avec 365 passagers à bord. Après 1h50 de vol il a atterri à Rome pour une escale de 20 mn. 202 passagers sont descendus et 183 sont montés. L'avion a atterri à Athènes 50 mn après son départ de Rome et tous les passagers sont descendus. Combien de passagers sont arrivés à Athènes ? ».

Les informations inutiles sont les informations d'horaire et de durée, les informations utiles sont les effectifs des passagers. Selon les règles de l'enseignant, le texte réécrit pourrait être : « L'avion s'est envolé de l'aéroport d'Orly avec 365 passagers à bord. Il a atterri à Rome. 202 passagers sont descendus et 183 sont montés. L'avion a atterri à Athènes et tous les passagers sont descendus », en admettant que les informations de lieux sont utiles à la compréhension du texte et à l'organisation des données. Ce texte est proposé dans le but de faire fonctionner les règles de traitement d'un énoncé de problème mathématique. Mais il est aussi l'occasion de mettre à l'épreuve la règle qui dit « Je cherche l'unité » pour éliminer les informations inutiles. En effet, « l'unité à chercher doit se trouver dans la question ». Or, l'unité ici est « passager ». Ce n'est pas une unité au sens scolaire du terme, comme peuvent l'être m, cm, mm, etc. En conséquence, l'énoncé a été choisi pour prendre ses distances avec des usages établis et étendre les pratiques liées à une technique institutionnalisée[5].

Les énoncés qui supportent le travail des élèves sont donc différents à Freinet et dans les classes « ordinaires » sur deux caractéristiques au moins. La première est que la plupart des énoncés initiaux sont élaborés par un élève, lors d'un travail individuel. La seconde est que si une série d'énoncés est proposée dans la classe, le regroupement de ces énoncés est un regroupement qui est géré par le collectif. Nous avons vu que des variations régulées des énoncés initiaux sont proposées dans les classes Freinet, comme ailleurs, et que des régulations de ces variations sont gérées par le maître. Personne n'est l'initiateur d'une rupture brutale, sans transition, de « genres » d'énoncés. En revanche, le maître se donne, comme ailleurs, le droit de proposer des questions qui étendent le champ des traitements effectués. Nous voyons encore une fois apparaître, sous un autre angle, la caractéristique de *continuité* du travail dans la classe de mathématiques.

4.3. Analyse des interactions verbales

L'analyse qui précède ne prend pas en compte la/les manière(s) dont les interventions des élèves et du maître construisent peu à peu cette étude, permettent aux règles de s'établir ou au contraire de s'effondrer. Elle ne prend pas en compte non plus au fond, la gestion de l'étude au cours de la séquence, les positions des uns et des autres. Il nous semble, puisque une très grande partie du travail collectif dans la classe de mathématiques consiste à élaborer un discours « recevable » et les conditions de recevabilité de ce discours, qu'il est important d'analyser les modes d'interactions verbales.

Nous avons retenu les échanges retranscrits collectifs durant ces sept séquences. Malgré les différences (qui sautent aux yeux), malgré les thèmes et les entrées, il nous a été possible de choisir des indicateurs qui permettaient des

---

5. Cela explique l'irritation du maître à la réponse d'une élève qui, s'appuyant sur le travail antérieur, dit qu'il faut « éliminer les passagers » – au lieu d'« éliminer les informations inutiles », dans l'activité préparatoire au travail.

comparaisons. Dans un premier temps, nous avons identifié, pour chacune des prises de parole, l'auteur (le maître, un élève, des élèves) et le mode de prise de parole de l'élève, selon que l'intervention est explicitement sollicitée, qu'elle est donnée, qu'elle est prise.

L'étude des premiers indicateurs fait apparaître le tableau suivant :

	Durée approximative	Nombre de tours de parole (durée moyenne)	... du maître	... de l'élève	Dont paroles d'élèves données	Dont paroles d'élèves prises
La règle des zéros Freinet	20 mn	72 (18s)	21 (29%)	51 (71%)	30 (59%)	21 (41%)
La recherche de Yasmina 1 Freinet	1 heure	183 (18s)	93 (51%)	90 (49%)	59 (65%)	31 (35%)
La recherche de Yasmina 2 Freinet	1 heure	140 (24s)	74 (53%)	66 (47%)	52 (79%)	14 (21%)
Le calcul avec les jours Freinet	1 h 15 mn	176 (24s)	101 (57%)	75 (43%)	40 (53%)	35 (47%)
Correction P.	20 mn	85 (12s)	51 (60%)	34 (40%)	31 (91%)	3 (9%)
Calcul Mental P.	10 mn	71 (6s)	51 (72%)	20 (28%)	19 (95%)	1 (5%)
Travail sur l'énoncé P.	30 mn	187 (9s)	112 (60%)	75 (40%)	46 (61%)	28 (15%)

Tableau 2 : Répartition des tours de paroles dans les séquences

Trois résultats marquent les différences entre les séquences. Le premier est la densité des tours de paroles. À P., un tour de parole peut être bref, même très bref (un mot) ; à Freinet, ils sont dans l'ensemble beaucoup plus longs : élèves et maître en règle générale s'expriment par des phrases complètes. Le second est la part du maître dans ces échanges. Si à Freinet on observe une répartition égale entre interventions du maître et interventions des élèves, à P., l'enseignant parle significativement davantage. Enfin, les élèves prennent la parole beaucoup plus librement à Freinet qu'à P. où prévaut la parole explicitement sollicitée (sans que l'élève n'ait manifestement l'envie de répondre)[6].

---

6. Cependant ces données chiffrées masquent la répartition temporelle de ces prises de parole. Le nombre d'interventions sollicitées des élèves dépend du type d'activité mise en place. Par

Ces trois différences, qui sont convergentes, expliquent pour partie le fait que les élèves de Freinet développent leur pensée davantage à l'oral (Lahanier-Reuter, 2005b) et peut-être à l'écrit que d'autres élèves interrogés.

Tournons nous à présent vers l'analyse plus précise des interventions des différents acteurs des situations observées. Nous commencerons par celles des enseignants.

4.4. Analyse des interventions orales de l'enseignant

4.4.1. Formes des interventions

Les types d'intervention du maître sont également révélateurs. Nous proposons de différencier les dimensions des interventions du maître dans la classe tout d'abord selon les formes que prennent ces interventions : elles peuvent être des questions, des ordres ou simplement des énoncés déclaratifs.

	Questions	Ordres	Déclarations	Nombre de tours de parole
La règle des zéros Freinet	3 (14%)	3 (14%)	15 (72%)[7]	21
La recherche de Yasmina 1 Freinet	58 (62%)	2 (2%)	51 (55%)	93
La recherche de Yasmina 2 Freinet	44 (60%)	5 (7%)	47 (63%)	74
Le calcul avec les jours Freinet	31 (31%)	7 (7%)	68 (68%)	101
Correction P.	15 (30%)	25 (50%)	24 (48%)	51

---

exemple à Freinet, la parole est d'abord massivement donnée au début de la « recherche collective », puis dans un temps conséquent, elle va être majoritairement sollicitée pour redevenir à la fin soit donnée, soit prise. À P., elle est uniquement sollicitée au début (pour les corrections collectives etc.) et sera donnée ou prise plus largement lors de l'étude du problème. Ainsi il semble que dans les deux classes, les modes de prise de parole des élèves soient différemment contrôlées par le maître selon les activités en cours.

7. Nous traitons ici de dimensions et non de catégories. Par conséquent le nombre total d'énoncés n'est pas la somme de ceux qui présentent ou une forme interrogative, ou une forme déclarative etc. Le pourcentage est à entendre de la manière suivante : 14% des tours de parole de l'enseignant présentent une forme interrogative et non 14% des tours de parole de l'enseignant sont des formes interrogatives.

Calcul Mental P.	10 (20%)	13 (26%)	39 (78%)	51
Travail sur l'énoncé P.	60 (53%)	24 (21%)	67 (60%)	112

Tableau 3 : Formes des tours de paroles dans les séquences

Les formes d'interventions du maître sont en conséquence contrastées selon les séquences, même si majoritairement, dans chacune d'entre elles, prime la dimension « déclarative ». Ces contrastes, sur lesquels nous allons nous pencher plus précisément, portent sur les formes interrogatives et surtout sur les formes « impératives ». Nous retiendrons, dans notre perspective de comparaison, que les maîtres de Freinet ordonnent très peu (comparativement à celui de l'autre école). Nous ne trouvons que très peu d'impositions directes qu'elles soient à l'égard de l'ensemble des élèves ou adressées à un élève seul.

4.4.2 Contributions du maître au discours sur l'objet d'étude : les réactions immédiates au discours d'un élève

Regardons plus précisément la nature de ces interventions. Pour les analyser, nous proposons de distinguer tout d'abord les interventions de l'enseignant qui ont pour objet et pour objectif de travailler sur l'objet d'étude directement. Nous distinguerons des moments où les interventions sont « directes » et ceux où elles sont des réactions au discours d'un élève. Il s'agit, dans cette distinction, de différencier ce qui est intervention travaillant directement à partir de la parole ou de l'écrit d'un élève et, en conséquence, de voir comment cette parole est prise en compte dans l'immédiateté des échanges dans la classe, et ce qui est intervention du maître qui suspend ce dialogue ou cherche à en instaurer un nouveau. Il nous semble en effet que dans une classe de mathématiques, lorsque nous cherchons à décrire comment, au cours des échanges de parole, se construit un discours recevable sur l'objet d'étude considéré, nous devons différencier ce qui est de l'ordre du travail collectif à partir de l'énoncé d'un ou des élèves et ce qui est de l'ordre de l'organisation de ce travail par l'enseignant ou de la contribution directe de l'enseignant au discours final. Il s'agit aussi de voir si le discours acceptable se construit plutôt à partir de celui de l'élève ou plutôt à partir de celui du maître.

Lorsque le maître intervient en réaction au discours (oral ou écrit) d'un élève, ses réactions peuvent prendre différentes formes : il peut en effet le reprendre (le reformuler ou le répéter). Ces opérations peuvent avoir pour but de diffuser le discours d'un des élèves à la classe, de le valider en le reprenant, de le modifier pour le rendre conforme, bref il s'agit de *rendre audible une parole de l'élève*. L'enseignant peut aussi réagir au discours d'un élève en le décrétant partiellement ou totalement inaudible. Dans ce cas, ses réactions pourront prendre la forme d'injonctions à le rendre audible. Ce n'est plus le maître qui se charge de ce travail mais il invite l'élève à le faire. Ces injonctions peuvent être des injonctions pour le rendre accessible à tous : le maître demande d'écrire au tableau ou de redire ce qui a pu ne pas être entendu par tous. Elles peuvent être des injonctions visant à la modification du discours par l'élève qui est inaudible parce qu'erroné : le maître peut rejeter l'énoncé, ou le rectifier, ou le dénoncer, voire l'arrêter. Elles peuvent être aussi des injonctions à poursuivre un discours qui n'est pas encore audible parce qu'incomplet. Dans ce cas, le maître peut faire une demande factuelle à l'élève, lui demander une explication, lui demander un exemple ou encore simplement lui demander de poursuivre.

Enfin, les interventions du maître en réaction directe à un discours d'élève peuvent comporter une dimension évaluative, qui a pour but de décider si le discours est audible, recevable ou non. Dans ce dernier cas, il n'y a pas toujours de façon conjointe une injonction de l'enseignant demandant un retravail de l'élève.

	Réactions au discours d'un élève	Reformulations Répétitions	Injonctions à modifier	Injonctions à poursuivre	Injonctions à publier	Évaluations
La règle des zéros Freinet	12[8]	3 (25%)	3 (25%)	5 (40%)	1 (8%)	0 (0%)
La recherche de Yasmina 1 Freinet	74	20 (27%)	8 (11%)	30 (40%)	2 (3%)	14 (19%)
La recherche de Yasmina 2 Freinet	62	24 (39%)	8 (13%)	21 (34%)	4 (6%)	5 (8%)
Le calcul avec les jours Freinet	34	10 (30%)	8 (23%)	5 (15%)	0 (0%)	11 (32%)
Correction P.	42	5 (12%)	8 (19%)	8 (19%)	1 (2%)	20 (48%)
Calcul Mental P.	64	8 (12%)	9 (14%)	3 (4%)	8 (12%)	36 (56%)
Travail sur l'énoncé P.	118	27 (23%)	40 (34%)	23 (19%)	1 (1%)	27 (23%)

Tableau 4 : Types d'intervention du maître : réactions au discours d'un élève

Les deux dimensions des interventions de l'enseignant qui différencient les classes Freinet des autres classes sont donc les proportions de reformulations (un peu supérieures à Freinet) et celles des évaluations (très minorées à Freinet). Pour trois des classes Freinet on peut ajouter aussi la proportion des injonctions à poursuivre qui reste importante. En conséquence, les réactions de l'enseignant au discours des élèves sont marquées à Freinet par des dimensions

---

8. Il s'agit toujours de dimensions d'un énoncé : ainsi dans cette séquence, l'enseignant réagit 12 fois au discours d'un élève.

qui sont davantage qu'ailleurs celles de rendre le discours audible et beaucoup moins qu'ailleurs par celles de l'évaluation de ces discours. On pourrait dire qu'à Freinet le maître accompagne davantage la parole de l'élève en la soutenant (soit en la reformulant soit en demandant d'expanser son discours) et que ces enseignants valident ou invalident immédiatement moins qu'ailleurs ces discours.

Nous avons regroupé dans une même catégorie les interventions évaluatives des enseignants. Or ces dernières peuvent être différenciées : il n'est pas équivalent de solliciter l'avis de la classe et d'émettre directement une appréciation, pas plus qu'il ne l'est de demander aux élèves de dénombrer leurs « fautes ». Or, à l'école Freinet, nous n'avons pas relevé, dans ces observations de paroles du maître qui désignait une réponse, un énoncé d'élève comme « faux » ou comme « faute ». Cela ne signifie pas pour autant que les maîtres Freinet ne rejettent ni ne dénoncent certains énoncés, mais qu'ils n'adoptent pas de positions, de sanctions immédiates : dire le vrai, dire le faux ne prend pas les mêmes formes à Freinet qu'ailleurs. Ce résultat est pour nous un indice fort de la construction de l'erreur, de son statut particulier. Nous remarquons également que les maîtres Freinet sollicitent l'avis des autres élèves et que ceci est aussi un trait relativement caractéristique du mode d'évaluation immédiate à l'oral. Là encore, ceci est pour nous la preuve que la position du maître vis-à-vis de l'étude n'est pas celle de celui qui peut constamment attribuer une valeur aux énoncés des élèves mais plutôt celle de celui qui tente de faire attribuer une validité collective à ces énoncés.

4.4.3. Contributions du maître au discours sur l'objet d'étude : les interventions « directes »

Nous ne considérons toujours que les interventions du maître qui ont des effets immédiats sur l'élaboration du discours collectif à propos de l'objet d'étude. S'il ne réagit pas à un discours d'élève, en le validant ou l'invalidant, en négociant sa formulation... si donc le maître n'est pas occupé à rendre audible le discours d'un élève, il peut aussi prendre à sa charge le discours audible, ou chercher à le susciter.

Nous avons appelé « contributions directes à l'objet d'étude » les moments des interventions du maître où il assume la charge de l'étude : ce sont les moments où le maître fournit lui-même les réponses ou des méthodes, les moments où il dit le résultat obtenu. Mais ce sont ceux aussi où il souligne l'importance d'un fait, d'une remarque. Ceux encore où il fournit des indices (position éclairée par l'approche de Brousseau, 1990, 1998). Enfin, ce sont ceux où il fournit des éléments de savoir (ce que l'on nomme « représentants » ou pourquoi on utilise le signe « ~ » au lieu du signe « = »). Nous avons hésité à faire entrer dans cette catégorie les moments où le maître « dit l'énoncé » c'est-à-dire les moments où le maître se charge de la question posée à la classe. En effet, toutes les autres catégories formant ces contributions directes à l'objet d'étude n'appellent pas forcément de réponses des élèves, n'en suscitent pas forcément, à la différence de cette dernière.

Nous avons distingué « fournit des réponses » de « dit le résultat obtenu » selon le temps dans lequel s'inscrivait la prise de parole : le maître fournit des réponses lorsqu'il « fait à la place des élèves », le maître dit le résultat obtenu lorsqu'il est le porte-parole du travail d'un ou des élève(s).

	Fournit réponse	Fournit éléments de technique ou de méthode	Fournit vocabulaire ou codes	Souligne l'importance	Fournit indices	Dit le résultat obtenu	Dit l'énoncé
La règle des zéros Freinet	0	0	1	1	0	0	4
La recherche de Yasmina 1 Freinet	1	0	0	2	5	1	2
La recherche de Yasmina 2 Freinet	1	1	0	0	3	1	5
Le calcul avec les jours Freinet	2	3	4	7	1	3	2
Correction P.	0	0	0	0	0	0	0
Calcul Mental P.	0	0	0	1	0	0	10
Travail sur l'énoncé P.	5	2	0	0	12	0	1

Tableau 5 : Contributions directes du maître à l'objet d'étude

Les fluctuations sont essentiellement conditionnées à la situation. Les seules différences un peu marquantes concernent les délivrances d'indices. Lors d'un travail de recherche, les maîtres Freinet délivrent très peu d'indices que ce soit sur la façon de faire ou sur les résultats attendus. Là encore, c'est peut-être la responsabilité de l'élève qui est engagée dans cette construction de la place du maître qui n'est pas celui qui dévoile peu à peu ses attentes. L'aide à Freinet existe, mais elle prend des formes collectives : c'est l'enseignant qui demande directement à un élève de venir en soutenir un autre.

Le maître peut influer directement comme nous venons de le voir sur la construction de l'objet d'étude, en fournissant des résultats, des méthodes, etc. Mais il peut aussi influer indirectement en demandant aux élèves de fournir des résultats, des méthodes, etc. Nous remarquons que certaines séquences se déroulent sans qu'il y ait de questions collectives, nouvelles, du maître. Il s'agit effectivement de séquences dont le déroulement est régulé ou se régule de façon tout à fait particulière. La séquence « règle des zéros » est une séquence durant laquelle on aura remarqué le retrait de l'enseignant, qui est pratiquement une séquence d'échanges entre élèves. La séquence de « correction » quant à elle offre un exemple de situation parfaitement réglée : les élèves désignés viennent tour à tour écrire au tableau leurs résultats. Si nous regardons à présent les autres séquences, nous constatons que les enseignants de Freinet, proportionnellement, *ont beaucoup moins recours aux questions factuelles* collectives. Pour grossir le trait, nous dirons que l'enseignement en mathématiques à Freinet est très éloigné du mode « questions de l'enseignant », « réponses brèves de l'élève », « évaluation de la réponse de l'élève ».

Ceci contribue à l'image positive du travail collectif qui caractérise les modes d'interventions de l'enseignant à Freinet, image qui se construit progressivement, au travers de cette particularité, mais aussi au travers de la gestion de l'évaluation, de la responsabilisation de l'élève, de l'aide. Si nous ajoutons à cette caractéristique celles déjà soulignées plus haut, à savoir l'équilibre de ces interventions et de celles des élèves, l'absence d'évaluation immédiate en vrai/faux, l'intérêt porté au discours de l'élève (qu'il s'agisse de reformulations ou d'injonctions à poursuivre) nous obtenons une description de ces modes d'intervention à l'oral qui peut contribuer effectivement à expliquer les caractéristiques des modes de discours des élèves en mathématiques : la longueur des textes, des discours oraux, le rapport à l'erreur que nous avions pu mettre en évidence.

Tournons-nous à présent vers les modes d'intervention dans la classe, lors de séquences de travail collectif des élèves.

4.5. Analyse des interventions des élèves durant les séquences observées

Pour analyser les interventions des élèves, nous avons adopté une stratégie induite de celle que nous venons d'exposer pour analyser les interventions du maître. Indépendamment des places, des rôles respectifs dans la classe, certaines dimensions sont communes aux analyses des interventions du maître et de l'élève : la forme (interrogative, déclarative...) par exemple. D'autres peuvent le sembler moins naturellement, comme les dimensions de planification, qui pourraient ne caractériser que les interventions du maître. Néanmoins, nous avons décidé *a priori* de reproduire les dimensions des interventions de l'enseignant pour analyser les interventions de l'élève. Cette décision, d'ordre méthodologique, se comprend par les résultats que nous avions exposés dans le précédent rapport : à l'école Freinet, nous avons pu constater, à certains moments, des positions d'élèves qui étaient des positions d'enseignant comme c'était le cas pour Hugo (Lahanier-Reuter, 2005a) Ainsi, nous analysons les interventions des élèves selon qu'elles sont contributives aux objets d'étude (fournir des résultats, des méthodes, etc.) mais aussi en ce qu'elles peuvent être des réactions au discours d'un élève (et pourquoi pas du maître). Nous avons décidé d'examiner les interventions des élèves sous cet angle, en regardant par exemple si un élève « rejette, dénonce... le discours d'un autre » ou encore s'il évalue l'énoncé d'un autre que lui.

Cependant, ces dimensions communes ne peuvent suffire, ne serait-ce que parce que les rôles et positions des élèves ne sont pas celles du maître.

– Les interventions de l'élève se distinguent de celles de l'enseignant tout d'abord parce qu'elles peuvent être autorisées ou non.
– Elles ne coïncident pas non plus parce que l'élève a une position qui l'amène à prendre en compte (la plupart du temps) les injonctions de l'enseignant (à redire, à poursuivre, etc.) ou les questions collectives de l'enseignant. Nous avons en conséquence étudié les dimensions correspondantes des réponses des élèves (modifie, poursuit, ou encore répond...).
– Enfin, nous avons supposé que les différences de places entre élèves et enseignants pouvaient amener les élèves à provoquer des interventions constitutives du rôle du maître (en particulier les opérations de planification). Nous avons en conséquent constitué une dimension qui rend compte des *questionnements* de l'élève à l'enseignant (questions sur ce que l'on va faire, questions pour se voir fournir des éléments de savoir, des indices, etc.).

Toutes ces dimensions ne sont pas actualisées, loin de là, dans les séquences observées. Nous présentons ici parfois des dimensions regroupées, pour la compréhension des tableaux.

4.5.1. Formes des interventions des élèves

Nous regardons ici si les interventions des élèves sont plutôt des questions, des ordres ou des déclarations. Il nous a semblé aussi intéressant de prendre en compte la continuité de la prise de parole. Celle-ci est possible pour l'enseignant, peut-être l'est-elle moins pour l'élève. Pour chacun des tours de parole, nous avons considéré que la parole de l'élève était continue tant que deux interlocuteurs différents n'intervenaient pas. Or il apparaît que, durant les séquences de recherche, où le travail des élèves n'est pas organisé de façon rituelle, nous relevons une moindre continuité des paroles des élèves dans la classe de P. Il nous semble au contraire que dans les classes Freinet, un *élève peut s'instaurer comme interlocuteur durablement*. Nous soulignons également le fait qu'à Freinet, et à Freinet seulement, un élève puisse donner des ordres. (« Regarde, mais regarde !! »).

4.5.2. Réactions d'un élève au discours d'un pair (ou exceptionnellement de l'enseignant)

Regardons à présent si cette attitude peut aussi se caractériser par des réactions au discours des autres élèves qui la renforceraient.

	Reformule Répète	Injonctions à modifier	Injonctions à poursuivre	Injonctions à publier	Évaluations
La règle des zéros Freinet	7	26	1	2	6
La recherche de Yasmina 1 Freinet	19	18	1	0	5
La recherche de Yasmina 2 Freinet	8	10	0	1	5
Le calcul avec les jours Freinet	12	25	3	1	9
Correction P.	1	0	0	0	0
Calcul mental P.	1	1	0	0	2
Travail sur l'énoncé P.	1	0	0	0	1

Tableau 6 : Réactions d'élèves au discours d'autrui

Les différences sont nettes. Les élèves de Freinet interviennent régulièrement sur les discours de leurs pairs. Les pratiques langagières dans ces classes de mathématiques construisent un espace partagé, où les dialogues se croisent. C'est bien en terme d'interactions collectives qu'il faut les envisager et non en terme de dialogue « fermé » maître/élève.

Cette caractéristique éclaire les positions d'écriture que nous avions pu relever. Si les élèves de Freinet s'adressent à leurs camarades, soit pour soutenir leurs discours, soit pour l'invalider ou le contester, ceci explique sans doute que le lecteur auquel ils s'adressent soit un pair, que leurs textes soient des textes « aidant », etc. Ceci explique également leur plus grande facilité à développer un discours argumentatif.

Regardons à présent la façon dont les élèves contribuent à l'objet d'étude. Comme dans le cas des analyses des interventions de l'enseignant, nous distinguons ce qui est de l'ordre de « fournir une réponse », qui désigne les moments des interventions de l'élève où ce dernier réagit immédiatement à une question directe (« Athènes, c'est la capitale de ? »), et « dire le résultat obtenu » qui désigne des moments où l'élève répond à une question du type « Qu'est-ce que tu as trouvé ? ».

	Fournit réponse	Fournit éléments de technique ou de méthode	Souligne l'impor-tance	Fournit vocabu-laire ou codes	Fournit indices	Dit le résultat obtenu	Dit[9] l'énoncé
La règle des zéros Freinet	3	6	1	0	2	8	1
La recherche de Yasmina 1 Freinet	30	5	0	0	0	17	4
La recherche de Yasmina 2 Freinet	28	9	0	0	0	0	3
Le calcul avec les jours Freinet	20	5	1	0	0	13	23
Correction P.	22	0	0	0	0	0	1
Calcul Mental P.	1	3	0	0	0	8	5
Travail sur l'énoncé P.	54	0	0	0	0	9	0

Tableau 7 : Contributions des élèves à l'objet d'étude

La catégorie « fournit du vocabulaire ou des codes » regroupe des moments d'intervention spécifiques du maître, au cours desquels il donne le vocabulaire adéquat, les codes en usage. Cette catégorie, lorsque nous la faisons fonctionner pour l'analyse des contributions des élèves pose un problème : doit-on y faire figurer les moments des interventions au cours desquelles l'élève invente une représentation symbolique ou une désignation, même si cette dernière n'est pas culturellement partagée ? Ou devons-nous conserver la même définition plus étroite pour cette analyse et cette discipline particulière ? La décision à prendre n'est pas simple. Pour l'instant, nous ne pouvons que relever que, quelle que soit la définition que nous adoptons pour cette catégorie (vocabulaire, code reconnus ailleurs, code inventé à l'intérieur de la classe), elle n'est pas ici représentée.

Quelques remarques encore sur ce tableau : la différence entre des séquences peut encore se lire dans les poids respectifs des dimensions « fournir une réponse » et « dire le résultat obtenu ». Au cours de certaines séquences l'élaboration de l'objet d'étude s'effectue majoritairement dans un travail collectif, à l'oral, tandis que dans d'autres, des moments de travail individuel sont ensuite collectivisés. La seconde remarque a trait à la présence (rare) de

---

9. « Dit » signifie ici élabore, participe à la construction de l'énoncé et non pas « lit ».

prises de position professorale par des élèves : souligner l'importance d'un résultat ou d'une méthode revient souvent à l'enseignant. Or, ici certains élèves adoptent cette position « elle est bien ta méthode, elle permet d'aller vite ». De même, fournir des indices à celui qui est en train de faire est la marque d'un enseignant.

5. EN GUISE DE CONCLUSION

Nous dégagerons trois conclusions principales qui touchent à la cohérence des pratiques langagières, aux relations entre l'étude issue des observations de classe et celle des caractéristiques relevées des productions des élèves Freinet et enfin à la cohérence des résultats que nous avons pu exposer et ceux des autres travaux de l'équipe.

5.1. La cohérence des pratiques langagières dans les classes de mathématiques

Malgré les différences qui ne peuvent être effacées entre les maîtres ou entre des élèves de niveaux scolaires distincts, il semble qu'à l'école Freinet l'analyse des pratiques langagières dans les classes de mathématiques nous conduisent à isoler des modes de fonctionnement, des usages relativement stables et originaux. Du point de vue des modes de fonctionnement de l'écrit, nous rappellerons que les écrits individuels produits dans les classes de mathématiques sont des écrits inscrits dans la continuité du travail de l'élève, signifiants pour ces derniers. Du point de vue des usages du langage à l'oral dans la classe, nous avons pu mettre en évidence les caractéristiques suivantes. Les prises de parole sont des prises de parole partagées (même si le maître parle davantage parfois). Les interventions des élèves ne se limitent pas à des réponses à des questions posées par le maître mais sont des interventions au cours desquelles un même élève peut dérouler son propre discours, en adoptant des positions différentes : tour à tour il peut être exposant et, dans ce cas, soumis aux interrogations, aux propositions de reformulations, etc. des autres acteurs de la classe, ou il peut être « critique » et dans ce cas soumettre l'autre à des interrogations, des reformulations, des évaluations, etc. De même, les interventions du maître sont particularisées par le fait qu'elles ne sont pas uniquement des questions factuelles ou de recherche, mais surtout par le fait qu'elles ne sont pas stigmatisantes puisque la dimension évaluative est fortement minorée au profit d'autres dimensions et qu'au contraire, l'enseignant dans les classes de Freinet insiste sur les réussites accomplies. Elles contribuent aussi à forger les relations entre élèves en organisant l'aide, la construction collective d'énoncés, etc. Enfin, le maître peut choisir de s'effacer parfois, temporairement, pour laisser l'espace du dialogue aux élèves.

Pour le dire autrement, les éléments de topogénèse – au sens d'Yves Chevallard (Chevallard, 1991) – sont mis en œuvre de façon tout à fait spécifique dans ces classes : les positions d'enseignant sont accessibles et volontairement dévolues à quelques élèves (sans qu'il y ait abandon de la part du maître de sa position). La position de l'enseignant lors de l'étude est celle d'un contributeur particulier ; non pas celle du maître omniscient, mais celle d'un aide qui gère les échanges (parfois sévèrement), les suscite et les encourage. Nous voyons aussi comment la chronogénèse s'effectue de façon singulière dans cette classe. L'une de ses caractéristiques est la continuité du travail de l'élève, fortement opposée au morcellement, à l'inclusion dans un temps très strict et délimité que nous pouvons retrouver, d'une manière dominante, ailleurs. Cette relation au temps est encore confortée par le fait que la rapidité d'exécution n'est pas un critère d'évaluation du travail de l'élève, mais un objectif ou une légitimation de ce travail : on a le droit de faire lentement, dans un temps sans limite précise et inéluctable, pour se donner et trouver les moyens de faire plus vite. Ce processus de chronogénèse prend également une forme particulière, puisque l'étude collective s'appuie sur une question individuelle, soutenue par l'enseignant.

Ainsi les pratiques langagières dans les classes de mathématiques à l'école Freinet présentent des caractéristiques communes, qui sont des éléments importants du dispositif pédagogique.

5.2. L'adéquation aux analyses des compétences et des attitudes des élèves de cet établissement

Les premiers résultats obtenus sont éclairés par l'étude des pratiques d'enseignement. En effet, nous avions mis en évidence le fait que certains apprentissages disciplinaires étaient partagés par les élèves interrogés. Ceci peut être expliqué tout d'abord par la diversité des objets étudiés collectivement et par la part que prend l'enseignant pour construire cette étude. Les exigences que pose le maître (trouver des méthodes pour aller plus vite, dépasser les applications immédiates et repousser les limites de ces applications…) et dont il assume souvent la responsabilité – au même titre que certaines reformulations – peuvent expliquer que les connaissances construites par les élèves Freinet sont comparables aux autres. De plus, mais il s'agit là seulement d'une hypothèse, la continuité de l'étude, l'écoulement du temps didactique, nous paraissent pouvoir peser de façon très positive sur l'élaboration des savoirs et savoir-faire. Les compétences argumentatives et explicatives développées par les élèves Freinet que nous avions soulignées sont, selon nous, contributives des pratiques langagières que nous venons d'explorer. Néanmoins, l'absence de confrontation directe à des codes « culturellement » admis ou l'absence de références à des ressources, des fichiers de travaux existant ailleurs peut expliquer certaines défaillances : nous avancerions que dans d'autres disciplines scolaires, les élèves de Freinet peuvent se constituer ou consulter des documents qui informent, renseignent, ou qui sont des traces de résolution de problèmes tels qu'ils ont pu être effectués ailleurs, par d'autres… En mathématiques, l'accès à des ouvrages de vulgarisation est limité. Et le monde clos de la classe peut parfois empêcher la rencontre avec des questionnements, des solutions que d'autres ont déjà expérimentés.

5.3. La cohérence entre les résultats proposés et ceux des autres membres de l'équipe

Ces résultats sont convergents avec ceux des autres études menées dans le cadre de la recherche. Dans d'autres disciplines scolaires, des caractéristiques communes sont relevées : la longueur des textes produits par les élèves (Y. Reuter, R. Hassan), les compétences argumentatives et explicatives observées dans des situations de classe et expérimentales (C. Cohen-Azria, I. Delcambre, M. Pagoni)... L'étude des évaluations nationales menée par R. Hassan confirme que les connaissances des élèves de Freinet en mathématiques sont comparables à celles des autres écoles du secteur, voir sur certains domaines – la géométrie – les surpassent. Nous rapprochons également les défaillances constatées sur la connaissance de certains termes techniques et de certains codes géométriques des résultats avancés par B. Daunay[10] en matière de « langue », bien que les liens soient encore à préciser. En ce qui concerne les rapports à l'école et au savoir des élèves de cet établissement, tels que nous les lisons au travers de leurs postures dans la classe, de leur mode d'intervention, de leur construction de l'erreur, nos résultats convergent avec ceux d'A.-M. Jovenet.

Quant aux modes de fonctionnement des maîtres, là encore nos analyses trouvent un écho avec celles des autres membres de l'équipe : la gestion de la parole et de l'étude est sans doute particularisée par la discipline dans laquelle ces observations s'inscrivent, mais nous retrouvons le respect de la parole de l'autre, la construction de l'aide collective (nous pensons ici aux situations de dictée), l'absence d'évaluation négative immédiate.

Par conséquent, ce dispositif pédagogique particulier a des effets confirmés sur les apprentissages réalisés, sur les façons dont les enfants deviennent des élèves, sur les façons de vivre d'une classe.

RÉFÉRENCES BIBLIOGRAPHIQUES

BROSSARD M. (1994), « Activités métalinguistiques et situations scolaires », *Repères*, n° 9, INRP, Paris, 29-36.
BROUSSEAU G. (1990), « Le contrat didactique : le milieu », *Recherches en didactique des mathématiques*, vol 9/3, La Pensée Sauvage, 309-336.
BROUSSEAU G. (1998), *Théorie des situations didactiques*, Textes rassemblés et préparés par N. BALACHEFF, M. COOPER, R. SUTHERLAND, V. WARFIELD, La Pensée Sauvage, Grenoble.

---

10. Nous n'avons pas eu le temps matériel d'étudier de façon détaillée l'orthographe des productions des élèves Freinet. Mais le nombre de mots défaillants est en moyenne supérieur à Freinet que dans les autres établissements, résultat partiel qui confirme les siens.

CHEVALLARD Y. (1991), *La transposition didactique : du savoir savant au savoir enseigné,* La Pensée Sauvage, Grenoble.

DUVAL R. (2005), « Les conditions cognitives de l'apprentissage de la géométrie : développement de la visualisation, différenciation des raisonnements et coordination de leur fonctionnements », *Annales de didactique et de sciences cognitives,* Vol. 10, 5-53.

GOODY J. (1979), *La raison graphique,* Éditions de Minuit, Paris.

LAHANIER-REUTER D. (2005a), « Enseignement et apprentissages mathématiques », in REUTER Y. dir., *Démarches pédagogiques et lutte contre l'échec scolaire,* Rapport de recherche de l'ERTe 1021, 2002-2005, remis à la direction de la recherche du Ministère de l'Éducation Nationale, Université Charles-de-Gaulle – Lille 3, 312-364.

LAHANIER-REUTER D. (2005b), « Enseignement et apprentissages mathématiques dans une école Freinet », *Revue Française de pédagogie,* n° 153, *Décrire, analyser, évaluer les pédagogies nouvelles,* oct-nov-déc 2005, 55-65.

ENSEIGNEMENT ET APPRENTISSAGES SCIENTIFIQUES

Cora COHEN-AZRIA

Dessiner les contours d'une pédagogie et en décrire les effets ne sont pas choses aisées. Seules les situations scolaires se donnent à voir. Il me fallait, pour travailler sur l'enseignement et l'apprentissage des sciences dans le groupe scolaire Concorde[1], croiser différents regards pour comprendre les situations et leurs effets. Pour cela j'ai choisi de recueillir des données variées s'articulant autour de différents axes. Le premier est celui des acteurs scolaires : il s'appuie sur les activités des maîtres et des élèves. Concernant les enseignants, cette activité est d'abord pensée, avant d'être inscrite dans les actes. Cette réalité peut être saisie par une confrontation entre déclarations et pratiques. Une telle approche donne ainsi à reconstruire les points structurants du travail du maître dans un ancrage disciplinaire. Ensuite, l'observation de séances de sciences et leur mise en perspective avec les traces graphiques conservées par les élèves permet d'éclairer une autre dimension des pratiques pédagogiques en lien avec la discipline. Enfin, un dernier axe devait être envisagé, celui permettant de mesurer les apprentissages.

Un tel projet nécessite un travail comparatif. Ainsi, l'école étudiée l'a été au regard d'autres écoles. Les données ont été convoquées ou suscitées, selon les objets d'études, de la même façon dans les différents établissements. Un établissement particulier a servi ici de point de comparaison systématique. Il est très proche géographiquement du groupe scolaire Concorde et accueille une population comparable dans sa dimension socio-culturelle. Les enseignants ne se revendiquent, ici, d'aucun courant pédagogique. Elle est ainsi décrite dans cette recherche comme une école « traditionnelle ». Bien évidemment il convient d'être prudent avec cette appellation qui ne se veut porteuse d'aucune connotation. De même, parler de l'école étudiée centralement ici comme de « l'école Freinet » est aussi problématique dans la mesure où elle ne représente qu'elle-même à un moment donné. Mais, pour être lisible, l'écriture de ce chapitre m'a amenée à nommer de la sorte ces deux établissements.

Le texte qui suit rend donc compte de trois dimensions de recherches complémentaires successivement présentées. Ainsi il est d'abord question des

---

1. Seules les classes de CE2, CM1, CM2 sont étudiées ici. Des recherches ont été menées conjointement avec Isabelle Delcambre en maternelle. Son chapitre dans cet ouvrage en rend compte, ainsi que d'autres publications (Cohen-Azria, Delcambre, 2005, 2006, et à paraître).

pratiques des maîtres (déclarées et observées). Cette première partie s'appuie sur des entretiens avec les enseignants et sur des observations de classe. La deuxième partie s'oriente vers les écrits produits par les élèves dans les activités scientifiques. Les données sont principalement issues des cahiers et des autres documents écrits recensés à la fin d'une année scolaire. La dernière partie permet de mesurer certains apprentissages scientifiques en s'appuyant sur des questionnaires déclinés sur des savoirs différents. La confrontation de ces trois analyses permet de décrire les effets d'un mode de travail pédagogique dans les classes de sciences.

1. PRATIQUES DES ENSEIGNANTS

Dessiner les contours de l'enseignement scientifique nécessite d'étudier les pratiques déclarées des enseignants mais également les pratiques réelles. Pour cela, j'ai recueilli deux types de données : d'une part, des données issues d'entretiens réalisés avec les maîtres, et d'autre part, d'observations de classes. Pour prendre la mesure des spécificités de ces pratiques et de ces positionnements dans les discours, j'ai mis en place une étude comparative entre l'école Hélène Boucher et une école située dans le même secteur géographique composée d'une population d'élèves comparable du point de vue socio-culturel. Bien sûr, cette comparaison ne peut produire des résultats généralisables. Néanmoins, elle constitue les bases d'une réflexion qui sera étoffée par les données recueillies par ailleurs et présentées plus loin dans ce chapitre.

Les entretiens ont été réalisés durant les années scolaires 2002/2003 et 2004/2005 dans les deux écoles primaires avec les enseignants des classes de CE2, CM1 et CM2. Les observations de classes ont été organisées tout au long de ces deux années, dans le cadre d'enseignements scientifiques, mais également durant d'autres moments scolaires. Cette immersion m'a permis d'une part d'affiner les grilles d'interview et, d'autre part, de contextualiser les éléments recueillis dans les entretiens avec les enseignants.

J'ai pu ainsi étudier les définitions des disciplines scientifiques formulées par les enseignants, les spécificités qu'ils assignent à ces disciplines et à leurs enseignements, et les éléments en jeu dans la construction de situations scolaires en sciences. Je vais tenter ici de décrire et d'analyser les postures didactiques des maîtres.

1.1. Temps de l'enseignement scientifique

Deux temps différents sont cités dans les entretiens et observés dans les classes. Le premier est le temps classique de l'enseignement, il correspond à un découpage en séquences. Le second, plus exceptionnel, permet de concentrer un nombre d'heures important sur une semaine ou davantage (type « stage sciences »). Je les étudierai séparément.

Dans les deux écoles[2], le temps de l'enseignement fait l'objet d'une réflexion. Les enseignants établissent un temps précis pour les séquences : ils fixent le temps dans l'année, dans la semaine et le créneau horaire dans la journée. Pourtant malgré l'apparente similitude, des différences importantes peuvent être dégagées.

À l'école Freinet les enseignants et les élèves ont connaissance des découpages temporels. L'élément qui contraint et qui structure les activités est justement le temps de la séquence. Il est réglé à l'avance, et le responsable du temps (élève) le fait respecter sous le regard du reste de la classe et du maître. Durant ce temps, l'enseignement se déroule au rythme des différents élèves. La thématique abordée est prévue en amont, mais seuls seront traités les éléments convoqués par les élèves et le maître. Ainsi, dans ce temps précis et calibré, c'est le rythme de travail, de réflexion, et les démarches des élèves qui déterminent les contenus de la séquence.

À l'école dite « traditionnelle », le temps de l'enseignement est certes fixé à l'avance, mais le rapport à ce temps est très différent. Les élèves ne sont pas tenus au courant aussi précisément du temps de l'enseignement, lequel est d'ailleurs plus souple que précédemment. Ce qui tient lieu de structure ici c'est le contenu planifié en amont. Le temps de séquence peut être modifié pour permettre à l'enseignement prévu d'être réalisé. Les contenus associés au temps de séquence imposent donc un rythme à l'élève et à la classe.

Comme je l'ai précisé au début, il existe également un autre type de découpage du temps qui est principalement à l'œuvre à l'école Freinet. Celui-ci se structure dans un « stage ». Différents stages disciplinaires sont organisés durant l'année scolaire, c'est le cas des « stages sciences ». Ce choix pédagogique est basé sur l'importance du temps pour l'appropriation de la culture disciplinaire. Ainsi une semaine peut être consacrée aux sciences (au sens large) soit l'équivalent de 20 heures en une semaine.

Si cette organisation est partagée par l'équipe enseignante de l'école Freinet, seul un enseignant dans l'école traditionnelle évoque la possibilité de structurer le temps de l'enseignement de cette façon, pour pouvoir travailler dans le cadre de projet.

1.2. Points de départ des enseignements scientifiques

Ce critère permet de voir se dessiner des différences fortes entre les deux écoles.

Dans l'école traditionnelle, le point de départ est, du point de vue du contenu, le programme scolaire. Les entretiens avec les enseignants révèlent que les activités s'amorcent ici le plus souvent sur un travail autour des représentations des élèves. En effet, les enseignants de cette école déclarent tous commencer par cette phase d'investigation. Les observations ne montrent pas l'existence systématique de cette démarche, mais les discours la placent

---

2. Pour alléger le texte, ainsi que je l'ai indiqué dans l'introduction, je désignerai les deux écoles de la manière suivante : école Freinet et école traditionnelle.

comme un temps fort de l'enseignement scientifique. La question est maintenant de savoir si les enseignements commencent par cela ou s'ils s'y enracinent. Ainsi, cette étape semble opérer plutôt comme une mise à plat de ce que l'élève sait ou croit savoir au début de l'enseignement. Pour le dire autrement, elle permettrait une prise de conscience personnelle pour chaque élève. Mais les discours des élèves sont cadrés par la consigne donnée par l'enseignant et il n'y a pas de répercussions dans les activités pédagogiques qui suivent. L'enseignement commence par cette activité mais ne part pas de celle-ci.

La notion de « représentation » est également employée à l'école Freinet, mais elle est imprégnée d'une connotation affective ou sensible. Le point de départ de l'enseignement se révèle être le plus souvent l'élève. Il va pouvoir, en apportant un objet ou en rapportant un évènement, déclencher un travail d'approfondissement personnel ou collectif. Ainsi, ce n'est pas uniquement le savoir qui est présenté ici mais le rapport que l'élève entretient avec lui. Aucune question n'est posée par le maître à toute la classe dans le but de faire « émerger » les représentations ou de leur faire prendre conscience de leurs états de savoirs. C'est un seul élève qui, en présentant un événement vécu ou une étude personnelle (exposé, conférence), va éclairer une notion ou un champ et engager le questionnement de la classe (incluant l'enseignant et les élèves). Ce type de séances permet aux autres élèves de poser des questions, de nuancer les savoirs présentés, d'opposer d'autres savoirs... Mais ce fonctionnement n'est possible que parce que la structure de la classe et de l'école le permet et que les élèves se sont appropriés cette organisation.

L'événement ou l'objet ne sont jamais pris tels quels. Ils sont transformés à l'école pour devenir un objet de travail. Cette transformation est opérée par l'action conjointe de l'enseignant et de la classe. Ce n'est donc pas simplement un déplacement d'objet depuis l'extérieur vers l'intérieur de l'école, mais une transformation d'objet quotidien et/ou d'objet sensible en objet scolaire. Cette transformation est rendue possible par l'écoute spécifique existant dans ce groupe scolaire et la place que prend la parole de chacun. J'y reviendrai plus loin.

Dans l'école traditionnelle, le début de l'activité est souvent une réponse d'élève à une question de l'enseignant (« temps des représentations »), alors qu'à l'école Freinet la parole de l'élève précède le questionnement (le plus souvent d'un autre élève, plus rarement de l'enseignant). Les questions ou les interventions de l'enseignant dans les deux cas, malgré les contextes différents, façonnent l'objet scolaire mais dans des temps différents : avant ou après son appropriation par l'élève.

1.3. Formes pédagogiques et statuts du savoir scientifique

Si les enseignements scientifiques s'enracinent dans des discours différents, les pratiques pédagogiques peuvent se ressembler et se spécifier. En effet, dans les deux écoles, la démarche peut, par exemple, être basée sur des expérimentations (la filtration de l'eau...) ou sur des modélisations (travail sur le volcanisme...). Mais des pratiques spécifiques existent dans chacun des deux établissements. Ces formes pédagogiques ont donc été observées exclusivement dans un lieu. C'est le cas, par exemple, des recherches menées par les élèves et des exposés qui en résultent à l'école Freinet. Dans l'école traditionnelle, une des spécificités fortes s'organise autour de cours orchestrés par le maître, lesquels peuvent inclure des expérimentations ou des manipulations dont les élèves sont parfois les spectateurs[3].

Concernant les conclusions du travail scientifique, le savoir produit n'a pas le même statut dans les deux écoles. Il est davantage définitif et considéré comme vrai à l'école traditionnelle, alors que dans l'école Freinet il est construit comme une conclusion provisoire ; ce n'est pas une clôture dans le travail, mais une étape. Ces positionnements engendrent des rapports différents au savoir. C'est un savoir ouvert et dynamique qui résulte du travail à l'école Freinet. Il n'est, en effet, jamais complètement abouti. Dans l'école traditionnelle, en revanche, les séances de sciences s'achèvent par une conclusion stable ayant une validité générale. Cette dernière approche du savoir est donc plus statique.

1.4. Le statut de l'élève

Il ressort des déclarations des enseignants de l'école Freinet sur leurs élèves une forte homogénéité. Ce n'est pas le cas dans l'autre école où les propos s'avèrent plus disparates. C'est uniquement dans ce second établissement que je recense dans les déclarations des enseignants des éléments négatifs associés aux élèves ou à leurs parents.

L'étude des déclarations des enseignants permet de distinguer deux postures quant à la construction de leurs pratiques d'enseignement :
– dans l'école traditionnelle les enseignants organisent leurs séances autour de ce que les élèves savent, de ce qu'ils ne savent pas et de ce qu'ils doivent savoir ;
– alors que dans l'école Freinet, les enseignants enracinent leurs enseignements sur ce que les élèves savent et ce qu'ils veulent savoir. Ce désir est intimement lié au travail en classe sur la formulation de questions, la mise en commun des différents « états de savoirs ».

La première position est relativement statique puisqu'elle met en lumière une situation dans un temps précis depuis un état des lieux vers un objectif fixé en amont de la classe et même de l'école. La seconde est plus dynamique : les schémas de connaissances des élèves sont ici pris en compte ainsi que leurs désirs de connaissance. Cette situation n'est pas moins exigeante (voir dernière partie de ce chapitre).

Ces situations contrastées amènent à convoquer ou à construire des outils pédagogiques adaptés. Ainsi, à l'école traditionnelle les enseignants ont

---

3. Dans une classe, par exemple, le maître a installé une bassine d'eau pour montrer aux élèves les objets qui flottent et ceux qui coulent. Dans ce cadre, le cas du trombone était intéressant à observer dans le sens où, selon comment on le positionne, il peut flotter ou couler. Ainsi, ce passage par les actes est spécifique au maître.

tendance à construire des documents pour accompagner les élèves dans leurs apprentissages (construction de fiches à partir de manuels scolaires...). Ces outils[4], supports de lecture et d'écriture, sont construits spécifiquement pour et par l'école. Tous les élèves de la classe les utilisent pour travailler, s'exercer et apprendre ce qui doit l'être. Dans l'école Freinet, les élèves vont utiliser des livres, des encyclopédies, des sites Internet. Le maître aide ici à trouver et à lire le document, mais ne le modifie pas. C'est par rapport à l'élève qu'il intervient mais pas sur les sources qui restent originelles. Dès lors, ce sont les élèves qui construisent, après cette phase de recherche, des documents. Ils leur servent à rendre compte et à partager leurs recherches, leurs découvertes, leurs savoirs, et leurs questionnements.

1.5. Évolution dans le cursus

Dans les deux écoles, des liens ont été pensés par les enseignants des trois classes. Les trois niveaux scolaires ne sont jamais isolés mais entrent bien dans le cadre d'une cohérence réfléchie par l'équipe.

Dans l'école traditionnelle, les enseignants se sont réunis pour opérer dans le programme scolaire une division pertinente. Ils ont mis en place une progression au sein des contenus. Ce découpage permet de travailler tout le programme en évitant les redondances et les lacunes. Cette approche est basée sur une linéarité entre les classes. C'est donc ici en terme de contenus que la progression est prioritairement pensée.

À l'école Freinet, ce n'est pas sur les contenus que les liens entre classes vont être construits, la logique est plutôt spiralaire. La démarche, toujours la même, se répète durant toute la scolarité. Mais selon l'âge des élèves elle sera axée sur différents processus, et accordera une autonomie de recherche croissante.

Ces deux logiques, linéaire et spiralaire, reflètent les postures didactiques différentes des enseignants étudiés dans les deux écoles. L'enseignement scientifique à l'école Freinet s'inscrit dans le temps de la démarche. Cette démarche répétée tout au long de la scolarité permettra son appropriation par les élèves sur un long terme relatif. Ce sont, par contre, les éléments de contenus qui structurent le temps de l'enseignement dans l'école traditionnelle. Ces contenus sont censés être travaillés une fois durant les trois années. Le retour sur les mêmes objets d'enseignement est proscrit ou évité dans cette école, ce qui la distingue de l'école Freinet qui ne planifie pas les éléments de contenus au travail mais les façons de les travailler, de les questionner, de les construire en tant qu'objets d'étude.

Pourtant les maîtres des deux écoles déclarent avoir les mêmes objectifs concernant les enseignements scientifiques. Ils convoquent, dans leur discours, l'enseignement d'une ou de plusieurs démarches scientifiques ainsi que des contenus de savoirs disciplinaires. Ils appuient leurs propos sur l'activité de

---

4. J'y reviendrai dans la partie sur les écrits scientifiques à l'école.

l'élève à l'intérieur et à l'extérieur de l'école. En effet, l'enseignement scientifique doit, d'après les enseignants, amener les élèves à comprendre pour agir à l'école et sur le milieu.

Lorsque les enseignants abordent la notion de plaisir dans le cadre de l'enseignement et de l'apprentissage des sciences, ils ne la sollicitent pas dans le même temps didactique. Dans l'école traditionnelle, elle peut être utilisée comme un déclencheur, un élément facilitant l'entrée dans le travail. L'émerveillement peut ainsi être convoqué en début de séquence pour permettre aux élèves d'entrer plus aisément dans les tâches proposées. Cette place accordée au plaisir agit comme un tremplin vers l'apprentissage. À l'école Freinet, dans les déclarations des enseignants, la notion de plaisir est intimement liée à celle de travail. Ce n'est pas au début de l'activité qu'elle est associée pour entraîner une moindre résistance à entrer dans la tâche, mais durant tout le temps de l'activité. Ces enseignants veulent que les élèves l'associent à la notion même de travail. Travailler, étudier, découvrir, sont pour les enseignants sources de plaisir durant tout le processus de construction des connaissances.

1.6. Synthèse sur les postures d'enseignement

Cette première partie permet de montrer comment, selon la pédagogie, les critères choisis spécifient l'enseignement scientifique. Le tableau suivant propose une vision synthétique des axes saillants de cette première partie.

CRITÈRES D'ANALYSE	ÉCOLE FREINET	ÉCOLE TRADITIONNELLE
Temps de l'enseignement scientifique	Temps fixé et strict Contenu fixé mais souple Rythme donné par l'activité de l'élève	Temps fixé mais souple Contenu fixé et strict Rythme imposé par le cadre pédagogique
Points de départ de l'enseignement scientifique	Présentation d'un élève (approche sensible) Écoute et mise en place d'un travail scientifique.	Questionnement/Intervention de l'enseignant.
Démarche(s) de l'enseignement scientifique	Conclusion provisoire Savoir dynamique	Conclusion à validité générale Savoir fixe/stable
Le statut de la parole de l'élève	Dimension dynamique : ce que l'élève sait et ce qu'il veut savoir	Dimension statique : ce que l'élève sait, ce qu'il ne sait pas
Liens entre les niveaux scolaires	Logique spiralaire	Logique linéaire
Plaisir et enseignements	Plaisir intimement lié au travail scientifique	Plaisir comme point de départ pour une démarche de travail

Tableau synthétique sur l'analyse des déclarations des enseignants

2. LES ÉCRITS SCOLAIRES

L'écrit est un élément essentiel dans l'enseignement des sciences. Il est impossible de concevoir des activités scientifiques sans traces écrites ou graphiques du fait qu'elles stabilisent les observations, les expérimentations et les mesures (Astolfi, Peterfalvi et Vérin, 1998).

Je me suis interrogée ici sur les relations entre les démarches mises en œuvre dans la classe et les usages et les genres de l'écrit convoqués. Pour cela, j'ai comparé trois types d'actions scolaires réalisées dans le cadre de l'enseignement des sciences dans trois classes de primaire (CM1) :
– le premier s'inspire de « la main à la pâte » (Charpak, 1998) ;
– le deuxième, plus classique, est basé sur des documents écrits proposés par le maître (la classe est issue de l'école traditionnelle déjà étudiée précédemment) ;
– le troisième est lié à l'école Freinet étudiée dans cet ouvrage.

Pour réaliser cette étude, j'ai recueilli en fin d'année scolaire les écrits réalisés en sciences durant l'année. Ces données sont ici analysées selon différents critères.

2.1. La forme des écrits et l'implication de l'élève

Je vais étudier ici les productions écrites issues de trois populations en m'interrogeant sur la forme des écrits et les répercussions qu'elles ont sur l'implication de l'élève.

Ce qui est le plus frappant dans les cahiers issus de la classe « main à la pâte », c'est l'utilisation des pronoms possessifs dans les titres : *« mes représentations, mes questions, mes hypothèses »*. En dépit de ce choix, il apparaît que seuls les élèves ayant écrit sur leurs dessins (temps des représentations) ont dans leurs cahiers des traces écrites personnelles lesquelles ne s'avèrent jamais rassembler plusieurs phrases. Tous les autres écrits sont identiques. Il existe ici un paradoxe dans le fait d'utiliser un titre personnalisé et une suite partagée par le collectif. Quelle que soit la représentation de l'élève, le travail qui suit est le même. Il existe ici un glissement entre l'amorce personnelle (les représentations de chaque élève), le choix des titres (mes questions…), et le contenu réel qui est commun. Dans ce cadre, quelle est la part du travail d'écriture personnel de l'élève ? Pour y répondre, j'ai analysé les documents proposant des textes à trous et des questions. La stratégie mise en place est la suivante : les élèves répondent par écrit à l'aide d'un crayon gris. Et lors de la correction, si leurs réponses sont déclarées fausses, les élèves les effacent et répondent « correctement » cette fois à l'aide d'un stylo vert. Les erreurs ne sont donc pas gardées en mémoire sur le cahier. Leur marque subsiste, leur emplacement est visible mais le contenu ne l'est plus. Il est intéressant de voir qu'il existe donc un temps de réécriture corrective et collective. Dans cette classe, l'écriture se veut scientifique. Elle est très codifiée, on écrit la démarche, le protocole d'expérimentation, le compte rendu d'expérience, la conclusion. Il n'existe ici qu'une seule forme d'écrit scientifique possible, comme il n'existe qu'une seule démarche scientifique présentée. Le travail réalisé se concentre donc sur la forme « scientifique » des écrits.

Dans les écrits issus des classes « traditionnelles », les écrits sont impersonnels, mais paradoxalement ils impliquent davantage l'élève puisqu'ils sont le plus souvent le fruit de son travail d'écriture individuel. Un travail important est ici réalisé sur les mots de vocabulaire : lorsque des questions sont posées aux élèves, les réponses peuvent prendre la forme d'un mot unique, certains mots sont soulignés de façon systématique dans tous les cahiers, les élèves ont à chercher des mots dans le dictionnaire... Finalement peu de phrases sont produites dans leur globalité, hormis la recherche de définitions dans le dictionnaire qui n'aboutit, d'ailleurs, pas toujours à la copie de phrases complètes. Dans ces pages, la majorité des écrits réalisés par l'élève sont donc partiels. Ils peuvent se résumer à un mot ou une liste de mots. L'écriture de phrases complètes n'est ni obligatoire, ni incitée. Lorsqu'une phrase est écrite, elle est le plus souvent isolée. Il n'y a jamais d'écriture de texte. Si un travail sur la forme « scientifique » des écrits a été décrit dans la classe précédente, ici le travail est davantage orienté sur le vocabulaire spécifique.

Dans les classes « Freinet », les écrits recensés sont, pour la plupart, des photocopies au format du classeur d'affiches ayant servi de support de conférences des élèves. Chaque document contient un titre, la date de la conférence, le nom de l'auteur, sa classe, un texte illustré de dessins, schémas ou photos. Les autres écrits sont des documents pouvant parfois contenir des écrits d'élèves. Je vais y revenir plus loin. Pour réaliser leur conférence, les élèves choisissent leur sujet, et vont la rédiger, l'illustrer, la mettre en page et la présenter à l'oral. La longueur des supports écrits peut varier. Il existe plusieurs constantes dans ces écrits, notamment l'écriture à la première personne. Les textes sont basés sur des expériences personnelles. Des illustrations de différents types sont présentes, et des questions peuvent être posées en fin de documents. Ici le sens des questions est intéressant puisqu'elles sont posées par un élève au reste de sa classe, et non pas comme je l'ai mentionné auparavant, par le maître aux élèves. Au fur et à mesure de l'année, les conférences doivent se terminer par des propositions pour aller plus loin dans l'étude du sujet choisi. Le maître explique cette nouvelle rubrique par le passage de l'expérience personnelle à un savoir plus général. Ainsi, après les écrits des élèves, des documents, présentant par exemple le vocabulaire scientifique, sont présents. Il est intéressant de noter la contextualisation des documents distribués aux élèves. Ils font suite au travail d'un élève en particulier et permettent d'aller plus loin dans la thématique traitée. Le statut de ces documents est différent par rapport à ceux étudiés dans les autres classes. En effet, ils n'ont pas comme but unique de faire réaliser des exercices aux élèves, ou de faire office de leçon, mais ils se révèlent être des documents faisant suite à des recherches personnelles.

Ainsi dans la classe Freinet, les écrits scientifiques sont donc essentiellement des écrits d'élèves. Ils sont signés, personnels, et partagés ensuite avec la classe. Ils sont basés sur des expériences personnelles et sur des recherches documentaires. À la différence des autres classes étudiées, ici les écrits sont globaux dans le sens où les élèves construisent des textes complets. Pour cela, ils peuvent passer par la réécriture sous le regard du maître. Dans ces écrits figure un discours quotidien et non scientifique. C'est le prolongement des travaux personnels qui peut recourir à un discours scientifique. De plus, ils sont associés à un temps d'oralisation, comme une lecture ou un exposé. L'implication de l'élève par rapport à ses écrits est donc un élément fort.

2.2. Types de travail scientifique révélés par les écrits

La question est ici de savoir ce qui fonde le caractère scientifique de ces écrits.

Dans la classe travaillant en pédagogie « main à la pâte », le travail scientifique clairement mis en avant est *« la démarche scientifique »*. Celle-ci « inaugure » les écrits et est indépendante des contenus travaillés. Elle préexiste au problème dont elle est disjointe. Mais il apparaît qu'entre celle qui est exposée au début du cahier et celle qui est suivie, il n'y a pas de cohérence. Il y a donc deux démarches en même temps : l'une scientifique, décrite et explicitée à la classe et l'autre s'inscrivant dans le temps pédagogique. L'action semble ici être un élément fort concernant l'enseignement des sciences. En effet, les élèves vont passer par deux expérimentations et écrire le protocole, le compte rendu d'expérience et la conclusion. Les écrits sont donc aussi liés à ces moments d'action. Le cheminement précède l'écriture et la production des écrits est très normée : seules sont gardées en mémoire écrite les informations scientifiques, c'est-à-dire, celles qui ont une validité générale.

Quant aux écrits issus de la classe « traditionnelle », il est difficile de pointer la part du travail scientifique mise en avant à travers les écrits. Les élèves doivent apprendre un certain vocabulaire à partir d'exercices. Aucune recherche documentaire n'est demandée si ce n'est l'utilisation du dictionnaire dans le cadre de recherches de définitions. Les élèves ont également à travailler à partir de photos. Le réel est donc convoqué dans ces enseignements, par l'intermédiaire de documents spécifiques (photos de l'éclosion de la truite, ou de celle d'un poussin). Il n'y a pas d'action particulière à mener en dehors de la lecture d'image qui permet un travail important sur le vocabulaire. On pourrait émettre l'hypothèse que cette façon d'aborder les sciences est liée à l'idée d'une certaine nécessité première de maîtriser la langue. Cette étape permet alors d'aborder les sciences autrement dans d'autres niveaux scolaires. La place du vocabulaire est donc ici primordiale. L'enseignement scientifique est dans cette classe fortement associé à un apprentissage ou une familiarisation avec des mots scientifiques.

Dans les écrits « Freinet », différentes parts du travail scientifique sont mises en avant. La recherche documentaire semble être une phase essentielle du travail produit par les élèves. Cette activité est réalisée à partir de différents documents, ceux-ci n'étant pas exclusivement des outils pensés pour l'école. Néanmoins, il apparaît que l'écriture suivie de son oralisation et donc du partage du savoir soit l'acte fondamental. Ainsi, un écrit personnel et signé, va être le tremplin vers un travail plus fin du point de vue des divers savoirs en jeu. Les conférences sont consignées dans l'école pour constituer un patrimoine culturel. Le travail scientifique n'est donc pas ici lié à l'expérimentation ou à l'apprentissage d'un vocabulaire spécifique (dans un premier temps), mais à l'émergence d'un questionnement, à une recherche documentaire, à une écriture, à une mise en commun du travail et à sa conservation pour le collectif.

2.3. Qui écrit ? Pour qui ?

Dans la classe « main à la pâte », le travail des élèves est principalement basé sur des documents et des expériences. La démarche scientifique définie est unique et pré-établie. Il est difficile ici de repérer qui écrit puisque l'écriture est commune. C'est le « on » scientifique et neutre de la classe, quelqu'un qui n'existe pas vraiment, un collectif imaginaire. Il est également difficile de savoir pour qui les élèves écrivent dans leur cahier. Peut-être pour eux-mêmes ? Il semble qu'à l'image des écrits scientifiques, l'interlocuteur soit également abstrait ici.

Dans la classe « traditionnelle », il apparaît clairement que c'est l'élève qui écrit pour le maître et plus précisément pour être évalué par lui. Les écrits des élèves sont liés à des exercices, et donc à des traces qui permettent de faire savoir ce que l'on sait.

Dans le cadre de la classe « Freinet », les sciences semblent répondre à un questionnement personnel de l'élève. C'est donc un élève qui écrit pour lui, pour sa classe, mais aussi pour son école dans la mesure où sa production est archivée et constitue le patrimoine de cette communauté scolaire. L'écriture est personnelle, et pour cette raison, elle est signée. À la différence des deux autres classes, lorsqu'un élève met son nom sur un document, c'est pour le signer, et non pas pour marquer une propriété. Les élèves de l'école Freinet écrivent pour leurs camarades. Cette orientation est largement renforcée par l'oralisation des documents produits. Durant sa conférence, l'élève pose des questions aux autres élèves et ces derniers lui posent, à leur tour, des questions. Celles-ci permettent parfois d'aller plus loin sur les thématiques scientifiques en jeu. Le questionnement, qui est celui de l'élève, est un moteur pour une recherche individuelle et/ou collective.

2.4. Synthèse sur les écrits scolaires en sciences

Le tableau suivant synthétise les éléments étudiés sur les écrits réalisés dans les différentes classes.

	PÉDAGOGIE INSPIRÉE DE LA « MAP »	PÉDAGOGIE « TRADITIONNELLE »	PÉDAGOGIE FREINET
Thématiques abordées	1	2	7
Qui choisit la thématique ?	L'enseignant	L'enseignant	L'élève
Activité scientifique	Cheminement/ démarche unique Activité/expérience	Travail sur le vocabulaire	Importance accordée à la recherche documentaire et personnelle Importance accordée à la communication
Écrits produits par les élèves	Mots Phrases avalisées par le maître et la classe	Écrits partiels	Texte globaux
Forme (personnelle ou impersonnelle)	Impersonnelle sauf au moment de l'expérience de la classe (mais écrits communs à la classe)	Forme impersonnelle	Forme personnelle Forme impersonnelle
Statut du nom de l'élève	Propriété	Propriété	Signature
Présence de questions	Questions « exercice » « Question de la classe »	Questions « exercice »	Questions d'élèves Questions de recherche
Qui pose les questions ? À qui ?	Le maître aux élèves	Le maître aux élèves	Les élèves entre eux Les élèves à la classe
Que lit l'élève ?	Textes partiels Textes complets mettant en exergue le vocabulaire spécifique	Textes partiels	Textes complets

Tableau synthétique sur les écrits scientifiques

Cette étude permet de mettre en évidence le lien fort existant entre le positionnement pédagogique des enseignants et les écrits réalisés ou convoqués en classe dans le cadre de l'enseignement et de l'apprentissage des sciences. L'entrée par l'analyse de ces pratiques permet de travailler sur l'activité de l'élève mais également sur les fondements scolaires associés aux cours de sciences. Selon les formes que prennent les traces écrites, les images des sciences, de l'activité scientifique et de ses démarches, sont différentes. Dans les trois cas étudiés ici, ce ne sont pas les mêmes conceptions de l'écriture ou de la lecture qui sont en jeu.

3. LES APPRENTISSAGES SCIENTIFIQUES

Cette dernière partie est consacrée à l'apprentissage. Elle s'inscrit dans la continuité et la complémentarité de ce qui précède. En effet, les données recueillies ne font pas partie du quotidien des classes. Ce sont des questionnaires que j'ai réalisés pour mesurer les effets des formes pédagogiques particulières sur les apprentissages[5].

3.1. Présentation de la méthode de recherche

Ce travail est basé sur les contenus de savoirs en sciences à partir de productions écrites suscitées. J'ai fait passer des questionnaires sur différentes thématiques dans les classes de CE2, CM1 et CM2 de l'école Hélène Boucher et d'une école similaire du point de vue sociologique (école « témoin » étudiée dans les deux parties précédentes). Cette comparaison permet de voir s'il existe des ressemblances et des différences entre les productions des élèves soumis à des pédagogies contrastées.

Sont ici exploités les questionnaires sur :
– le volcanisme ($n = 377$), en CE2, CM1 et CM2, durant les années scolaires 2003-2004, 2004-2005 et 2005-2006 ;
– la technologie ($n = 151$), en CM1 et CM2, durant les années scolaires 2004-2005 et 2005-2006.

Il est intéressant de comparer les deux écoles de façon générale ainsi qu'en étudiant les niveaux scolaires. Un regard est donc également porté sur la question des évolutions de classe en classe dans chaque établissement. Ce sont les mêmes élèves qui sont suivis durant leur cursus[6]. Ces questionnaires permettent d'étudier des connaissances liées aux contenus de savoirs en jeu, mais aussi des savoirs plus transversaux. Faire varier les thématiques permet donc de travailler sur des types de savoirs généralisables ou spécifiques.

---

5. Les catégories permettant d'étudier les réponses des élèves ont été construites après lecture des questionnaires. Les données ont été traitées à l'aide du logiciel « SPHINX ».
6. Des variations peuvent cependant exister (changements d'école, absences le jour du travail sur le questionnaire...).

3.2. Analyse des questionnaires sur le volcanisme

Ces données concernent les 377 questionnaires distribués durant les années scolaires 2003-2004, 2004-2005 et 2005-2006.

Écoles/années		2003-2004	2004-2005	2005-2006	TOTAL
CE2	traditionnelle	26	27	26	79
	Freinet	20	21	22	63
CM1	traditionnelle	14	22	22	58
	Freinet	21	20	20	61
CM2	traditionnelle	20	14	23	57
	Freinet	18	22	19	59
TOTAL		119	126	132	377

Détail du nombre de questionnaires selon les sous-populations

Les données vont être traitées ici d'une part, à partir de la population générale, et d'autre part en interrogeant les spécificités des différents niveaux scolaires. Il est à noter que les questionnaires remplis lors de la dernière année de passation à l'école « traditionnelle » sont à manipuler avec une extrême précaution. En effet ils révèlent une uniformisation des réponses que j'ai expliquée par l'organisation de cours avant la distribution des questionnaires ou de séances de correction dans le cadre de la classe. Ces hypothèses m'ont été confirmées lors d'entretiens informels avec les enseignants concernés. Mettre de côté de façon définitive les données de cette dernière année aurait été une solution. Mais faire ce choix aurait masqué toute une série de résultats ou de nuances qui apparaissent clairement ou en creux dans la comparaison avec cette sous-population particulière.

3.2.1. Dessins, annotations, explications schématisées

Si tous les élèves répondent à la demande qui leur a été faite en réalisant le dessin d'un volcan, celui-ci n'est pas systématiquement annoté malgré la consigne. D'une manière générale, un quart des élèves se contente de dessiner (moins d'un quart à l'école Freinet, mais plus d'un quart dans l'autre école). Les annotations sont plus souvent présentes, mais aussi plus nombreuses dans les productions issues de l'école Freinet.

Ces résultats sont encore beaucoup plus tranchés si on fait abstraction de la dernière année. Au sein de la sous-population basée sur les deux premières années, les élèves de l'école Freinet utilisent deux fois plus de mots dans leurs annotations que leurs camarades de l'école traditionnelle. Ainsi, lorsque les enseignants de l'école traditionnelle « préparent » cette activité, ils ne permettent pas de combler l'écart entre les deux écoles, ils se contentent de le réduire.

Si on étudie cette situation en terme d'évolution, les élèves écrivent de plus en plus de mots dans leurs annotations au sein des deux écoles. Les élèves de CM2 produisent en général plus de mots que les élèves de CM1. Mais, à ce niveau scolaire, l'écart se creuse encore entre les deux établissements.

Si la demande d'annotations était indiquée dans la consigne, il n'est pas précisé de faire appel ou non à un autre système d'explication. L'analyse des productions montre que certains élèves font spontanément le choix d'utiliser une ou plusieurs couleurs.

Ces productions révèlent que l'utilisation des couleurs répond à une intention explicative de la part des élèves. En effet, les différentes couleurs donnent à voir des éléments du phénomène volcanique complexes à verbaliser par des annotations. Ce soin apporté au dessin est interprété ici comme un effort lié au contenu et non pas comme un souci esthétique. En effet ces éléments graphiques prolongent les informations données dans les annotations.

Dans la population générale, c'est à l'école Freinet que l'utilisation de couleurs est en moyenne le plus souvent répandue. Elles sont également plus diversifiées.

La population des CM2 est ici intéressante dans la mesure où elle nous permet d'observer les différences les plus tranchées. Durant les trois années de passation, très peu d'élèves de CM2 de l'école Freinet utilisent une seule couleur. Dans l'école traditionnelle par contre, les dessins sont caractérisés par l'utilisation d'une ou de deux couleurs. Deux hypothèses peuvent être avancées concernant l'analyse des productions des classes de CM2.
– Il pourrait s'agir d'un effet lié aux pratiques du maître et donc d'une culture de classe. Le contexte scolaire de passation de ces questionnaires permet de conserver ces usages.
– La deuxième hypothèse s'enracine dans une approche moins focalisée sur la classe et plus ouverte sur l'école. Ainsi, ces résultats ne seraient pas liés à l'effet des pratiques du maître de CM2, mais des maîtres de l'école. Serait marqué ici l'aboutissement d'objectifs pédagogiques partagés par l'équipe enseignante s'inscrivant dans la durée depuis l'école maternelle jusqu'au CM2.

Du point de vue des critères liés aux systèmes explicatifs dans les dessins, les deux écoles se distinguent donc de façon significative. En effet, les élèves de l'école Freinet utilisent plus généralement différents moyens pour étoffer leurs explications, et cela qu'il s'agisse de système imposé (annotations) ou spontané (codes couleurs).

3.2.2. Types de volcans

Pour décrire et analyser les dessins de volcans, j'ai pris en compte la présence ou l'absence de différents critères :
– volcan en éruption ou en sommeil,
– fumée,
– projections,
– lave.

En règle générale, les dessins montrent le plus souvent un volcan en éruption avec de la lave. Très peu comportent des éléments liés à la présence de fumée. Ces productions décrivent les volcans de façon stéréotypée (Allain, 1995). Elles sont caractéristiques de représentations fréquentes étudiées dans différents niveaux scolaires. Mais des différences significatives existent entre les dessins réalisés dans les deux écoles. Les élèves de l'école Freinet dessinent plus souvent des éléments de projection (c'est le cas de façon encore plus importante si l'on fait abstraction de la dernière année). C'est dans la population des CM2 que cela est le plus marqué. En d'autres termes, les dessins des élèves de CM2 ne relèvent pas d'une représentation commune sur les volcans.

En étudiant les productions des élèves, j'ai pu distinguer cinq types de dessins :
– *type a :* l'intérieur est invisible (le volcan dessiné comme une montagne). Ces dessins présentent les contours extérieurs d'un volcan ayant une forme de montagne. L'intérieur est opaque.
– *type b :* le volcan dessiné comme un récipient (il n'y pas de chambre, le volcan est rempli de magma comme un verre le serait avec un liquide). Ce type de dessin intègre un nouvel élément de représentation graphique puisqu'il est dessiné en coupe ou en transparence (sans que cette indication ne soit écrite). L'espace rendu visible n'est pas compartimenté.
– *type c :* il présente une chambre magmatique bien délimitée. Le dessin s'arrête à la « base » du volcan, rien ne figure sous la surface de la terre. Ce type de dessin propose une organisation autre de l'intérieur du volcan en transparence puisque le volume visible est subdivisé. Apparaît ainsi ce qui peut se rapprocher de ou symboliser une chambre magmatique.
– *type d :* est pris en compte l'intérieur de la terre (le dessin ne s'arrête pas à la « bordure » inférieure du volcan). Ce type intègre un nouvel élément. Le dessin n'est plus limité aux éléments issus du volcan (lave, fumée…) et à ceux qui sont à l'intérieur. Vient s'ajouter ici un lien entre le volcan et « l'intérieur de la terre ». Ainsi il n'existe plus de frontière étanche à la base du volcan.
– *type e :* autres. Ces dessins ne sont pas « hiérarchisés » dans la liste comme les autres. Il existe ici une rupture dans les productions graphiques. Ces dessins sont souvent hors sujet.

L'étude de la population générale ne permet pas apparemment de distinguer les deux établissements. La globalité masque ici des éléments de différenciation entre les classes.

Ainsi, les productions des élèves de CE2, présentent des différences significatives. Une des différences concerne la présence relative de dessins de type c (chambre magmatique bien délimitée sans éléments sous la surface de la terre). Beaucoup moins nombreux sont les élèves de l'école Freinet qui donnent ces éléments d'information dans leurs dessins en comparaison avec leurs homologues de l'école traditionnelle. Cette répartition montre que les élèves de CE2 indiquent davantage d'éléments de connaissances scientifiques dans l'école traditionnelle que dans l'école Freinet. Il faut rester prudent quant à ce que j'appelle ici « éléments de connaissances scientifiques ». Le dessin du volcan « posé » sur la surface de la terre n'est pas une connaissance scientifique « exacte ». Néanmoins, les types de dessins sont hiérarchisés ici, non pas depuis des représentations fausses (type a) vers des représentations plus justes (type d), mais en termes d'éléments plus ou moins mis en évidence.

Cette mise au point permet de dire que les élèves de CE2 de l'école Freinet réalisent des dessins moins fins du point de vue des éléments scientifiques contenus. Si cette situation est liée au projet d'enseignement, peut-être celui-ci s'organise-t-il autour d'objectifs décalés par rapport aux enseignements scientifiques. Aucun élément ne permet, jusqu'à présent, d'aller plus loin ou même d'y répondre.

Un autre élément apparaît dans ces résultats : seuls les élèves de CE2 de Freinet font des dessins « aberrants » ou hors sujet. Certes il convient de rester prudent au vu du petit nombre d'élèves concernés (3/62). Néanmoins, à ce niveau scolaire, aucun élève de l'école traditionnelle ne réalise ce type de dessin. Je peux mettre en relation ici les choix pédagogiques des enseignants Freinet et ce type de résultats. En effet, en CE2, les maîtres partent toujours des connaissances des élèves : tout peut être écrit ou dit pour être objet de travail. Ils travaillent sur des savoirs plus proches des élèves qu'ils ne le font dans les niveaux supérieurs. C'est là le point de départ du travail de classe. Plus on avance dans la scolarité, plus cela est « cadré » dans la mesure où des acquis sont censés avoir été construits.

La sous-population constituée par les élèves de CM1 sur la même période, montre également des différences entre les établissements. Mais là, les tendances s'inversent par rapport aux classes de CE2. En effet, plus aucun élève de l'école Freinet ne réalise de dessin de type e, alors qu'on en dénombre plusieurs dans l'école traditionnelle. Évidemment la même prudence est à conserver ici au vu des effectifs concernés.

En extrayant les questionnaires de la dernière année, apparaissent encore des résultats intéressants. Toutes classes confondues, c'est à l'école Freinet que des dessins intégrant des éléments scientifiques plus fins apparaissent plus fréquemment (dessins de types c et d). L'analyse particulière des niveaux scolaires permet d'affiner cette observation. En effet, ce sont les classes de CM1 et de CM2 qui expliquent ces résultats puisque cette tendance générale trouve son origine dans ces niveaux. La différence est d'autant plus marquée que l'on avance dans le cursus scolaire. Pour exemple, en CM2, deux fois plus d'élèves de l'école traditionnelle comparativement à l'école Freinet dessinent un volcan de type a (28/14). Autre résultat parlant : 11 élèves de CM2 de l'école Freinet font un dessin de type d (pour 1 élève CM2 de l'autre école). Durant les deux premières années, c'est-à-dire lorsque les enseignants de l'école traditionnelle n'interviennent pas avant la passation des épreuves, les élèves de CM1 et de CM2 à l'école Freinet dessinent donc plus fréquemment des volcans comportant des informations scientifiques plus fines. Les dessins de CE2, en revanche, donnent à voir des résultats inversés.

3.2.3. Explication du volcanisme

Il a aussi été demandé aux élèves d'expliquer le volcanisme. Sur la population globale, seuls les élèves de l'école Freinet répondent à cette question par une formule du type « je ne sais pas ». Dans l'autre école, les élèves, ont davantage tendance à laisser l'espace de réponse vide.

Les explications rédigées par les élèves ont été classées selon trois catégories non exclusives. Une réponse peut ainsi s'inscrire dans plusieurs catégories.

– *Approche descriptive* : l'explication est liée à l'éruption et à la lave (ce qui est visible dans le phénomène). C'est une description du phénomène qui préside ici.

– *Explication complexe* : l'écrit est lié à ce qui est invisible. Il rend compte de qui peut être appelé un phénomène complexe : l'élève parle de chambre, de magma, de cratère…

– *Explication causale* : l'explication est ici davantage axée sur un phénomène inscrit dans le temps avec une cause, une origine, un élément déclencheur…

– *Explication liant les conséquences :* les élèves peuvent expliquer le phénomène en abordant les conséquences des éruptions volcaniques (morts, feu, destruction de villages, de végétation…).

D'une manière générale, les populations se ressemblent dans la production d'explications faisant appel à des éléments descriptifs, complexes ou aux conséquences des éruptions volcaniques. Par contre, elles se distinguent lorsqu'il est question des causes du phénomène. Ce sont les élèves de l'école Freinet qui les abordent plus fréquemment. Ils s'appuient dans leurs explications sur une chaîne d'évènements. Le phénomène décrit est d'une certaine façon ici contextualisé.

L'analyse des différents niveaux scolaires montre des différences significatives entre les deux écoles, spécifiques selon les classes.

Dans la population des CE2, ce sont les élèves de l'école traditionnelle qui formulent le plus souvent une explication complexe, alors que les non-réponses sont plus fréquentes chez les élèves de l'école Freinet. Il est à noter, malgré cette première remarque, que seuls ces derniers écrivent des formules du type « je ne sais pas ». Cette situation est inversée dans les classes de CM2, puisque les élèves de l'école Freinet produisent ici très significativement plus d'explications de type complexe faisant appel à des éléments non visibles.

Il est intéressant de confronter cette comparaison entre le premier et le dernier niveau étudié en terme d'évolution. En effet, alors que les élèves de l'école Freinet produisent moins d'explications complexes en CE2, ils seront plus performants, comparativement, dans ce type de formulation en CM2. Du point de vue comparatif, la situation est inversée dans l'autre école. Si les élèves de l'école Freinet semblent travailler et affiner ce type de savoir durant leur scolarité, ce n'est pas le cas dans la seconde école. En effet, l'évolution n'est pas marquée de façon aussi forte.

Le fait de produire des explications causales au fonctionnement des volcans (sans que cela ne soit explicitement demandé) permet de différencier les deux écoles. Les élèves de CM2 de l'école Freinet ont davantage tendance à expliquer le phénomène volcanique avec une approche plus globale que celle qui est liée au moment de l'éruption.

L'étude de la sous-population des CM1 permet de mettre en évidence un dernier type de différence significative : à ce niveau scolaire, les élèves de l'école traditionnelle rédigent plus souvent une description que les élèves de l'école Freinet.

3.2.4. Sur le travail des chercheurs

Les élèves ont été interrogés d'une part sur l'existence de chercheurs dont l'activité serait basée sur les volcans, et d'autre part, sur le type de recherches auxquelles ceux-ci pourraient se livrer. Trois catégories de recherche peuvent être construites à la lecture des réponses :
– les recherches peuvent s'orienter vers une explication du phénomène global (« ils cherchent comment fonctionne le volcan »…) ;
– les chercheurs peuvent travailler sur des questions plus spécifiques en s'interrogeant sur des indicateurs identifiés (« ils cherchent à savoir d'où vient la lave », sa température…). Le phénomène est ici découpé en éléments distincts mais reliés ;
– les recherches sont basées sur des observations, sur des objets scientifiques précis, des échantillons (« ils cherchent de la lave séchée », « ils vont voir ce qu'il y a sur le volcan »…).

En règle générale, les populations se ressemblent lorsque les élèves font référence à des recherches basées sur des explications globales et générales, ou sur des questions plus spécifiques. La seule différence très significative dans les réponses autour du travail des chercheurs concerne le statut des observations. Dans la population générale, deux fois plus d'élèves de l'école Freinet indiquent que les scientifiques recherchent des objets particuliers (« *lave séchée* »…) et qu'ils partent de leurs observations pour étudier le volcanisme. Il y a ici dans les productions une importance donnée au réel, à l'observation du concret pour faire de la recherche. Seul ce type de réponses inclut des éléments de la démarche adoptée par les scientifiques.

C'est au niveau CM1 que la différence est la plus fortement marquée. Ce type de résultats semble pouvoir être mis en relation avec les formes pédagogiques à l'œuvre dans les classes. Le « quoi de neuf » mis en place dans l'école Freinet, par exemple, peut être le lieu d'observation avant la naissance d'un questionnement et d'un travail scientifique. Cet exemple n'est cependant qu'un moyen pédagogique, parmi d'autres utilisés dans cette école, nécessitant une première approche concrète devant des objets réels.

3.2.5. Ajout d'informations scientifiques

Une question donne la possibilité aux élèves d'ajouter des informations sur les volcans (« Que sais-tu d'autre sur les volcans ? »). Ainsi, s'ils connaissent d'autres éléments que ceux qu'ils ont eu l'occasion de mentionner précédemment, ils peuvent les présenter sans cadrage particulier. Quatre catégories de réponses ont été identifiées :
– l'absence de réponse : l'élève *n'ajoute pas* d'information et laisse cette rubrique vide ;
– l'élève *répète* une information déjà consignée ailleurs dans le questionnaire ;
– l'élève *ajoute* une ou plusieurs information(s) supplémentaire(s) par rapport à ce qu'il a déjà écrit ailleurs dans le questionnaire ;
– l'élève écrit en toutes lettres qu'il ne sait *rien* d'autre.

Cette question éclaire des postures différentes chez les élèves. Très peu d'élèves de l'école Freinet répètent des informations déjà écrites, ils respectent la consigne. Ce n'est pas le cas des élèves de l'école traditionnelle qui préfèrent répéter des informations plutôt que de laisser la case vide. Néanmoins autant d'élèves dans les deux établissements ajoutent des informations nouvelles.

Une hypothèse pour travailler sur ces données peut être articulée avec le positionnement que les élèves auraient par rapport au lecteur du questionnaire. Dans ce cadre, les élèves qui répondent en répétant des informations déjà données pourraient être motivés par le fait de ne pas vouloir laisser une rubrique vide. Cette attitude relèverait d'une mise en parallèle entre ce questionnaire et une évaluation. Cette question propose un exercice d'autant plus difficile qu'il ne cadre pas particulièrement le champ des réponses possibles. Elle laisse une grande liberté aux élèves. C'est donc dans l'école Freinet que cette possibilité, ou ce risque, est pris plus fréquemment. Si on regarde la sous-population ayant reçu un enseignement avant la passation des questionnaires, on peut voir que ces élèves éprouvent davantage de difficultés à indiquer des informations supplémentaires. Ils sont systématiquement dans une répétition d'éléments scientifiques déjà écrits auparavant. Il semblerait que le savoir présenté ne leur permette ni d'aller au-delà, ni de poser de questions.

3.2.6. Formulation de questions par les élèves

À la fin du questionnaire, les élèves qui le désirent peuvent formuler des questions concernant le volcanisme. Dans un premier temps ils indiquent s'ils ont des questions, et, dans l'affirmative, les posent par écrit. C'est dans l'école Freinet que les élèves posent relativement plus de questions. Cette différence est significative dans la population générale et d'autant plus significative qu'on avance dans la scolarité.

3.2.7. Stratégies déclarées de documentation

Les élèves sont amenés à écrire sur leurs stratégies de documentation concernant le volcanisme. La formulation de l'énoncé annonce clairement qu'ils peuvent citer différentes sources. Sur la population globale, les élèves de l'école Freinet proposent une variété de sources d'informations plus importante que leurs camarades. De plus, ce n'est que dans cette dernière école que nous trouvons des inscriptions du type « *je ne sais pas* ». Néanmoins, il faut rester prudent quant aux conclusions à tirer ici au vu du nombre d'élèves concernés.

L'accent va maintenant être porté sur les différences significatives et très significatives entre les deux écoles.

Aucun élève de l'école traditionnelle ne cite les parents comme une source d'informations. Seuls certains élèves de l'école Freinet le font. D'un point de vue socio-culturel les écoles sont tout à fait comparables. Il n'est donc pas possible d'affirmer que les parents auraient des comportements ou des positionnements différents dans les deux sphères. Néanmoins, il est concevable d'imaginer que les écoles, par l'intermédiaire des maîtres et de leur choix pédagogiques, leur laissent des places différentes. Il s'agit ici d'une reconnaissance des formes de connaissances et de savoirs. Dans l'école Freinet, il est proposé aux parents d'animer des ateliers après les cours en parallèle des maîtres. Ces séances ont lieu dans les locaux de l'école (salles de classes...). Le parent est donc l'adulte référent proposant, partageant et transmettant un savoir ou un savoir-faire. Les enseignants reconnaissent les différentes formes de connaissances et de savoirs chez les élèves et leurs parents. Cela semble avoir des répercussions sur le discours des élèves.

Une autre différence très significative réside dans le fait de trouver des informations en demandant au maître. Aucun élève de l'école traditionnelle ne cite le maître comme une source d'information. La situation se révèle ici paradoxale dans la mesure où, bien que des enseignements soient donnés par les maîtres, aucun élève ne les cite. Alors que dans l'école Freinet, les maîtres ne font pas de cours de ce type et sont pourtant cités dans cette catégorie. La relation maître-élèves et la place respective de chacun sont au cœur de ce type de référence et de discours. Dans certaines structures, demander au maître ne serait-il pas montrer ce qui n'est pas su ? Faire aveu d'ignorance en quelque sorte ? Si cette relation comporte une part d'évaluation importante, cette hypothèse est tout à fait pertinente. Dans l'école Freinet, le maître se révèle être un référent concernant le savoir. Cette reconnaissance est intéressante à pointer. Évidemment, je ne dis pas qu'elle n'existe pas dans la seconde école. Cependant, si la dimension évaluative est centrale dans la relation entre les élèves et le maître, elle peut s'opposer à ce type de déclaration.

S'il existe peu de différences dans les stratégies de recherche d'informations à l'aide du dictionnaire, il semble que les élèves de l'école traditionnelle proposent davantage cette réponse. La situation est différente vis-à-vis de l'encyclopédie. En effet, la différence est très significative entre les deux écoles quant à l'utilisation déclarée de cet outil. Ce sont les élèves de l'école Freinet qui citent beaucoup plus l'encyclopédie comme une ressource pertinente. L'encyclopédie permet de travailler au delà du sens du mot, les définitions sont moins fermées et plus développées que celles que présente le dictionnaire.

Concernant l'appel à un expert, pour trouver des informations, la différence est peu significative mais cette possibilité est plus souvent citée à l'école

Freinet. Par contre, ce sont les élèves de l'école traditionnelle qui font plus souvent référence à Internet ou à l'ordinateur comme sources d'informations. En revanche, la télévision est davantage citée par les élèves de l'école Freinet. Il y a là une reconnaissance des sphères de savoirs présentes hors du monde scolaire.

La dernière différence très significative concerne les outils pédagogiques (*BTJ*, documents créés pour l'école, conférences réalisées par les élèves...). C'est dans l'école Freinet que les élèves recensent ces moyens d'informations. Même si cela n'est pas très fréquent, quelques élèves parlent de leurs camarades comme des sources possibles de savoirs. Ce n'est jamais le cas dans l'école traditionnelle. Par contre, ces élèves parlent d'apprendre leurs leçons comme d'une source de nouvelles informations. Il faut ici rester prudent, ces déclarations sont rares mais existent de façon exclusive dans l'une ou l'autre école.

Il semble donc que les élèves de l'école Freinet reconnaissent des moyens de s'informer liés à l'intérieur de l'école (documents pédagogiques, maîtres...) et des éléments extérieurs (parents, télévision...), les deux sphères existant dans les écrits. Cette situation ne se présente pas de la même façon dans l'école traditionnelle qui se caractérise par des déclarations organisées autour du dictionnaire et d'Internet (outils plus transversaux et moins spécifiques).

3.2.8. Quantité d'écriture

J'ai encore travaillé sur la quantité d'écriture produite par les élèves dans les questionnaires en distinguant :
– le nombre de phrases complètes,
– le nombre de formules pertinentes (autres que des phrases).

Dans la population générale, il n'existe pas de différences significatives concernant le nombre de phrases complètes rédigées par les élèves. Par contre, ce sont les élèves de l'école Freinet qui ont recours plus souvent que les élèves de l'école traditionnelle à l'écriture de formules pertinentes.

Il est intéressant de voir que « l'habitude scolaire » qui est de répondre par une phrase n'est pas toujours « respectée » ici. D'ailleurs, sur certains questionnaires remplis à l'école traditionnelle durant la troisième année de passation, le maître corrige les productions des élèves en complétant des phrases. Par exemple, à la question *« que sais-tu d'autre sur les volcans ? »*, l'élève répond : *« il existe deux types de volcans »* et le maître fait précéder cette phrase (considérée ici comme complète) par *« je sais que »*. D'ailleurs, cet écart se creuse encore plus la dernière année.

Lorsque j'observe les trois niveaux scolaires de façon isolée, je retrouve les mêmes résultats, à savoir une production équivalente de phrases complètes et une production plus importante de formules (autres que des phrases) dans les classes Freinet. Il existe une évolution dans la mesure où les élèves de CE2 produisent moins de phrases que les élèves de CM1 qui en produisent eux-mêmes moins que leurs aînés.

J'ai travaillé sur la caractérisation des réponses des sous-populations pour expliquer ce qui différencie les deux écoles.[7]

D'une manière générale, les élèves de l'école Freinet vont utiliser plus souvent toute une série d'éléments dans leurs productions : couleurs, annotations, formules pertinentes. Ce sont des « savoir-faire » qui ne sont pas nécessairement (ou toujours) mis en avant dans l'école traditionnelle. Les sphères de savoirs sont reconnues également ailleurs qu'à l'école plus facilement par les élèves de l'école Freinet. En effet, ils citent plus de moyens d'information et les diversifient.

Il semblerait que, lorsqu'on donne une liberté passant par exemple par la forme donnée aux consignes (questions ouvertes, réalisation de dessin...), les élèves de l'école Freinet s'en emparent avec plus de facilité. C'est aussi le cas concernant les réponses liées à une liberté que l'élève s'accorde lui-même : par exemple lorsqu'il fait part de son ignorance (utilisation plus fréquente à l'école Freinet de la formule « *je ne sais pas* »). Il apparaît encore que, plus on avance dans le cursus scolaire, plus les élèves des deux écoles se différencient. Il existe ici une évolution forte à l'école Freinet. Il est possible d'aller plus loin en disant que les élèves de CE2 de l'école Freinet sont souvent moins « pertinents » que les CE2 de l'école traditionnelle, et, dès le CM1, cette tendance s'inverse de façon forte, pour être massive en CM2. Ce résultat est sûrement attribuable au travail d'équipe existant dans cette école. Dans l'autre établissement, le cursus est moins linéaire et il existe davantage de ruptures entre les classes

3.3. Analyse des questionnaires sur la technologie

J'ai exploité ici les questionnaires de CM1 et de CM2 concernant la technologie sur deux années scolaires : 2004-2005 et 2005-2006.

Années Écoles	2004-2005	2005-2006	TOTAL
Freinet	42	37	79
Traditionnelle	36	36	72
TOTAL	78	73	151

Nombre de questionnaires selon les années et les écoles

3.3.1. Flotte, coule ? Éléments d'explication

Il a été demandé aux élèves de dessiner et d'expliquer pourquoi certains objets coulent et d'autres flottent. Différents critères ont été recensés dans leurs productions pour expliquer ces phénomènes :
– le poids,
– la présence d'air dans l'objet,

---

7. Par une méthode d'analyse de la variance, type ANOVA.

– le fait que l'objet présente des trous dans sa structure,
– la forme de l'objet (présence de bordure...).

Dans la population globale, seul le critère lié à la présence d'air permet de différencier les deux écoles. C'est à l'école Freinet que les élèves utilisent le plus souvent cet élément dans leurs explications.

Les élèves, dans leurs dessins, peuvent faire appel à un ou plusieurs critères. Deux fois plus d'élèves de l'école Freinet que de l'école traditionnelle font appel à deux critères combinés. Et aucun à l'école traditionnelle ne construit une explication basée sur trois critères explicatifs. Plus on avance dans les niveaux scolaires, plus les écarts se creusent.

3.3.2. La pile et son fonctionnement

Les élèves ont été amenés à expliquer l'utilisation et le fonctionnement des piles. Les élèves répondent de la même façon concernant la question suivante « à quoi sert une pile électrique ? ». Par contre les populations se différencient dans les explications liées au fonctionnement de cet objet. J'ai construit six catégories de réponses :
– la pile ne produit pas d'énergie mais sert à la transmettre ;
– la pile produit de l'énergie ;
– la pile est définie comme un « stock limité » d'énergie, elle est amenée à « s'user » ;
– l'élève répond au fonctionnement de la pile en expliquant son mode d'emploi ;
– réponse du type : « je ne sais pas » ;
– absence de réponse.

Deux fois plus d'élèves de l'école Freinet décrivent la pile comme un élément produisant de l'énergie. Ce critère permet de voir une différence très forte au sein de la population des CM2. Aucun élève de l'école traditionnelle n'aborde dans ses explications la notion d'usure de la pile.

La consigne pour cette question est : « *explique comment fonctionne une pile* ». Trois fois plus d'élèves issus de l'école traditionnelle rédigent une explication autour du mode d'emploi de l'objet.

C'est encore une fois dans l'école Freinet que, de nouveau, l'aveu d'ignorance est le plus souvent observé (principalement en CM1). Par contre, dans l'école traditionnelle, l'absence de réponse est plus fréquente (principalement en CM2).

3.3.3. Les moyens d'auto-vérification

À la différence du questionnaire précédent, il n'a pas été demandé aux élèves de donner des sources d'information, mais des moyens de vérifier ce qu'ils ont écrit concernant la pile et son fonctionnement.

C'est toujours uniquement dans les réponses de l'école Freinet qu'il est possible de rencontrer des réponses du type « *je ne sais pas* ». Les élèves de l'école traditionnelle vont plus souvent citer l'expérience comme un moyen de vérification. Le livre n'est que très peu cité par cette population. Il semble que la discipline technologie se structure, à l'école traditionnelle, autour d'expériences, de matériel et de manipulations. À l'école Freinet, la situation apparaît différente. Le savoir est ici également associé à des lectures (livre, encyclopédie, dictionnaire).

Pour les CM2, Internet est un critère différenciant les deux populations, ainsi que la télévision ; c'est toujours dans l'école Freinet que ces éléments sont cités le plus souvent.

3.3.4. Souvenirs d'expériences

Les élèves de l'école Freinet déclarent beaucoup plus souvent que leurs camarades ne pas avoir réalisé d'expériences. Si on observe les différents niveaux, cela permet de voir que ce sont les élèves de CM1 qui influencent les résultats dans ce sens.

Il leur est demandé par la suite de dessiner et d'expliquer une expérience. Plus de deux fois plus de dessins sont réalisés dans l'école traditionnelle. Dans ces productions, jai recensé les éléments suivants en terme de présence ou d'absence (éléments non demandés dans la consigne) :
– l'élève explique son expérience ;
– l'élève légende son dessin ;
– l'élève pose une question liée à son expérience ;
– l'élève contextualise son expérience (il explique pourquoi il a inventé, par exemple, un système pour nettoyer l'eau) ;
– l'élève donne les résultats de son expérience.

Dans la population générale deux critères permettent de différencier les deux établissements : la présence de légendes et la présentation des résultats de l'expérience. C'est dans les deux cas à l'école Freinet que les élèves en produisent davantage. Par exemple, parmi les dessins réalisés, trois fois plus de dessins de l'école Freinet comportent des annotations par rapport aux dessins réalisés dans l'autre école. De plus, les élèves de l'école Freinet donnent près de cinq fois plus souvent les résultats de leurs expériences.

Les dessins des deux écoles sont liés à des expériences différentes :
– cinq thématiques sont traitées à l'école traditionnelle (parmi elles figurent l'électricité et la flottabilité – les deux thématiques présentes dans le questionnaire) ;
– vingt thématiques à l'école Freinet (parmi elles figurent l'électricité et la flottabilité).

Il existe une variété de thématiques quatre fois plus importante dans les déclarations des élèves de l'école Freinet. Certaines thématiques peuvent être présentées par un ou deux élèves uniquement. Il existe ici une histoire de classe et une histoire plus personnelle dans les activités réalisées en classe. En revanche, dans l'école traditionnelle, les élèves se regroupent autour d'expériences partagées.

Les classes se ressemblent sur certains critères, mais les différences sont marquées et nombreuses.

Les élèves de l'école Freinet ont plus souvent expliqué la flottabilité à l'aide de deux critères. Leurs camarades construisent leurs explications à partir d'un critère unique. Les élèves de CM2 creusent les différences.

Les écrits concernant les piles et leur utilité permettent d'observer une population homogène. Néanmoins, les sous-populations se distinguent lorsqu'il est question de décrire des fonctionnements. De nouveau, la population Freinet rédige un écrit ancré sur un phénomène dynamique prenant en compte le temps. Ainsi la question de l'usure de la pile et le fait qu'elle représente un stock fini d'énergie permet de distinguer les écoles. Les élèves de l'école traditionnelle restent davantage sur un moment précis du phénomène : lorsque la pile fonctionne. Ils ont tendance à décrire le mode d'emploi de l'objet quand les élèves de l'école Freinet en expliquent le fonctionnement.

Concernant les outils de vérification des connaissances technologiques, les résultats sont intéressants tant du point de vue de la thématique que de la comparaison avec un type de savoir différent comme le volcanisme. Les élèves de l'école Freinet continuent de proposer des outils à lire quant les élèves de l'autre école citent les expériences.

On voit aussi que les élèves de l'école traditionnelle déclarent avoir fait plus d'expériences. Une précaution est à prendre avant toute interprétation. Les élèves de l'école Freinet sont parfois moins « performants » du point de vue du lexique ou des codages disciplinaires (Reuter, 2005). Peut-être s'agit-il ici de ce type de flottement ? Nommer ce type de démarche et de manipulation est peut-être moins fréquent à l'école Freinet. Peut-être l'expérimentation n'est-elle pas la réponse exclusive ou prioritaire à tous les problèmes posés en technologie dans cette école ? Néanmoins les expériences présentées sont largement plus variées dans cet établissement. Cela peut être mis en relation avec les cheminements individuels ou par petits groupes impulsés au travers des moyens pédagogiques choisis. L'école traditionnelle fonctionnerait plus souvent de façon collective. Cette situation semble réduire la variété des discours d'élèves, mais aussi aplanir les éléments scientifiques portés par les dessins d'expériences. Les résultats ou les légendes sont plus souvent présents dans les productions des élèves de l'école Freinet. Vivant des situations scolaires différentes, ces élèves sont amenés à se les présenter et donc à transformer leurs dessins d'un écrit pour soi à un écrit support de communication.

Encore une fois l'aveu d'ignorance est largement plus formulé par les élèves de l'école Freinet que par les autres élèves. Il n'est donc pas relié à un type de savoir, de connaissance ou de thématique.

3.3.5. Dernier regard sur les questionnaires

Ce travail permet de mettre en évidence de nombreuses différences entre les deux établissements. Si on regarde les résultats de façon globale, les élèves de l'école Freinet réalisent plus souvent que les autres élèves des écrits dynamiques prenant en compte une forme de chronologie (volcanisme et technologie). Ils vont au-delà d'une description d'un moment figé, pour travailler plus spontanément sur des phénomènes inscrits dans le temps. Ainsi certains éléments de savoirs plus fins peuvent être déclinés dans ce cadre.

Je tiens à rappeler, pour finir, que les élèves de l'école Freinet sont amenés plus souvent que les élèves de l'école traditionnelle à reconnaître des formes de savoirs non-scolaires (voir les stratégies de documentation). Cette école semble tisser plus de liens avec des éléments présents hors de ses frontières.

CONCLUSION

Je ne reprendrai pas ici les éléments mis en évidence dans chacune des parties, mais les tendances qui en ressortent.

En confrontant différents axes d'analyse, l'école Freinet se distingue d'autres établissements étudiés par ses modes pédagogiques mis en place mais également par leurs effets. Une des spécificités centrales se situe dans les places relatives des sujets apprenants, des enseignants et des savoirs. Les relations entre les élèves et les contenus scientifiques se structurent sous le regard et l'orchestration du maître. Mais les impulsions sont données par chacun des élèves. Ainsi tous les savoirs sont enracinés d'abord dans une réflexion individuelle avant de devenir collective. Le savoir est donc lié aux sujets apprenants, il est, en partie, porté et apporté par eux. Cette pédagogie s'ancre donc sur la parole orale et écrite de l'élève rendue possible parce que l'écoute de celle-ci est primordiale. Ce travail de mise en scène des contenus scientifiques engendre l'existence d'un réseau conceptuel dynamique. En effet, lorsqu'ils intègrent la classe, dans ce mode de fonctionnement, ces contenus ne peuvent être convoqués isolément. Le savoir n'est pas travaillé de façon close, mais dans un réseau notionnel. La question, posée centralement au début de cette recherche par l'équipe Théodile, concernait les effets d'un tel mode de travail. En ce qui concerne l'enseignement et les apprentissages en sciences, cette étude permet de répondre que ces effets sont très bénéfiques. Ces résultats sont à lire, principalement, à travers une évolution dans le cursus scolaire. Les élèves semblent, ici plus qu'ailleurs, bénéficier d'un travail de coopération entre les maîtres. Ainsi des photographies des « savoirs produits par les élèves » à des moments précis mettent en lumière, selon les niveaux scolaires, des acquis particuliers. Une dynamique est en marche dans le temps de l'école primaire pour construire des savoirs et savoir-faire en lien avec les sciences qui, au fur et à mesure de l'avancée dans les classes, se structurent et s'affinent.

RÉFÉRENCES BIBLIOGRAPHIQUES

ALLAIN J.-C. (1995), « Séismes, éruptions volcaniques et intérieur de la terre : conceptions d'élèves de huit à dix ans », *Aster*, n° 20, 43-60.

ASTOLFI J.-P., PETERFALVI B., VÉRIN A. (1998), *Comment les enfants apprennent les sciences,* Paris, Retz.

CHARPAK G. (1998), *La Main à la pâte, histoire des sciences à l'école primaire*, Paris, Flammarion.

COHEN-AZRIA C. (2005), « Représentations, pratiques postures dans l'enseignement des sciences », dans REUTER Y. dir., *Démarches pédagogiques et lutte contre l'échec scolaire*, Rapport de recherche de l'ERTe 1021, 2002-2005, remis à la direction de la recherche du Ministère de l'Éducation Nationale, Université Charles-de-Gaulle – Lille 3, 375-384.

COHEN-AZRIA C., DELCAMBRE I. (2005), « Pratiques langagières et activités scientifiques en maternelle » dans REUTER Y. dir., *Démarches pédagogiques et lutte contre l'échec scolaire*, Rapport de recherche de l'ERTe 1021, 2002-2005, remis à la direction de la recherche du Ministère de l'Éducation Nationale, Université Charles-de-Gaulle – Lille 3, 266-296.

COHEN-AZRIA C., DELCAMBRE I. (2006), « Activités scientifiques et conduites langagières » dans REUTER Y. dir., *Effet d'un mode de travail pédagogique « Freinet » en REP*, Recherche IUFM Nord – Pas-de-Calais, R/RIU/04/007, Villeneuve d'Ascq, Université Charles-de-Gaulle – Lille 3, 153-176.

COHEN-AZRIA C., DELCAMBRE I. (à par.), « Toucher, observer, dire : conduites langagières et scientifiques en maternelle », dans GIORDAN A., MARTINAND J.-L., RAICHVARG D., dir., *Actes des XXVIIe Journées Internationales sur la Communication, l'Éducation et la Culture Scientifiques et Industrielles*.

REUTER Y. (2005), « Éléments pour un bilan provisoire : intérêts, limites et transférabilité », dans REUTER Y. dir., *Démarches pédagogiques et lutte contre l'échec scolaire* (2002-2005), ERTe 1021, Rapport de recherche tome 1, 385-390.

CINQ ANS DE RECHERCHE :
ÉLÉMENTS POUR UN BILAN PROVISOIRE

Yves REUTER, Gérard BÉCOUSSE, Cécile CARRA, Cora COHEN-AZRIA, Bertrand DAUNAY, Isabelle DELCAMBRE, Martine FIALIP-BARATTE, Rouba HASSAN-PILARTZ, Anne-Marie JOVENET, Dominique LAHANIER-REUTER, Maria PAGONI

Ce dernier chapitre – élaboré par l'ensemble des membres de l'équipe – vise à établir un bilan *provisoire* des analyses réalisées. Il s'organise, en réponse aux questions initiales, autour de quatre points : les intérêts de l'expérience menée dans cette école, la construction des résultats proposés, les zones problématiques et l'éventuelle transférabilité de ce qui a été mis en place. Il ne se comprend cependant qu'à la lumière de l'ensemble de l'ouvrage qui l'étaye et le modalise. Il sera complété et affiné par les analyses complémentaires que nous menons encore.

1. LES INTÉRÊTS DE L'EXPÉRIENCE MENÉE

Ces intérêts peuvent se décliner au travers d'une dizaine de dimensions sur lesquelles, selon nous, se réalisent des « effets positifs ».

Fondamentalement, par rapport à l'état antérieur qui a justifié ce projet, *l'école se relève,* tant sur le plan de l'augmentation du nombre d'élèves (avec, de surcroît, des demandes de familles « extérieures ») et de son image dans l'environnement social que sur celui des savoirs et des savoir-faire évalués institutionnellement, même si la hausse des performances évaluées est loin d'être homogène.

Les phénomènes de violence tendent à diminuer, accompagnés d'une évolution des représentations et des normes chez les élèves. On constate ainsi une meilleure intégration des lois, règles et valeurs, une appropriation du règlement supérieure à celle constatée dans d'autres établissements, un sentiment de justice plus fort accompagné d'une meilleure acceptation des sanctions, moins de stigmatisation des différences ou des problèmes entre les élèves (nous n'avons pas, par exemple, repéré de boucs émissaires). On pourrait encore ajouter trois remarques qui témoignent du caractère significatif de ces « bougés » : les actes de violence ont régressé très rapidement (un mois après le début de l'expérience, c'était déjà le cas), les « climats » (de travail, éducatif et de justice) se sont également considérablement améliorés, devenant notablement supérieurs à ceux de nombreuses autres écoles, et les litiges traités au sein des conseils sont, de plus en plus, des litiges liés au travail et non plus des conflits sans rapport avec l'étude, comme c'est très souvent le cas ailleurs.

Les élèves « à problèmes » envoyés par les autres écoles ou *les élèves « en souffrance »* semblent également *mieux s'intégrer* en étant sollicités *au même titre que les autres* (et non comme des élèves singuliers), cette « restauration » fonctionnant en relation étroite avec la pédagogie commune et la construction des savoirs... Et, de fait, au travers des observations et des entretiens, on peut relever que les motifs scolaires de souffrance sont moindres, et que nombre de ces élèves, pouvant trouver leur place et encouragés à (se) questionner, se sentent moins en situation d'humiliation et d'impuissance. On pourrait ainsi avancer que, tendanciellement, le mode d'institution des *élèves* mis en place, peut contribuer à la restauration de certains *enfants*.

Les rapports à l'école, au travail, aux apprentissages, aux savoirs... nous paraissent aussi évoluer de manière « positive » : climat de travail et valorisation de celui-ci ; autonomisation dans les tâches et prise de risques (questionnements, manifestations d'incompréhension, aveux d'ignorance, absence de crainte des erreurs, essais de stratégies diversifiées...), opposées à l'inhibition des élèves, souvent notée ailleurs ; développement d'une distance réflexive accompagnée de discours explicatifs et argumentatifs plus longs, mieux étayés et attentifs à la cohérence et au sens ; sentiment de sécurité (dans la cour...) et de sérénité (par exemple, lors de l'entrée dans l'écrit) ; clarté dans les relations entre situations, activités et objectifs ; conscience et contrôle des tâches ; sens attribué aux apprentissages et sentiment précoce et important d'être en apprentissage à l'école *via* le travail ; vision positive de l'école et des savoirs... Autant d'éléments relevés de manière convergente quels que soient le domaine considéré, le cadre théorique adopté, les méthodes de recueil ou de traitement mises en œuvre. D'une certaine façon, on pourrait avancer que les *manières d'étudier* des élèves et les rapports à l'école, au travail, aux apprentissages, aux savoirs... qui s'y construisent et se manifestent au travers de leur exercice constituent des effets *majeurs* de la pédagogie instaurée ici, facilitant sans doute les acquisitions à réaliser.

En ce qui concerne les apprentissages disciplinaires, même si les résultats demeurent hétérogènes, *nombre d'entre eux convergent autour de progrès* depuis la mise en place de l'expérience, avec des performances égales ou supérieures à celles d'élèves de milieu équivalent mais soumis à un mode de travail pédagogique différent voire, sur certains points, avec des résultats moins éloignés de ceux d'élèves de milieux plus favorisés. C'est ainsi le cas pour :
– *l'entrée dans l'écrit* (avec la conscience des étapes à parcourir, une clarté quant aux activités menées, une sensibilité précoce au sens et aux fonctions des textes) ;
– *la production écrite* avec notamment l'investissement (le développement de la longueur des textes, la fréquence des écrits...), la diversification des moyens textuels, l'actualisation conjointe de l'imaginaire et de la structuration textuelle...

– *la gestion de l'oral* (dès la maternelle) avec des indicateurs intéressants quant à l'écoute et au respect de l'autre, la longueur des productions, l'élocution et l'aisance, la capacité à parler sans notes, la prise de risques ou encore la construction des rôles possibles ;
– *les apprentissages mathématiques* avec des performances notables (par exemple en symétrie axiale), le développement d'explications et d'arguments, la variété des stratégies employées, le contrôle de la tâche...
– *les apprentissages scientifiques* notamment en ce qui concerne le questionnement, le rapport aux savoirs, leur mise en réseau (au sein de la classe) et la dynamique à l'œuvre dans leur construction, l'importance accordée à l'observation, la sensibilité aux multiples sources de référence...

Dans tous ces cas, il convient encore d'ajouter, de manière convergente, l'entrée dans une démarche de questionnement (porteuse de sens pour l'élève) et de recherche (qui autorise et soutient essais, recours à de multiples outils, durée...) ainsi que le développement d'une dimension auto-évaluative (permettant d'analyser plus précisément l'état de ses performances, orientant vers les améliorations possibles et instaurant le souci de moyens de vérification de la réussite de la tâche).

Contrairement à nombre d'idées reçues – et même si cela demeure à confirmer par une étude plus approfondie sur un nombre plus important d'élèves – *le passage en sixième ne s'avère pas particulièrement problématique*. Globalement, même si pour ces élèves comme pour les autres, ce changement d'établissement est important et s'accompagne de craintes, leur niveau ne s'effondre pas, il y a continuité dans leurs performances et leurs résultats, et ils soutiennent la comparaison avec leurs pairs venus d'ailleurs. Ils ne sont pas plus « perdus » que d'autres et témoignent, de surcroît, d'une capacité réflexive leur permettant, souvent mieux que d'autres élèves, de comparer fonctionnements et pédagogies. S'ils témoignent de regrets spécifiques (de l'entraide et de la coopération, d'un temps mieux ajusté à leur cheminement dans le travail et les apprentissages, des responsabilités...), on conviendra que cela interroge, prioritairement, les fonctionnements instaurés dans les collèges. On a en tout cas l'impression que la construction, au sein de l'école Hélène Boucher, de sentiments de sécurité et d'estime de soi, ainsi que d'une autonomie dans l'organisation du travail et dans le jugement, sans résoudre tous les problèmes, a fourni à nombre d'entre eux des atouts non négligeables pour surmonter certaines difficultés liées à cette transition scolaire.

Des effets intéressants peuvent aussi être constatés chez les enseignants de cette école : pas de demande de mutation (même si le volontariat et la cooptation était au fondement de leur projet, cette réalité, après plusieurs années, diffère sensiblement de ce que l'on constate souvent dans les zones difficiles), solidarité, concertation constante (y compris entre maternelle et primaire), congruence dans les manières de faire au sein de l'école, stimulation dans l'inventivité, intégration réussie de certains intervenants « périphériques » (maître RASED, aide-éducateur...), analyse évaluative fine de leurs pratiques, remise en question permanente des dispositifs, des fonctionnements et des outils...

Complémentairement – et même si cela ne s'effectue pas sans certaines tensions – on peut constater que *cette expérience engendre une véritable stimulation,* une attention plus grande aux pratiques et aux résultats, *entre les écoles de la circonscription.* En témoigne, par exemple, l'amélioration des résultats lors des évaluations nationales.

Du côté des parents aussi – même si cela est loin d'être simple et également partagé – *on peut constater certains déplacements* dans les discours, les attitudes, les comportements : satisfaction accrue vis-à-vis de l'école, amélioration (même fragile) de certaines relations, investissement un peu plus important comme parent d'élève, voire comme animateur d'atelier du soir...

À ces éléments, il convient encore d'ajouter deux constats, non négligeables, en ce qui concerne les élèves de cette école. Ils sont moins déstabilisés que d'autres face à des tâches, des situations ou des tests inhabituels auxquels nous avons pu les soumettre (ce qui semble témoigner d'une véritable souplesse adaptative) et plus sereins que d'autres dans leurs relations à des adultes qu'ils connaissent moins.

Tout cela nous amène à poser nettement que *l'expérience menée ici, au regard de la situation antérieure de l'école, des élèves concernés et du milieu environnant, s'avère,* en l'état de nos recherches, *bénéfique.*

2. RETOUR CRITIQUE SUR LES RÉSULTATS PRÉSENTÉS

Il convient sans doute, à ce stade du bilan, d'opérer un court temps d'arrêt sur les résultats présentés, tant ils pourraient paraître surprenants à un lecteur critique, tant il est rare, de fait, d'observer une telle convergence, à partir d'autant de dimensions différentes.

Sans vouloir, ni pouvoir, lever toutes les réserves possibles, parfaitement légitimes d'ailleurs dans le domaine de la recherche, nous souhaitons simplement défendre la validité de ce bilan en fonction d'arguments de différents ordres. Le premier ordre est celui des normes de la recherche, *stricto sensu* : pour chacun des domaines étudiés, le ou les chercheur(s) concerné(s) a / ont mis en œuvre, de manière explicite, un souci de rigueur tant sur le plan des référents théoriques que sur celui des méthodes employées ; les démarches et résultats ont été discutés collectivement au sein de l'équipe ; malgré la diversité des cadres théoriques, des méthodologies employées et des domaines étudiés, de réelles convergences sont apparues ; l'ensemble du dispositif, théorique et méthodologique, ainsi que les résultats produits ont été soumis au débat au sein du laboratoire THÉODILE et dans des rencontres avec d'autres laboratoires, ainsi qu'au travers de diverses communications et publications.

Le second ordre est celui de la confrontation entre nos analyses et les évaluations institutionnelles, académiques et nationales, menées avec d'autres outils. Ici encore, discordances ou contradictions n'émergent pas.

Nous aimerions enfin rappeler que nous avons toujours manifesté deux exigences, elles-aussi indispensables dans une démarche de recherche. La première est celle de la recherche *conjointe* des bénéfices *et* des difficultés et problèmes persistants ; cette exigence est présente dans chacune des contributions et nous en proposons une rapide synthèse immédiatement après (3). La seconde est celle de la *contextualisation* des résultats. Nous avons toujours signalé, dans cette optique, que nous ne pouvions généraliser nos conclusions, ni à l'ensemble des expériences qui se réclament peu ou prou de la pédagogie « Freinet », ni à d'autres populations d'élèves. En d'autres termes – et même si nous ne fuyons pas le débat sur la transférabilité (4) – le champ de validité de ces analyses et des résultats proposés est dépendant des modes de mise en œuvre de la pédagogie « Freinet », par des maîtres particuliers, dans ce groupe scolaire.

Ces considérations seraient encore insuffisantes si nous n'avions pas tenté de nous assurer que les résultats présentés étaient bien attribuables à ce mode de travail pédagogique, aux dispositifs instaurés. Sans ignorer les problèmes liés à cette mise en relation, c'est-à-dire à la construction de phénomènes comme *effets,* sur lesquels nous nous sommes déjà expliqués dans un article plusieurs fois mentionné dans cet ouvrage (Reuter et Carra, 2005), nous avons pris comme option de nous appuyer sur plusieurs principes méthodologiques dont la confrontation nous paraissait être de nature à étayer *raisonnablement* les rapports établis :

– la description la plus précise possible des dispositifs, fonctionnements et résultats, *de manière comparative* (selon les pédagogies) afin de repérer, de façon fiable, les traits spécifiques ;
– la description *a priori* des fonctionnements, stratégies, apprentissages… engendrables à partir des dispositifs ;
– la recherche des relations entre performances et dispositifs *à partir de l'un et / ou l'autre pôle* ;
– la confrontation des relations postulées avec celles établies dans la littérature théorique disponible sur des dispositifs similaires ou voisins ;
– la confrontation des relations postulées, au sein de l'équipe, en croisant les différents domaines étudiés, sachant que certains dispositifs ou certains types de performances, se retrouvaient dans plusieurs d'entre eux ;
– la confrontation des relations postulées avec les indices, implicites ou explicites, y référant dans le discours des acteurs concernés, maîtres et élèves, sachant que leur réflexivité à ce sujet est, en l'occurrence, particulièrement aiguisée.

Si, à l'évidence, ces principes associés aux choix méthodologiques ne prémunissent pas contre tout risque d'erreurs, ils nous ont néanmoins semblé susceptibles de les réduire.

3. DE QUELQUES PROBLÈMES

Il n'en reste pas moins vrai que le caractère bénéfique mentionné précédemment rencontre aussi – ce qui est normal – certaines limites. Nous nous contenterons de relever ici quatre zones de problèmes que nous allons essayer de spécifier plus avant dans les recherches à venir.

En premier lieu, *le dispositif mis en place et ses effets demeurent fragiles,* dans un environnement social particulièrement rude et sujet à des dysfonctionnements sporadiques liés aux difficultés à vivre, aux relations avec la police, aux drames humains... L'investissement des parents reste limité. L'intégration des normes par les élèves est toujours vacillante comme en témoignent, par exemple, les problèmes récurrents lors de la venue de remplaçants. Cela révèle sans doute, que les repères patiemment construits demeurent fortement tributaires des dispositifs et de *l'autorité des maîtres.* Cela peut aussi signaler, à certains moments, un travail d'accompagnement et d'aide plus limité des maîtres de cette école vis-à-vis des collègues remplaçants. Cela peut renvoyer à une volonté d'autovalorisation inconsciente (montrer par comparaison sa valeur) ou à un fonctionnement groupal (on est *dans* ou *hors* l'équipe et on ne donne que partiellement les clés à ceux qui sont extérieurs). Mais cela ne doit pas faire oublier les conditions parfois problématiques des remplacements (remplaçants arrivant à la dernière minute ou en retard). Et cela rappelle, en tout cas, à quel point les élèves sont « difficiles ».

Il nous semble aussi que *la logique de promotion* à l'œuvre dans ce groupe scolaire (école « expérimentale » selon le souhait des maîtres) *n'est pas sans soulever certains problèmes :*
– moindre attention (très relative cependant comparativement à d'autres écoles) aux élèves à certains moments (lors de la venue de représentants des médias, par exemple) ;
– relations parfois difficiles avec des intervenants ponctuels (psychologue, infirmière...) qui peuvent avoir l'impression d'une mise en question de leur compétence, voire de leur pouvoir ;
– relations parfois tendues avec les écoles du voisinage qui se sentent mises en cause, moins suivies, et surtout en concurrence ;
– sensibilité exacerbée aux incidents avec les parents (qui, dans ce cadre, paraissent susceptibles de porter atteinte à l'image de l'école que les enseignants cherchent à construire et qui provoquent de douloureuses remises en question, bien plus marquées qu'ailleurs).

On peut encore relever quelques zones plus incertaines dans les apprentissages disciplinaires. Cela concerne, par exemple, la mise en texte (dans ses dimensions syntaxique, orthographique et lexicale), la forte ritualisation de certains dispositifs de production orale qui engendre des interactions parfois rigides et routinisées, la maîtrise de la formalisation « académique » des pratiques (faiblesse dans le lexique ou les codages disciplinaires en grammaire, en mathématiques, en sciences ; flottements dans la mise en œuvre de notions mathématiques moins immédiatement contextualisables dans la vie quotidienne ; déstabilisation face à des exercices d'ordre métalinguistique dont sens et fonctionnalité ne sont que peu perçus). Si on voit bien en quoi, au moins en partie, certaines difficultés sont tributaires de la reconfiguration singulière des disciplines au sein de cette école, il reste sans doute à préciser jusqu'où ces fonctionnements sont susceptibles d'entraver véritablement les apprentissages disciplinaires et / ou d'engendrer de véritables problèmes pour la suite de la scolarité.

On peut enfin repérer une hétérogénéité dans les évolutions (par exemple, les relatives stagnations ou régressions lors de la seconde année de l'expérimentation) et dans *les effets plus ou moins accentués selon les niveaux et les élèves.*

C'est pourquoi, en fonction de ces constats, nous continuons à travailler sur les relations entre solidité et fragilité de ce qui se construit ; entre espace d'autonomie, d'autorisation, de liberté d'une part et établissement de limites d'autre part ; entre développement d'une attitude réflexive d'un côté et problèmes de formalisation « académique » d'un autre côté.

Toujours en fonction de ces constats, nous essayons de spécifier quels élèves profitent le plus ou le moins de cette pédagogie et pourquoi, en sachant néanmoins, et il n'est pas anodin de le rappeler au regard de pratiques fréquentes ailleurs, qu'aucun élève n'est laissé pour compte, considéré comme perdu sur la route des apprentissages (ce qui, associé à la coopération constante entre les élèves, peut contribuer à expliquer une moindre dispersion des résultats sur nombre de dimensions).

4. LA DIFFICILE QUESTION DE LA TRANSFÉRABILITÉ

Reste la question de la transférabilité qui est particulièrement complexe à traiter tant, en l'absence d'expérimentation à grande échelle et sur une durée conséquente, elle s'accompagne nécessairement de dimensions spéculatives, croisant de surcroît le possible et le souhaitable. Aussi, les quelques réflexions qui suivent, fruits de longues réflexions collectives au sein de l'équipe, méritent d'être reçues avec précaution.

4.1. La transférabilité : hypothèses sur le possible et le souhaitable

Il nous parait *a priori* possible et souhaitable de transférer certains *principes* et certains *dispositifs* de travail dans la mesure où, soit ils sont attestés dans d'autres établissements (avec des effets similaires associés), soit des remplaçants ou des maîtres autres que les enseignants « permanents » ont pu s'en emparer et les faire fonctionner sans trop de difficulté, soit encore ils nous semblent appropriables par d'autres maîtres, de telle sorte que l'importance des bénéfices retirés compense largement et rapidement le coût de certaines modifications pédagogiques.

Ainsi quant aux principes de fonctionnement – et sans vouloir reprendre l'intégralité du premier chapitre de cet ouvrage – nous mettrions volontiers l'accent sur :
– la solidarité de l'équipe (accompagnée par une concertation constante associant maîtres de maternelle et du primaire) ;
– la construction collective et récurrente des règles de fonctionnement *ainsi que leur respect scrupuleux* (de la part des élèves et *des maîtres*) ;
– le respect des élèves et l'attention constante à leur cheminement, aux questions qu'ils se posent et aux problèmes qu'ils peuvent soulever ;
– le souci d'informer le plus précisément possible les parents et de les impliquer ;
– l'accent mis sur la coopération et l'entraide ainsi que l'articulation entre reconnaissance des sujets dans leur singularité et construction d'une collectivité ;
– l'importance accordée à la notion de travail et à sa conscientisation accompagnée d'un souci de valorisation des efforts de chacun ;
– l'articulation forte entre production (diversifiée, fréquente…) et instauration d'une attitude réflexive ;
– la diversité des catégories d'activités et de positions face aux savoirs, associée au tissage incessant de relations entre elles ;
– l'établissement d'un climat propice aux apprentissages (sérénité, droit à l'erreur, encouragement des essais, valorisation, appui sur le questionnement des élèves, écoute de leurs interrogations, réponses à leurs demandes de clarification…) ;
– la recherche constante de clarté quant aux cadres, règles, tâches, objectifs…
– la place importante attribuée au temps (pour s'ajuster au cheminement de chacun, pour mener à terme ses recherches…), très fortement structuré tout en restant « ouvert » ;
– la construction d'une culture commune à la classe, transaction entre cultures scolaire et extrascolaire, patrimoine commun et base des recherches…

Du côté des *dispositifs*, on peut sans doute mentionner – outre les textes libres et les « quoi de neuf » (dans les formes pratiquées ici et non dans leur vulgate) – les recherches et créations mathématiques (que nous n'avons pas rencontrées ailleurs), les dictées coopératives (activant l'entraide et les postures métalinguistiques), les modes d'intégration de l'outil informatique (dans le quotidien du travail), les dispositifs de socialisation (expositions, brochures diffusées à l'extérieur, présentations aux parents le samedi…), les conseils réguliers et fréquents, les métiers (avec les différentes responsabilités attribuées aux enfants), les multiples types de relances (image ou texte donné par le maître en *écho* à la réalisation de l'élève ; questions pour approfondir ou socialiser une recherche individuelle…) ; la gestion publique des problèmes de comportement ; la mise en œuvre de plans de travail individualisés ; les situations diversifiées de prises de parole orale et publique, fréquentes et précoces, accompagnées d'un contrôle de l'écoute ; les lectures régulières effectuées aux élèves de maternelle par ceux de primaire...

On se permettra d'ailleurs ici de regretter d'un côté, qu'aucun instrument d'exposition claire de ces techniques ne soit à la disposition des enseignants et, de l'autre, l'absence de recherches précises sur chacun de ces dispositifs.

4.2. La transférabilité : quelques problèmes quant au possible et au souhaitable

Plusieurs catégories de problèmes méritent qu'on les prenne en considération. En premier lieu, il est clair que la « réussite » constatée ici dépend d'un mode de constitution de l'équipe – par cooptation sur projet – dont on perçoit bien la légitimité et la justification en l'occurrence, c'est-à-dire dans le cas d'une école en péril au sein d'un milieu particulièrement défavorisé, mais dont on peut aussi très facilement envisager les dérives si ce système se généralisait en dehors de projets d'action ciblés et justifiés.

En second lieu, trois ingrédients sont ici – comme dans nombre d'expérimentations – très fortement à l'œuvre : *l'investissement* prodigieux des enseignants (qui, par certains aspects, excède le choix professionnel pour devenir, quasiment, un choix de vie), la *compétence professionnelle* de haut niveau tant sur certains contenus que sur les dispositifs (par exemple pour atteindre une gestion, évitant la dilution, de la déséquentialisation des contenus et de l'hétérochronie des apprentissages...) et la *croyance* dans les principes et démarches mis en œuvre, croyance qui est sans doute ici un des moteurs principaux de l'action. Dès lors, on peut facilement concevoir que nombre d'enseignants ne soient pas disposés à s'engager dans un tel investissement, que cette compétence ne soit pas excessivement répandue et qu'elle nécessite du temps pour se construire et enfin que cette croyance soit jugée discutable, pour de multiples raisons, aussi bien par d'autres enseignants que par l'institution elle-même.

En troisième lieu, un problème classique demeure à résoudre. Si l'on accepte de considérer que les divers éléments précédemment mentionnés fonctionnent en système, jusqu'où l'extraction d'un d'entre eux – principe ou dispositif – peut, isolé de son contexte et réinscrit dans un autre système, continuer à fonctionner de façon identique et en produisant des effets similaires ? Dans nombre de cas, les comparaisons que nous avons effectuées sur les dispositifs (par exemple sur les conseils, les débats...) manifestent clairement des fonctionnements et des effets différents, au travers notamment de dérives formalistes. Et, en ce qui concerne les principes, lorsqu'ils ne sont pas étayés par des dispositifs aussi construits, ils relèvent très fréquemment plus du discours d'intention que d'une quelconque réalité observable. Tout cela incite donc à la prudence.

Enfin, nous nous arrêterons sur une dernière question. Jusqu'où tout cela est-il réalisable dans une école « ordinaire », c'est-à-dire sans volonté d'expérimentation et de promotion (institutionnelle, sociale...), sans contacts particuliers avec l'IEN, des chercheurs, des mouvements pédagogiques, des médias etc., sans les discussions, les renvois et les gratifications (symboliques) associés à ces échanges ? D'une certaine manière, cela n'est pas sans soulever un paradoxe : plus une école fonctionne de manière expérimentale, plus elle met en péril la transférabilité qu'elle cherche à promouvoir...

Sans ignorer que le souhaitable appartient plus à la nation, aux politiques et aux décideurs institutionnels, nous aimerions cependant effectuer encore deux remarques à ce propos.

La première relève à la fois du politique (jusqu'où est-il souhaitable de tenter d'unifier des fonctionnements scolaires ?) et de la recherche dans la mesure où l'état des lieux sur lequel se fonderaient de telles décisions demeure encore, à notre sens, bien trop lacunaire :
– il convient en effet d'approfondir le fonctionnement et les effets de ce mode de travail pédagogique en étudiant notamment leurs différences selon les niveaux scolaires et les catégories d'élèves (CSP, genres...) ;
– il est tout aussi nécessaire d'approfondir ces questions en prenant en compte d'autres modes de travail pédagogique (par exemple en projet) ;
– il est encore indispensable de préciser ces questions en ce qui concerne ce que l'on regroupe dans la catégorie de mode de travail « classique » ou « traditionnel », avec des enseignants compétents et respectueux des élèves, afin de ne pas enterrer trop vite des fonctionnements parfois hâtivement agglomérés et critiqués en s'appuyant sur certaines dérives...

La seconde remarque concerne les limites du mode de travail que nous avons étudié, notamment en ce qu'il peut exclure *a priori* certains possibles, intéressants au travers de la littérature théorique, qui existe par ailleurs (travail en petits groupes, individualisation autour des problèmes orthographiques, consignes d'écriture collective, écriture longue...), ou en ce que certaines accentuations (les recherches et créations en mathématiques par exemple) se paient de certains déséquilibres (absence de dispositifs similaires en grammaire ou en sciences, par exemple). Cela soulève de nouveaux problèmes que nous comptons d'ailleurs explorer dans les années à venir :
– jusqu'où et comment ces possibles (ici exclus) seraient-ils intéressants ?
– jusqu'où et comment serait-ce intégrable sans modifier le mode de travail pédagogique lui-même ?
– jusqu'à quel point peut-on penser ou espérer transformer et améliorer des pratiques qui tiennent déjà compte d'autant de dimensions...

CONCLUSION

Comme on peut s'en rendre compte de multiples questions demeurent en suspens. Nous tentons d'y apporter des éléments de réponse complémentaires au travers des recherches en cours. Néanmoins nous ne saurions conclure ce rapport sans souligner trois constats. Le premier consiste en un rappel : au regard de l'état antérieur de l'école, des élèves concernés et du milieu environnant, cette expérience est indéniablement une réussite, quels que soient les problèmes mentionnés. Le second renvoie à nos choix méthodologiques : somme toute, pour des raisons de faisabilité (dans les comparaisons), nous avons privilégié, au moins en partie, dans nos recueils de données, des catégories de situations et de productions sollicitées, tendanciellement plus en décalage avec les fonctionnements « ordinaires » de la pédagogie Freinet (et il en va de même pour ce qui est des évaluations institutionnelles). Cela conforterait plutôt la validité du premier constat. Le troisième constat risquerait, en fonction de notre mode de traitement de la question de la transférabilité, de passer inaperçu. D'une certaine manière, au travers de cette expérience, et à l'encontre de nombre de discours en circulation, le mode de travail pédagogique « Freinet » a manifesté ses potentialités et son adaptabilité au delà des classes uniques, du milieu rural ou des élèves « non défavorisés ». Cela mérite d'être noté.

L'Harmattan

L'HARMATTAN, ITALIA
Via Degli Artisti 15 ; 10124 Torino

L'HARMATTAN HONGRIE
Könyvesbolt ; Kossuth L. u. 14-16
1053 Budapest

L'HARMATTAN BURKINA FASO
Rue 15.167 Route du Pô Patte d'oie
12 BP 226
Ouagadougou 12
(00226) 50 37 54 36

ESPACE L'HARMATTAN KINSHASA
Faculté des Sciences Sociales,
Politiques et Administratives
BP243, KIN XI ; Université de Kinshasa

L'HARMATTAN GUINÉE
Almamya Rue KA 028
En face du restaurant le cèdre
OKB agency BP 3470 Conakry
(00224) 60 20 85 08
harmattanguinee@yahoo.fr

L'HARMATTAN CÔTE D'IVOIRE
M. Etien N'dah Ahmon
Résidence Karl / cité des arts
Abidjan-Cocody 03 BP 1588 Abidjan 03
(00225) 05 77 87 31

L'HARMATTAN MAURITANIE
Espace El Kettab du livre francophone
N° 472 avenue Palais des Congrès
BP 316 Nouakchott
(00222) 63 25 980

L'HARMATTAN CAMEROUN
BP 11486
Yaoundé
002374586700
002379766166
harmattancam@yahoo.fr

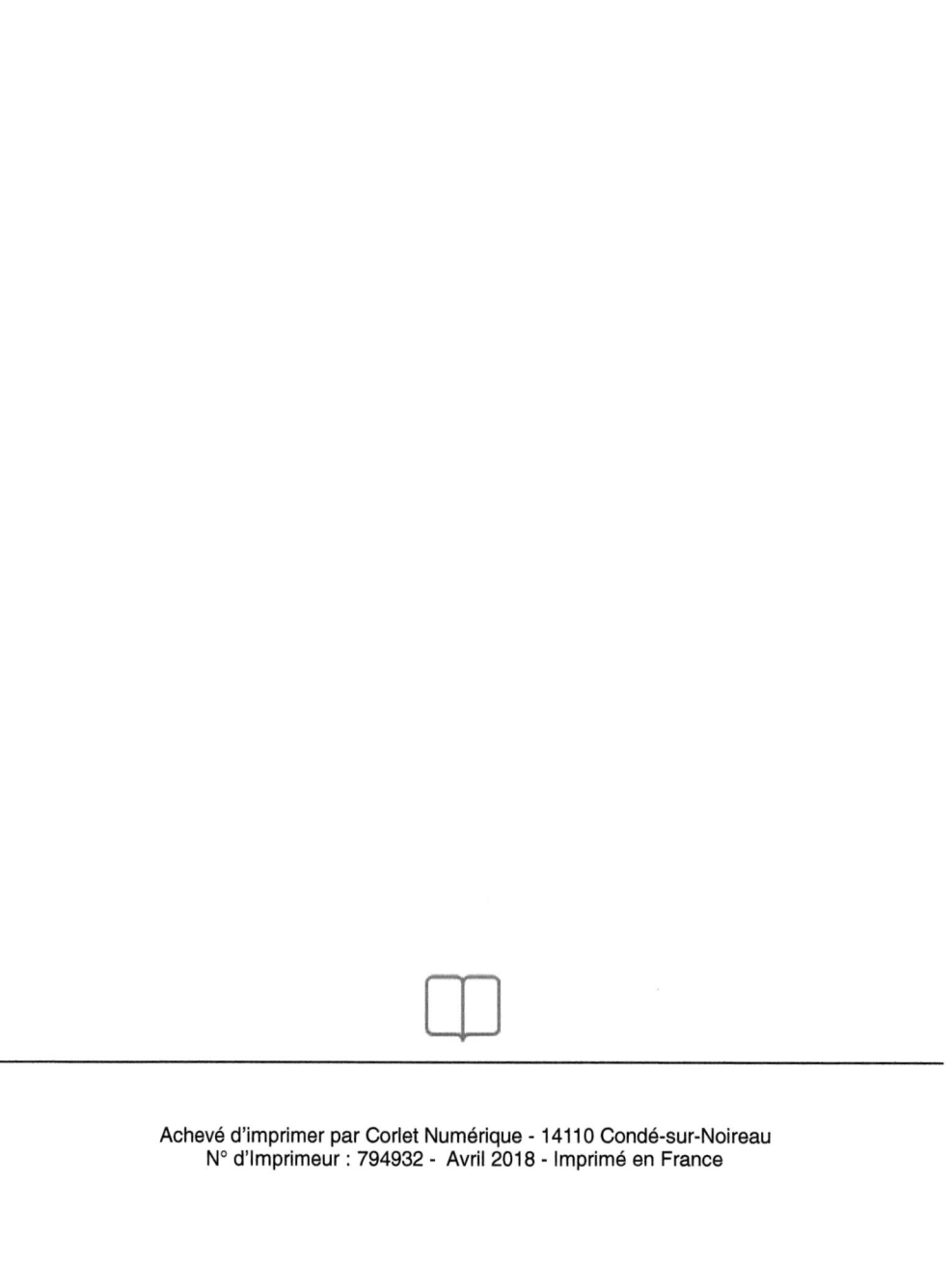

Achevé d'imprimer par Corlet Numérique - 14110 Condé-sur-Noireau
N° d'Imprimeur : 794932 - Avril 2018 - Imprimé en France